名家口述

王家声　应春山
孙宏光　郭芙秀　主编

世界知识出版社

图书在版编目（CIP）数据

名家口述 / 王家声主编. —北京：世界知识出版社，2013.12

ISBN 978-7-5012-4592-5

Ⅰ.①名… Ⅱ.①王… Ⅲ.①中国历史—近现代—通俗读物 Ⅳ.①K250.9

中国版本图书馆CIP数据核字（2013）第306231号

责任编辑 胡孝文
责任出版 赵 玥
责任校对 丁洁琼

书　　名 **名家口述**
Mingjia Koushu

主　　编 王家声　应春山　孙宏光　郭芙秀

出版发行 世界知识出版社
地址邮编 北京市东城区干面胡同51号（100010）
网　　址 www.wap1934.com
经　　销 新华书店
印　　刷 北京新华印刷有限公司
开本印张 718×1000毫米　1/16　19印张
字　　数 270千字
版次印次 2014年1月第一版　2014年1月第一次印刷
标准书号 ISBN 978-7-5012-4592-5
定　　价 46.00元

目录

在吕正操将军家中

叶永烈

与宋美龄赛长寿

我在2012年第7期《同舟共进》杂志发表了《海峡两岸政要日记》一文后，想不到引起开国上将吕正操的女儿吕彤岩的注意。她从北京给我打来电话，说吕将军去世后，留下一大堆日记本。她说与我是北京大学校友，她当年考入北大生物系，后来转入中国医科大学，希望我来北京时到她家看看。

金秋十月，我在北京采访十多天。我给吕彤岩打了电话，她很高兴地说："我让选基去接您，他也没有看过，一起过来看看吕老的日记。"她说的选基，就是叶剑英元帅之侄。我与叶选基相识多年，对他做过几次采访。多年来他在香港工作，没想到这次居然在北京重逢，感到格外高兴。我上了叶选基的黑色轿车，直奔吕府。他还是那样，瘦瘦的，但是很精神。我告诉他，不久前在上海会晤了中国人民解放军原副总参谋长熊光楷上将，熊将军提及与他很熟。叶选基说，他俩都是老朋友。

叶选基对吕府熟门熟路，因为他曾是吕正操将军的女婿。吕彤岩很热情，如同导游一般带我参观吕将军的客厅、书房、卧室，还有她精心布置的挂满吕将军照片的"照片墙"。

我记得，熊光楷将军曾跟我说起一场有趣的"国共比赛"：宋美龄1897年3月5日出生于上海，2003年10月24日病逝于美国纽约，活了106岁。在吕正操将军生前，很多人鼓励他"战胜"宋美龄。吕彤岩拿出一张照片给我看：她手持一块粘着白纸的木板，放在父亲面前。白纸上写着“今天1月4日，你的生日，106岁”。

吕彤岩说，这帧照片摄于2009年1月4日，是为庆贺父亲106岁（虚岁）生日拍摄的。吕正操将军生于1904年1月4日。他是在过了新中国60周年国庆之后，于2009年10月13日下午14时45分无疾而终，可以说差不多跟宋美龄打成了“平手”。

吕将军能够长寿，得益于他的一“动”与一“静”。所谓“动”，就是打网球。他在年轻时就开始打网球，晚年仍坚持打。离休之后，辞去各种职务，唯有中国网球协会主席一职不愿辞掉。请注意，他不是担任名誉主席，而是主席，直至他离世。所谓“静”，则是喜欢打桥牌，使脑子一直保持灵活。无独有偶，万里委员长也是长寿之人，2012年96岁，他与吕将军有着相同的爱好。万里在上中学时就爱上网球运动。吕正操是中国网球协会主席，万里则是中国网球协会名誉主席。万里同样是桥牌高手。更有趣的是，两人先后都曾担任过铁道部部长。

“考证”邓小平何时获知粉碎“四人帮”

在进入关于吕正操将军的采访主题之前，我趁着叶选基、吕彤岩都在，核对一个重要史实：邓小平在什么时候获知粉碎“四人帮”的消息？

过去，有着种种传说：叶剑英元帅在粉碎“四人帮”之前，曾派王震到邓小平那里，征询关于拘捕“四人帮”的意见；也有的说，邓小平曾到西山，与叶剑英研究过粉碎“四人帮”的方案……邓小平的女儿邓榕否认了在粉碎“四人帮”之前、在邓小平被软禁期间，曾经秘密会晤叶剑英。邓榕引述了有关书报上的描写（《邓榕同志致本报编辑部的一封信》，1997年6月20日《作家文摘》）：

邓榕指出：

那时小平同志正被软禁，完全没有行动自由，根本不可能偷偷出去会晤叶剑英。邓小平与叶剑英的会晤，是在粉碎“四人帮”以后，1977年春节前后。

处于软禁之中的邓小平，究竟是怎样获知粉碎“四人帮”这一至关重要的消息的呢？关键的人物，就是坐在我面前的叶选基和吕彤岩。

叶选基说，他得知粉碎“四人帮”，是在1976年10月6日夜11时。那是叶剑英的警卫长马西金奉叶剑英之命打电话，把这个振奋人心的消息告诉了他。

吕彤岩说，她获知这一重要消息是在10月7日中午。那是父亲在上午出席了陈锡联主持召开的三总部各兵种领导紧急会议，回家之后显得异常兴奋。吕彤岩问他什么事情这样高兴？吕正操说“四人帮”已经被抓起来。

当天下午3时，叶选基来到岳父吕正操家。吕彤岩问叶选基，这一消息要不要告诉邓小平？叶选基说，你赶紧给邓家报信。由于邓小平处于软禁之中，他们担心邓家电话受到监听，于是吕彤岩乘公共汽车前往和平里，来到邓小平的女婿贺平家。（值得一提的是，吕彤岩对笔者称当时叶选基并不在场，是她自己决定去贺平那里，而叶选基则坚持是自己在红星胡同提议吕彤岩去贺平家。叶选基与吕彤岩两人当面对质，各持己见。考虑到叶选基通常对自己经历的细节记得比较清楚，所以笔者倾向于叶选基的回忆。）

叶选基为什么让吕彤岩给邓家报信，而不是自己去呢？那是因为吕彤岩跟邓榕以及邓榕的丈夫贺平有着非同一般的关系。

吕彤岩告诉我，她跟邓榕很早就认识。在“文革”中，邓榕在陕北插队落户，而她从中国医科大学毕业之后也被分配到陕北一个公社的卫生院工作。很巧，跟邓榕所住的村子只隔5里路，所以过从甚密。她甚至还为邓榕介绍对象，把卫生部副部长贺彪将军的儿子贺平介绍给邓榕，她成了邓榕的“媒人”。正因为这样，贺平听到吕彤岩告知的重大消息后，一刻也不敢耽误，立即骑车飞快地从和平里赶往宽街邓府。

如同邓榕在《我的父亲邓小平·“文革”岁月》一书中所记（中央文献出版社2000年版）：

他（引者注——指贺平）一进屋，就连声说：“快来！快来！”全家人一看他满头大汗兴奋不已的样子，就知道一定有大事发生。在那个时候，我们怕家中装有窃听器，因此凡有重要的事情，都会用一些防窃听的方式悄悄地说。我们大家——父亲、母亲和当时在家的邓林、邓楠，还有我——一起走到厕所里面，关上门，再大大地开开洗澡盆的水龙头。在哗哗的流水声中，我们围着贺平，听他讲中央粉碎“四人帮”的经过。父亲耳朵不好，流水声音又太大，经常因为没听清而再问一句……震惊、疑惑、紧张、狂喜，一时之间，喜怒哀乐之情全部涌上心头。父亲十分激动，他手中的烟火轻微地颤动着，我们全家人，就在这间厕所里面，在哗哗作响的流水声中，问着，说着，议论着，轻声地欢呼着，解气地怒骂着，好像用什么样的方式都无法表达心中的振奋和喜悦。

走笔至此，还要提一下，我这次在北京还采访了万里委员长的长子万伯翱、次子万仲翔以及小儿子万晓武，得知发生在北京医院高干病房里的另一幕——

叶选基在10月7日早上7时多，赶往北京翠家湾王震家。王震得知这一重要消息，立即驱车前往陈云家报告，又派儿子王军赶往北京医院高干病房。当时，作为邓小平的两员“黑干将”的胡耀邦、万里以及廖承志正在那里住院。自从“批邓、反击右倾翻案风”运动以来，万里便以患脉管炎为由，住进北京医院。当王军告诉他们特大喜讯，非常兴奋的胡耀邦拥抱了万里，还亲吻了一下！

当时，乔冠华也在那里住院，就住在万里病房对门。万里与乔冠华是老相识，但万里那时候是“批判对象”，不便去看望乔冠华，而乔冠华居然一次也未曾拜访咫尺之内的万里。在粉碎“四人帮”的消息传开之后，乔冠华的病房门上贴了一张纸条“谢绝探视”！

从“照片墙”看吕正操

言归正传。吕彤岩指着她精心布置的“照片墙”，向我介绍吕正操的生平。吕彤岩说，“照片墙”选用哪些照片，放多大，都是她决定的，连镜框也是自己做的。

“照片墙”之一，挂着吕正操与张学良的诸多历史照片。吕彤岩说，父亲吕正操17岁参加东北军，是张学良的老部下，曾任张学良的副官、秘书。张学良对他有知遇之恩。在西安事变时，吕正操奉张学良之命，负责接待周恩来所率的中共代表团。在西安事变之后，张学良陪同蒋介石飞往南京，从此遭到软禁，而对蒋介石背信弃义极度愤怒的吕正操，加入了中国共产党，走上红色之路。

时光飞逝，沧桑巨变。1991年3月，张学良和赵四小姐终于挣脱罗网，得以赴美。中共中央决定派代表前往美国纽约看望张学良夫妇，并邀请他们回大陆观光。吕正操是不二人选。1991年5月23日吕正操在女儿吕彤岩等陪同下，飞往纽约，终于与张学良久别重逢。吕正操带去周恩来夫人邓颖超的亲笔信，而张学良把亲笔复函交吕正操带回，称“寄居台湾，遐首云天，无日不有怀乡之感，一有机缘，定当踏上故土”。可惜好事多磨，张学良竟然未能圆返梓之梦。

在“照片墙”上，我看到张学良1989年3月赠吕正操诗的手迹：

白发催年老
虚名误人深
主恩天高厚
世事如浮云
另外，还有一首：
孽子孤臣一儒，
填膺大义抗强胡，
丰功岂在尊明朔，
确保台湾入版图。
谒延平祠旧作，书寄
正操学弟正

此处提及的延平祠在台南，供有郑成功塑像。

我还看到当时美国报道刊登的张学良与吕正操在纽约的照片以及报道。

“照片墙”之二，交错挂着吕正操与张学良、黄敬、叶企孙、杜聿明的照片。吕彤岩以为，这四人与吕正操的人生有着密切关系，黄敬是吕正操的挚友与同志，叶企孙是高级知识分子、清华大学教务长。杜聿明则是国民党中将、后来成为共产党的战俘。透过吕正操与不同身份的四人的交往，反映吕正操的品格、历史和命运。这是吕彤岩对父亲漫长的106年的人生道路进行长期思索之后理出来的“头绪”。她说，如果把吕正操与张学良、黄敬、叶企孙、杜聿明交错的命运写成一部纪实长篇或拍摄成一部电视剧，将折射20世纪中国的一段闪光的历史。

吕彤岩告诉我，父亲吕正操从1945年起开始记日记，现在家中总共保存了他的65本日记。她拿出日记给我看。我发现，吕正操日记字迹端正，很容易辨认。他的日记是鲁迅式的，即记录每天的工作、活动，不写思想、政治见解。这可能是考虑到中国“阶级斗争”岁月错综复杂的国情，所以用“中性”的笔调来写，以免因日记惹是生非。由于吕正操将军身居高位，而他的日记又相当详尽，所以具备历史价值。我建议她把日记全文扫描，先做成手迹电子版，然后再整理交付出版；也可以选择重要篇章，如访问美国、与张学良会晤的日记，先交杂志发表。

除了写日记之外，吕正操还记读书笔记。吕彤岩说，父亲吕正操是一个喜爱读书之人。她带领我来到将军的书房，那里“书天书地”，三面墙从地板到天花板全是书柜。下半部是现代书，上半部是线装古书，书的总数在万册之上。

我从“照片墙”上读到吕正操将军书写的两句心中的话，可以说是他百岁人生的写照，感人至深。其中一句写于2005年7月26日，时年101岁：人民永远是靠山。另一句写于2008年5月18日，时年104岁：人生下来有一个任务，活着就一直向前走下去。

（作者系文史学者、传记作家）

原载于《同舟共进》2013年第1期

搞历史首先要把史实搞准确
——关于刘少奇的若干史料辨正

阎长贵

《党史博览》2012年第1期刊登了一篇文章——《刘少奇“文革”中两次公开“答辩”》，该文有不少史实不准确或不对。该文作者窦应泰先生写了十几部传记作品和小说，还有许多文章，是一位多产作家；他送我好几本书，我和他关系不错，我们是不止一次在一起开会谋面的会友。我爱朋友，但更爱事实和真理。我觉得对他这篇文章中的一些史实不予辨正，不论对社会和历史，还是对他，都是不负责任的表现。

该文第一段的头两句话说：“从1966年夏天‘文革’一开始，刘少奇就成为这场政治运动中首当其冲的斗争对象，基本上失去了发言权。特别是进入8月，毛泽东在北京接见红卫兵以后，刘少奇面对党内外不断掀起的口诛笔伐批判浪潮，头戴‘资产阶级反动路线制定者’‘帽子’的他几乎到了百口难辩的艰难地步。”

我想，经历过“文革”和认真研究“文革”史的很多人都会指出，这两句话从史实到结论都是不对的。

“文革”一开始，就“失去了发言权”？

先谈第一句话。该文说，刘少奇从1966年“文革”一开始，“就成为这场政治运动中首当其冲的斗争对象，基本上失去了发言权”，事实果真如此吗？

显然不是。“文革”从什么时候开始？按照毛泽东的说法：“我们的无产阶级文化大革命应该从1965年冬姚文元同志对《海瑞罢官》的批判开始。”这个开始时间我们姑且不说。人们普遍认为，“文革”从1966年5月16日的《五一六通知》（政治局扩大会议通过）开始。谁都知道，这次会议的主持人，正是主持中央日常工作的中共中央副主席（还是中华人民共和国主席）刘少奇。能说这时刘少奇就“基本上失去了发言权”吗？诚然，《五一六通知》提出“赫鲁晓夫那样的人物”，“现正睡在我们的身旁”，“被培养为我们的接班人”。这段话是毛泽东在审阅草稿时加写的，毛自己当然心中有数，至于其他人，莫说刘少奇本人没有意识到和想到这是指他（也有人说，他意识到了，但他想借严厉批判彭真躲开，这也是一种看法——作者注），就是当时正在走红的中央政治局候补委员并即将被任命为中央文革小组顾问的康生，都不清楚指的是刘少奇。康生在这次中央政治局扩大会议上当面检查了1931年他攻击过刘少奇的事：“当时职工国际有一个文件，说少奇同志是右倾机会主义。当时我也相信了，攻击少奇同志是右倾机会主义，还在《斗争》上登反对少奇同志的文章，（署）名为谢康，这个谁也不怨，只怨自己的思想错误。没有看到少奇同志是白区代表毛主席的路线的。”（据穆欣《梦醒时分——十年动乱纪事》，未刊稿；此稿是穆欣对他1997年在香港新天出版社出版的《劫后长忆——十年动乱纪事》的修改稿。又见黄峥《“中国的赫鲁晓夫”最早不是刘少奇》，《文汇读书周报》2012年3月2日）还有参加这次会议并随后成为中央文革小组成员的戚本禹、张春桥等，也不清楚“赫鲁晓夫那样的人物”是指刘少奇。

戚本禹1967年4月30日在中直礼堂作报告时说：“去年主席提出睡在我们身边的赫鲁晓夫式的人物正被培养为接班人，我们很不理解。”

张春桥1967年5月19日在上海市革命委员会常委扩大会议上说：“运动开始时……对‘例如赫鲁晓夫那样的人物……’这一段，我当时就不太理解，只想到彭真，没完全想到刘少奇。”（戚本禹和张春桥这两条材料见王年一《大动乱的年代》，河南人民出版社1996年版）

事实上，迟至7月底，中共中央的日常工作一直由刘少奇主持。据中共中央文献研究室编写的《刘少奇年谱》（中央文献出版社1998年版），自5月政治局扩大会议后，刘多次主持政治局常委会或政治局会议，直至8月上旬中共八届十一中全会，才失去主持日常工作的权利。如此看来，说刘少奇"文革"一开始就成为"斗争对象"，"失去发言权"，显然不对。

该文在后面又引刘少奇本人的话说："1966年7月底，毛主席号召中央所有负责同志及各地来北京的负责同志都去亲自参加北京各学校的文化大革命，我就是在毛主席的号召下，在去年8月1日到李雪峰处同北京新市委的同志一起研究，我到哪个学校去。经过研究，一致确定，我到建工学院去，李雪峰同志也决定一起去……"刘少奇在李雪峰等人陪同下8月2日到该院参加大会并讲话，8月3日又在李雪峰、谷牧和戚本禹陪同下到该院与"新八一战斗团"见面并和学生代表交谈。窦先生还说，在八届十一中全会以后，多年在家养病的林彪突然成了接班人，而刘少奇在常委中的排名则由第二位滑到第八位，这样刘少奇就无法继续过问"文革"运动了。这不是说到8月12日即这次政治局会议选出新的常委后刘少奇才"失去发言权"吗？如此，不是同前面所说刘少奇"文革"一开始就成为"斗争对象"、"失去发言权"自相矛盾吗？

顺便说一件与本文内容有关的趣事。最近有朋友发我一张人称"红卫兵刘（少奇）、周（恩来）、邓（小平）"的照片（据说这张照片《周恩来画传》有，我还没看到），从这张照片上可以明显地看到刘、周都臂戴红卫兵袖章，三个人并坐在一起，谈笑风生；这张照片肯定是在毛泽东8月18日接见红卫兵以后拍摄的。这是一个历史见证，它形象且不可辩驳地告诉人们，说刘少奇在"文革"一开始（1966年5月）就成为"斗争对象"、"失去发言权"，是站不住脚的。事实上，毛泽东从8月至11月8次接见红卫兵，刘少奇都作为中共中央领导人参加了，这在新华社和《人民日报》的报道中可以查到。

按"反右"的思想、理论、策略指导"文革"

还需要指出，"文革"一开始，刘少奇不仅没有失去发言权、成为斗争对象，而且是领导和指挥"文革"批斗的中共中央主要领导人。他按照1957年反右派的思想、理论和策略指导“文革”，在许多单位以及全国各地打了不少“右派”和反革命。

举个北京师大一附中的例子。当时刘少奇的一个女儿是该校高一学生，可以经常向刘少奇汇报情况，而刘少奇也根据女儿的汇报做出指示，并由他女儿向该校传达。6月9日，第一批工作组进校。这期间“揪出”了校长兼党委书记刘超。6月17日以勾德元为首的新工作组进校，与刘少奇保持着直接联系。新工作组进校不到10小时，就在全校师生大会上宣布：“我们已经掌握了你校反革命集团‘三家村’的全部资料，师大一附中，四类学校，党支部是黑党支部！”两天后，刘少奇亲自向工作组下达命令，定校长兼党委书记刘超为“反党反社会主义分子”，并说：“敌人占5%是指全国，具体到你们学校和党支部，那就不行了！”于是，该校将近90%的干部被打成“牛鬼蛇神”和“黑帮分子”，77%的班主任被斗争、被围攻。这些干部、教师被剥夺了参加运动的权利，甚至被迫进行非法的“劳改”，以致受毒刑拷打。工作组制造了师生之间的对立，以及老师和老师、学生和学生之间的相互斗争甚至相互残杀。

工作组的做法引起了一些师生的不满。6月20日，该校学生陈永康、何方方（均为中共预备党员）起来造反，贴出题为《揪出钻进我们肝脏的牛鬼蛇神！》的大字报，指出工作组犯了方向、路线错误，认为工作组“盗用党的名义，利用职权，进行一系列反党反社会主义勾当”，他们“用对待敌人的态度打击无产阶级左派和革命群众”、“千方百计地制造纠纷，煽动、挑拨、好象（像）对待敌人一样‘审讯’‘斗争’革命同志”。大字报贴出当天，刘少奇接见勾德元等人，说：“写大字报的人就是打着‘红旗’反红旗”，“现在人家向你们进攻，人家向你们采取攻势了，这好嘛。敌人出来了，这个蛇出洞了，你消灭他就容易了。”（关于北京师大一附中的材料，参见肖喜东《1966年的五十天：记忆与遗忘的政治》，《华夏文摘·增刊》第273期，引用时改动了个别叙述文字；又见中共中央文献研究室编《刘少奇传》下，中央文献出版社1998年版）

和北京师大一附中一样，清华大学以国家经委副主任叶林为组长、王光美为顾问的工作组，根据刘少奇的指示，开展“反蒯斗争”，多次斗争蒯大富等造反者，被斗者中有人自杀，不到一个月的时间，清华一大批师生被打成“右派”和反革命。

刘少奇关于“文革”的指示和精神，不仅在北京贯彻执行，也在全国各系统和各地贯彻执行。刘少奇不断以中央名义批转文件，指导“文革”运动。

1966年6月13日，刘少奇在《批转中南局〈关于文化大革命的情况和意见的报告〉》和《批转西北局〈无产阶级文化大革命的意见和部署〉》时指出:“当牛鬼蛇神开始攻击我们的时候，不要急于反击，要告诉左派，要硬着头皮顶住，领导要善于掌握火候。等到牛鬼蛇神大部分暴露了，就要及时组织反击”，“对大学生中的反党反社会主义分子，一定要把他们揪出来”，高中应届毕业生“经过市委批准，可以批判斗争和戴帽”。

1966年6月20日，刘少奇在《中共中央批转〈北京大学文化革命简报（第9号）〉》中的批语全文为:“现将北京大学文化革命简报（第9号）发给你们。中央认为北大工作组处理乱斗现象的办法是正确的，及时的。各单位如果发生这种现象，都可参照北大的办法处理。”

除此以外，刘少奇在6月和7月还以中央名义批发或批转了一系列文件。如,《中央批转华东局〈关于文化大革命情况的报告〉》（1966年7月6日）;《中央批转北京市委〈关于当前文化大革命运动中几个问题的报告〉》（1966年7月6日）;《中央批转华北局“关于华北地区城乡文化大革命和四清运动部署意见的报告”》（1966年7月8日）……

刘少奇批转的这些文件，无疑都是涉及“文化大革命”的政策和方略的。如果仔细看一看这些文件，不难发现，刘少奇在“文革”初期的“发言权”够大、够重要了！

以上所举种种情况，都表明“文革”初期刘少奇有号令全国的“发言权”，“文革”中出现的这样或那样的现象，也都与刘少奇的“发言权”有关（我说“有关”，是说不能把责任完全推到他身上）。可以清楚地看到，如果按照刘少奇的思想和逻辑搞“文革”，无疑也是一场灾难——一场比1957年反右派不知严重多少倍的灾难。刘少奇是“文革”中被整死的级别最高的党和国家领导人，并株连妻子、儿女，以及不计其数的从中央到地方直至基层的各级党政领导干部和普通党员，这一大冤案是事实，是经历过“文革”的人都刻骨铭心的，也是需要大家共同反省和反思的。一位开国元勋遭此残酷迫害，太值得人们同情了（后来平反时，《人民日报》发表社论，说这是“毛泽东思想的胜利”，简直是一种“讽刺”），但研究历史、写作历史应当尊重事实，不为尊者讳，也不为弱者讳。如果因为刘少奇在“文革”中受到迫害，就否认或掩饰他在“文革”初期（我指的初期，是从1966年5月到1966年7月底）思想和行为的错误，那就违背了历史研究的基本准则，对由于这些错误造成的冤案涉案者同样不公道。

“资反路线”：“冬天”的帽子“秋天”就戴上了？

再说第二句话。窦先生说“进入8月”，刘少奇头戴“资产阶级反动路线制定者”的“帽子”云云，也是不符合历史事实的。

“资产阶级反动路线”是什么时候提出来的？从已公布的文献资料可以看得清清楚楚。这是毛泽东在1966年10月1日提出来，同时写进10月2日广播、10月3日才实际出版的第13期《红旗》杂志社论《在毛泽东思想的大路上前进》，其中说，有人“顽固地坚持资产阶级反动路线”，“对资产阶级反动路线，必须彻底批判”，并说“要不要批判资产阶级反动路线，是能不能贯彻执行文化大革命的十六条，能不能正确进行广泛的斗批改的关键”。10月以前，还没有“资产阶级反动路线”这个概念，刘少奇怎么会戴上“资产阶级反动路线制定者”的“帽子”呢？这不是“张冠李戴”，而是“寅吃卯粮”，“冬天”的帽子“秋天”就戴上了。质言之，这不是真实的历史，而是历史的演绎或者想当然。

1966年10月9日至28日，中共中央召开了毛泽东主持的以“批判资产阶级反动路线”为中心内容的工作会议，10月16日陈伯达作题为《无产阶级文化大革命中的两条路线——在中央工作会议上的讲话》。这个讲话以“彻底批判资产阶级反动路线”为纲，把刘少奇指为这条路线的代表人。其后，在社会上也就听任造反派批判所谓“刘少奇的资产阶级反动路线”了。应该明白，人们只有到这时才可以说，“刘少奇面对党内外不断掀起的口诛笔伐批判浪潮，头戴‘资产阶级反动路线制定者'‘帽子’的他几乎到了百口难辩的艰难地步”。

所谓“资产阶级反动路线”是怎么回事？这是毛泽东提出并指导“文革”的基本概念之一。有人说它是一个伪命题，一点不假。刘少奇指导“文革”的思想、理论和策略，其实就是毛泽东在10年前（即1957年5、6月开始）所提出和执行的“反右派”的一套。1957年毛理直气壮地把它称作“无产阶级革命路线”，为什么在1966年就成了不折不扣的“资产阶级反动路线”？“此一时，彼一时”也。政治需要变了，斗争的主要对象也随之转移了，10年前他反的主要是党外的“资产阶级反动路线”，10年后他发动“文革”，反的不仅是党外更主要是党内的“资产阶级反动路线”。刘少奇不明就里（用他自己的话说是“不理解”），沿袭陈规，非但得不到毛的认可，反招来毛更加不满。什么是历史的吊诡？这就是历史吊诡的一个适例和显例！

不能不指出，还有人说，所谓刘少奇的“‘资产阶级反动路线’，实际上是一条实事求是的马列主义路线。它比较符合中国的实际，符合国情民情，行之有效。”（参见《刘少奇和新中国》，香港大风出版社2006年版）30年前“拨乱反正”，为了平反冤假错案，为冤屈者恢复名誉，这样说也许情有可原。那时文献资料鲜少公布，人们的认知也很有限。到了21世纪，随着史料的大量公布和挖掘，特别是人们对历史的研究越来越趋于理性时，还置基本史实于不顾，做这样的粉饰，实在令人遗憾。

窦先生这篇文章似还有其他一些不准确或不对的地方，但不像这两个问题这么重要，笔者拟不再讨论。古今中外的历史事实和现实中的正反两方面经验都说明：“要把史实搞准确”，这是历史研究最基础性的工作，也是对历史研究者最起码的要求，不论历史研究者还是历史文章写作者，以及报刊和出版社的编辑，在这方面，应当齐心协力，共同对历史和读者负责。在这方面，我也做得不够，现在有所觉悟，立志朝这个方向努力。我的看法和意见是否妥当，谨请窦应泰先生、方家和广大读者不吝赐教。

（作者系文史学者、中共中央办公厅老干部）

原载于《同舟共进》2012年第5期

要“蹲点”调查：刘少奇论“群众路线”

林蕴晖

不蹲点，则“官越大，真理越少”

当前，根据中共中央的要求，各地正在进行群众路线教育。什么是群众路线，刘少奇在1945年中共七大关于修改党章的报告中有过经典的解释，他说：“党的群众路线，是我们党的根本的政治路线，也是我们党的根本的组织路线。这就是说，我们党的一切组织与一切工作必须密切地与群众相结合。”对如何把群众路线贯彻到实际工作中去，刘少奇引用毛泽东的话说：“我们党的政策和工作方法应该是从群众中来，又到群众中去。”（《刘少奇选集》上卷，人民出版社1981年版）

“从群众中来，又到群众中去”，关键是如何“从群众中来”，对此传统的有效方法是开调查会。长期从事毛泽东研究的学者张素华认为：“开调查会是毛泽东一直偏爱并在党内大力推广的调查研究的方法。”1933年11月，毛泽东先后到江西兴国长冈乡、福建上杭才溪乡进行调查，写出了《长冈乡调查》和《才溪乡调查》，可谓是经典的代表作。

然而，在1964年开展城乡社会主义教育运动期间，刘少奇说，现在用“开调查会”的办法不行了，提出领导干部要下去“蹲点”。他强调说，我们的干部光有民主革命的经验是不够的，还要取得社会主义教育的经验，没有后者就不能做领导工作。他的理论是：社会主义教育是个大革命，实际上比土地改革、合作化，比过去任何一次革命都广泛、深刻、复杂得多，它和过去历次革命不同，过去参加过阶级斗争，现在已经不够了。要取得新的经验，取得现在的阶级斗争、社会主义教育、“五反”的经验，如果自己不去熟悉，不去做，自己就没有经验。没有经验，你们就不能领导这个革命，就不能做领导工作。取得经验的方法是“蹲点”。（刘少奇在1964年7月13、15、21日的讲话，转引自《当代中国史研究》2001年第1期）刘少奇还说，现在搞调查研究，按毛主席过去的办法不行了。现在的办法，只有放手发动群众，在改造客观世界的过程中认识客观世界。

1964年9月30日，刘少奇在写给江苏省委第一书记江渭清的信中，更进一步论证说：

你在抗战时期就是在江苏打游击的，解放以后，你一直在江苏工作……我问你：你了解江苏的情况，是比十年前更多了，还是比十年前更少了呢？毛主席说，我们有些干部‘高官厚禄，养尊处优，骄傲自满，固步自封’，你和江苏的许多同志是不是除外的呢？

……

你了解本省的情况，很多是老的情况，大部分已经过去了。你对于已经发生了很大变化的新的社会、政治、经济思想和党本身的当前的情况并不是了解很多，而是很少，或者了解得错了。你实际上比过去了解当时的情况更少了，但是你自以为比过去多了。对于外省的先进的经验也觉得没有十分必要去认真学习，因此就骄傲自满，固步自封。你们必须重新了解本省的情况，重新组织革命的阶级队伍，才能进行当前的革命斗争。

少奇同志在信中认为，“这个问题不仅是你们那里有，中央许多部门，许多负责同志，许多省、市、自治区党委，地委、县委的负责同志不同程度都有这个问题。”

基于上述分析，刘少奇提出：“到底是你们省委、地委、县委领导基层干部更多一些，还是基层干部领导你们更多一些呢？”“是基层干部领导你们更多一些，而且是那些不大好的基层干部领导你们更多一些”。“你们常委是接受一些不大好的基层干部的包围和领导”。

据此，刘少奇强调各级领导干部要“下决心长期下去蹲点”，要“直接地去接近群众”，倾听多数群众特别是贫下中农的呼声，而不是只听基层干部的汇报。这样做，“就可以解决框框问题，即教条主义和经验主义问题”；不这样做，“则官越大，真理越少，官做得越久，真理也越少”。(《江渭清回忆录——七十年征程》，江苏人民出版社1996年版)

刘少奇说，毛主席调查研究的办法不行了，这不能不引起毛泽东的不满。1964年底，毛泽东在主持起草关于社会主义教育运动的《二十三条》时，专门加了一句：“过去我们党采用的开调查会等行之有效的调查研究方法，应当继续采用。”

我们姑且不论刘少奇否定毛泽东“开调查会”的办法，是否进一步加重了毛、刘的分歧；刘少奇提出的“蹲点”，是否应像土改那样，依靠贫下中农，访贫问苦，扎根串连的那套做法，也值得商榷；问题在于共产党在取得全国政权后，与此前的革命战争年代的大环境，调查研究所要解决的问题等，是否已有了根本的不同。在长期的革命战争年代，调查研究要解决的问题是如何利于发动广大群众支援革命战争，这对当时的基层干部和群众来说，显然不会有任何思想顾虑，可以畅所欲言。共产党在全国执政以后，情况发生了很大变化，调查研究要解决的问题，是了解党本身制定的政策是否符合实际以及执行的真实效果，所针对的对象是共产党从中央到地方的各级组织和干部，基层干部和群众能否反映真实情况，反映到什么程度，与他们有着切身的利害关系。应该承认，刘少奇是敏锐地看到了这一点的。

“看看你们没有准备的地方”

1958年，在发动“大跃进”、反“右倾保守”的声浪中，毛泽东由北京经河北一路南下，所到各地，看到的是一片红红火火，听到的是群众干劲冲天。“还是办人民公社好”，这是毛泽东从河北徐水，河南新乡、长葛、高丘，山东历城各地农村亲自调查研究得出的结论。

另外，毛泽东在酝酿“四清”运动期间对阶级斗争形势也作了调查。张素华在考查毛泽东有关阶级斗争理论时说：

毛泽东在八届十中全会强调阶级斗争问题时，只是根据当时包产到户等现象作为问题提出的，还没有足够的实践检验，1963年2月来自湖南的报告印证阶级斗争非常激烈，但是毛泽东还是有点把握不大。他到了河北，问，到底有没有阶级斗争，河北说，有。毛泽东追问，真有，假有。回答真有。毛泽东的关于阶级斗争的理论在湖南、河北得到了证明，但还没有得到大多数省份的检验，所以在二月会议上，他采取了比较婉转的推广社教运动的方法。

1963年6月间，制定完“前十条”，在返回北京的路上，毛泽东又得到了一个对他决策十分重要的情况：湖北、河北反映，大约有1/3的队不是社会主义的。他由此对阶级斗争的形势估计得更加严重了。6月4日，他同外宾谈话说，我们的农村经过几次整顿，总是整不好。现在找出原因了，一是过去土改不彻底，领导权并不真正在共产党人手里；二是有些共产党人起了变化，名为共产党员，实际上不是了。与此同时，各地纷纷反映上来的社教情况，把阶级斗争介绍得一个地方比一个地方厉害。看上去似乎正在表明，在中国农村确实存在着严重的阶级斗争，存在着两条道路的斗争。(《60年代的社会主义教育运动》，《当代中国史研究》2001年第1期)

可见，这种顺着竿子爬和看风向说话的，在执政党的干部中并非少数。对党内干部为何难以在领导面前讲真话的情况，薄一波对自己在1959年庐山会议中心态的表述，足以说明。薄老在《回顾》中说：

这里，顺便谈谈我参加庐山会议的情况。6月间，我请了一位同志按照我的意见准备了一篇题目叫做《从一年来大跃进中吸取经验教训》的发言稿，有一万多字。我因工作不得脱身未能按时到会，是七月中旬才上庐山的。上庐山后，有几位同志告诉我，会议的风向变了，因而我准备的发言稿未拿出来。

在当时的气氛下，再作这样的发言，显然已不合时宜。对于彭德怀同志的痛切陈词，所见所思，其胆其识，我是很赞赏的。但说句心里话，在他受到严厉批评后，我已“全然没有这个胆量”去如实发表自己的意见了。事实上，我也不得不和大家一道参加了对彭德怀等同志的错误批判。（薄一波《若干重大决策与事件的回顾》下卷，中共中央党校出版社1993年版）

从上述党内高层干部都在看风向说话的现象，不难看出要了解全国各地的真实情况是有多么困难。

值得人们借鉴的正面事例是，2010年4月15日，《人民日报》发表温家宝一篇题为《再回兴义忆耀邦》的署名文章。文中回忆24年前春节期间，胡耀邦在贵州派时任中央办公厅副主任的温家宝夜访农户进行调研的故事。1986年2月7日，胡耀邦一行来到贵州兴义县。温家宝在文中写道：

晚饭前，耀邦同志把我叫去：“家宝，给你一个任务，等一会儿带上几个同志到城外的村子里走走，做些调查研究。记住，不要和地方打招呼。”

到中央办公厅工作之前，我就听说耀邦同志下乡时，经常临时改变行程，与群众直接交流，了解基层真实情况。用他常说的话就是，“看看你们没有准备的地方”。所以，当耀邦同志给我布置这个任务时，我心里明白：他是想尽可能地多了解基层的真实情况。

天黑后，我带着中央办公厅的几位同志悄悄离开招待所向郊外走去。那时，兴义城区只有一条叫盘江路的大路。路旁的房子比较低矮，路灯昏暗，街道冷清。我们沿着盘江路向东走了10多分钟就到了郊外。这里到处是农田，四周一片漆黑，分不清东南西北。看见不远处，影影绰绰有几处灯光，我们便深一脚浅一脚摸了过去。到近处一看，果然是个小村子。进村后，我们访问了几户农家。黑灯瞎火的夜晚，纯朴的村民们见到几个外地人感到有些意外，但当知道我们来意后，很热情地招呼我们。

晚上10点多，我们赶回招待所。我走进耀邦同志的房间，只见他坐在一把竹椅上正在等我。我向他一五一十地汇报了走访农户时了解到的有关情况。耀邦同志认真地听着，还不时问上几句。他对我说，领导干部一定要亲自下基层调查研究，体察群众疾苦，倾听群众呼声，掌握第一手材料。对担负领导工作的人来说，最大的危险就是脱离实际。多年来，耀邦同志这几句语重心长的话经常在我耳旁回响。

以上所举的几个事例向人们表明，我们所有政策实施的成败得失，都与党和政府的各级组织、领导干部的利害得失有着密切关系，这就是了解真实情况的困难所在。

如果说，刘少奇简单否定过去行之有效的“开调查会”的办法，以及对江渭清的言过其实的批评，都有所不足，但他看到了共产党在全国执政前后环境的变化，并强调要了解基层的真实情况，既不能只听汇报，也不能光看事先预作安排的场景，必须亲自深入基层，如胡耀邦所提的“看看你们没有准备的地方”，以了解第一手真实的材料，这就是刘少奇强调领导干部要下去“蹲点”的意义所在。

（作者系历史学者）

原载于《同舟共进》2013年第10期

朱德的“稿费”与“遗言”

刘　建/口述　周海滨/整理

朱老总离开我们30多年了，然而，通过儿孙辈的深情回忆，我们感受到，在孙儿们眼中，与朱德元帅在一起的日子，其实并不遥远。

朱敏不愿回忆二战集中营的残酷经历

我的妈妈朱敏二战期间曾被关进德国法西斯的集中营，在长身体的时期，她的身心受到严重摧残。以致进入古稀之年后，身体状况急剧下降。她的双目渐渐失明，也很少开口讲话。2009年4月13日，妈妈走完了83岁的人生历程。4月19日，在八宝山革命公墓的告别仪式上，九位中央政治局常委敬献花圈，上千名群众为她送行。

1926年4月，妈妈出生在莫斯科。那年，爷爷正好40岁。（因“姥爷”谐音“老爷”，朱老总不喜欢这个称呼，一直让我们称呼他“爷爷”。）不久，爷爷回国参加北伐战争。1940年10月，周恩来爷爷派人把妈妈从成都接到延安。到延安两个月后，1941年1月30日，妈妈告别团聚才一个多月的爷爷，赴苏联学习。

尽管莫斯科是自己的出生之地，初来乍到的妈妈依然水土不服，先是气管炎，后又引出小时候落下的哮喘，整夜咳个不停。在国际儿童院生活了4个月，苏德战争就爆发了。刚刚脱离中国战火的妈妈，又陷入了更大的战乱。妈妈和其他20个来自各国的孩子沦为德国法西斯的小囚徒，被关进了集中营。

妈妈对集中营的残酷经历从来不提。后来，叶大鹰拍《红樱桃》采访妈妈，妈妈说："叶大鹰是叶挺烈士的孙子，如果不是他，我不愿意和任何人回忆过去这些事情。"她不愿再提过去的痛苦。

当时，为了进国际儿童院学习时便于分班，爷爷为时年已14岁半的妈妈少报了两岁，填报12岁。到莫斯科后，妈妈使用爷爷特意为她取的化名"赤英"，一是为了以防万一，不会暴露身份；二是"赤"和"朱"都是红色的意思，红色英雄。谁也料想不到，"赤英"这个名字曾登载在苏联伊万诺沃第一国际儿童院的花名册上，也曾登载在德国东普鲁士纳粹集中营的囚徒名单中。

远在中国的爷爷这时以为女儿"失踪"了。在抗日前线，爷爷写了封信寄往莫斯科。不想，这封家书因邮路不通被原封不动地退回延安。康克清奶奶向爷爷提议，是不是通过延安电台向苏联方面打听一下女儿的下落？爷爷说："现在中国和苏联都经历着残酷的战争，我怎么能为私事打扰苏联政府呢？还是等战争结束以后再说吧。"

1946年初，妈妈终于回到莫斯科。1950年夏天回到了中国。

史沫特莱赠予朱德的稿费

爷爷有一笔巨款早就存放在德国。那是史沫特莱写的《伟大的道路——朱德的生平和时代》一书的稿费。史沫特莱1950年逝世前曾留下遗嘱，要将稿费转交给爷爷。国外有关机构将这笔稿费交给了中国驻德国大使馆。爷爷知道这件事情后，怀着对史沫特莱深深的敬意，亲自将她的一半骨灰安葬在北京，并在墓碑上题了字。此后他对稿费没再过问提及。1958年2月，爷爷接到中国驻德国使馆的请示："朱德副主席在我馆存稿费95008.30马克，已有两年之久，此款如何处理？"

爷爷提笔批示道："买自然冶金科学新书、化学新书寄回！"

大使馆购买了大量国外最新科技书籍，全部分给各大图书馆和有关科研单位。

中南海闻名的“兰花先生”

爷爷一生都非常喜欢兰花。因为养兰，他成了中南海闻名的“兰花先生”。他在南方视察时，只要有机会爬山，就会去寻找兰花。

很多照片都记录了爷爷整理兰花的情景。他经常到中南海的花圃里，一蹲就是半天。四川的夏蕙，广东的墨兰、银边大贡，贵州的野生种类和无锡的各种春兰，大约有千余种兰花在温暖的花房里争奇斗艳。爷爷沉浸在万花丛中，这或许是他最为舒心的时刻。

爷爷喜好兰花可有历史了。他20岁左右从军云南时，非常喜爱一种开着白色花朵的野兰花。每到春夏交际，这种野兰花漫山遍野，清风吹过来，阵阵芳香袭人，特别招人喜爱。因为经常作战，流动大，不能种花，他就用瓶子养着采来的野花。再后来，他提升当官了，就一边行军作战，一边在山里采集野兰花，移植到各种简易可携带的“花盆”中。时间一长，他认识了许多兰花，能准确地辨别它们的品种。

1928年，爷爷率南昌起义部队上井冈山与毛泽东率领的秋收起义部队胜利会师，他又一次在井冈山上看见了久违的野兰花，并且记住了井冈山兰花的主要生长地点。30年后，爷爷到井冈山地区视察工作，仍然记得当年的野兰花。他利用空闲时间，爬上山找到野兰花生长地，将花移植到瓦盆里，带进了中南海的花圃。

1971年9月粉碎林彪集团后，爷爷第一件事就是去中山公园看望他的兰花。一进花圃，看见熟悉的兰花，好像看见久别的老朋友，眼眶都湿了。

临终调侃：“这辈子没吃饱过”

爷爷长期患有糖尿病，要少食多餐。冬天我们经常和厨师一起把馒头切成片放在暖气上烤干。爷爷饿了的时候就拿点干馒头片吃。

爷爷喜欢吃四川泡菜和回锅肉，但后来医生对他的饮食控制很严格，每顿基本上都是保健菜，过瘾的菜都不让他吃，爷爷这个简单的要求也被“剥夺”了。有一次廖承志同志来看爷爷，奶奶留他吃饭，问他喜欢吃什么。廖公一听，借机提出一个在家不能提的要求：“我想吃回锅肉”。其实，廖公和爷爷一样，都被医生管着，在家里又被夫人监督着，和猪肉无缘。爷爷这时投了廖公一票，“廖公就这个小小的要求，克清你就满足他吧！”奶奶叫厨房炒了一盘回锅肉，又怕爷爷也加入这个开戒的行列，便指着我对大家说，“正好，我们家也有一个吃肉的”。这以后，“吃肉的”成了我的代指。“吃肉的回来了”，每次我回家，保准会得到这个热烈的欢迎词。吃饭的时候，爷爷边吃自己的边看着回锅肉。奶奶就得老打岔，引开爷爷的注意力。我见爷爷实在想吃，就偷偷夹一块放到爷爷的嘴里。

爷爷临终时还对康克清奶奶调侃说：“我这辈子没有什么遗憾的，就是没吃饱过。”

（作者系文史学者）

原载于《同舟共进》2012年第7期

忆爹爹朱德及康妈妈

赵力平/口述　周海滨/整理

2011年11月20日，北京玉泉路国防大学对面某公寓，一位年过八旬的老人出现在自己的住所外。她就是朱琦的夫人、朱德的儿媳妇赵力平女士。在寓所楼下，赵力平见到朱德生前身边工作人员袁存建，两位老人高兴得拥抱起来。赵力平虽然身材偏瘦，但精神矍铄，说话娓娓道来，对于唏嘘往事非常释然，“想得很开”。此时她正忙于筹备12月1日举行的朱德诞辰125周年纪念活动。

以下为赵力平女士对往事的忆述——

朱琦的生母和养母

美国作家埃德加·斯诺的前夫人尼姆·威尔斯1937年在延安第一次见到爹爹，她说：“我当时对他的印象是这样的：他是中国少有的人物，一个人道主义者，他是那样的一个军人，认为战争并不是一种功业，而是结束苦难的一种手段，这在中国更属少见。他无疑地是一个宽宏大量的多情的人。”

的确，爹爹是一位军人，但很重情义。

爹爹的原配夫人是肖菊芳，他们在昆明认识。肖妈妈的爸爸原来在昆明搞了个货栈，而肖妈妈是个师范生。爹爹从上海到昆明讲武堂考试，步行就得70多天，那个时候爹爹没钱，在路上生病休克了，肖家救了他，爹爹就在肖家养病养伤。肖家父母后来觉得爹爹勤劳朴实，就把还在师范学校上学的女儿肖菊芳介绍给了爹爹，两人就这么在一起了。

他们结婚后生了一个男孩，就是我的丈夫朱琦，但生产之后肖妈妈得了病，数月后病故。朱琦出生时，爹爹发现他右耳际有一根细细的“拴马柱”，于是取名“保柱”。保柱还小，爹爹带着不方便，朋友就介绍四川泸州人陈玉珍与他结婚。陈玉珍是进步学生，婚后一直带着朱琦。朱琦由陈妈妈带到十六七岁，直到1937年在泸州被国民党部队抓了壮丁。

康妈妈比爹爹小20多岁，一生充满传奇色彩。康妈妈曾讲过她在抗大学习时和爹爹一起打篮球的故事。爹爹的篮球打得很漂亮，常到女生队里打篮球赛。本来爹爹和康妈妈是分在两个队里。开赛后，双方争夺激烈，康妈妈看到球传到了爹爹手中，就大喊一声：“老总，把球传给我！”爹爹看也不看，就把球扔给了康妈妈，让对方得了分。

与爹爹一队的队员很不满意，埋怨起来：“总司令，你怎么把球传给了康克清？她不是和我们一边的。”“啊，我忘了，上了她的当，下回注意！”爹爹有些不好意思地回答。

可下一次，只要球在他手里，康妈妈再大喊一声“把球传给我！”他又把球飞速传了过来。大家都哈哈大笑。

康妈妈晚年在回忆录中写道：“我们相互间的爱情是在结婚以后逐渐发展起来的。”“几十年后回顾，可算是俗话说的‘美满姻缘’了。”

贺龙终于完成“特殊任务”

朱琦被抓壮丁后没有暴露身份，不然早就被杀了。后来，在周恩来的努力下，组织找到了朱琦，1937年底将他送到西安八路军办事处。1938年到了延安，开始在中央党校学习。中央党校培养出来的都是国家干部，但爹爹把他送到前方去了。有人说爹爹：“你就这么一个儿子，还送到前方去吗？”“我的儿子不当兵谁当兵啊，到前方打日本鬼子去吧！”朱琦打仗当中腿脚负伤，甲等残废，于是被分配到抗大七分校的校部，当队列科的科长。

康妈妈找到抗大七分校校长彭绍辉，让他给朱琦找个对象。那时候找对象还得经过组织批准、调查，得查三代，后来调查完找到了我。

1944年，抗大七分校女生大队教导员顾玉玲通知我到大队部来一下。当时我也不知道朱琦是谁，队部里有几个人坐着，有个男同志。他走了以后，校部说没事让我回去。第二天，顾玉玲问我："小赵你看那人怎么样？"说想给我介绍总司令的儿子。我当时一直没同意，因为觉得家庭差距太大。几个月以后，组织上把我们调到一起工作了。

甘泗淇将军的夫人李真将军找到我，劝我同意这门婚事。后来贺龙天天动员讲话，他是晋绥军区司令员，这是交给他的任务。

贺龙说："我们要进张家口了，你们结婚吧，不结婚不方便，结吧。"我说："日本鬼子打败了，全国解放了再说吧。"他说："不行，先结吧，多大了？"我说："二十。"

"20岁还不结啊，人家小姑娘16岁就生孩子了，考虑得怎么样？"然后，他就拍着桌子，说"结吧！结吧！"

我说："官太大！"

他说："官太大？共产党的官也不会打人，也不害人。"

后来，我们文书科的一个女科长刘香（音）对我说："赶紧结吧，不结天天跟你谈话，你也烦，领导没完成任务也交不了差。"在延安的时候女生太少了。

贺龙说："我是司令员，我说了算，我签字，说结婚你们就算结婚了。"他拍着桌子说："怎么还没同意，还等什么？今天不同意也得同意，朱琦哪不比你好？马上结婚！"说完就写了一张条子："批准朱琦同志与赵力平同志结婚。"他边写边说："这是你同意的，可别说我逼你的，我没逼你。"条子写好后交给了政治部，算是我和朱琦的结婚证书。

1946年3月23日，我们在丰镇结婚。司令部的人都来参加了，摆了五六桌，差不多三十多个人。贺龙主持的婚礼，他叼着烟斗眯缝着眼睛说："我的任务完成了。"

朱德定调：儿子不当官，从工人做起

经过了晋绥、晋察冀，我们到达河北与刘少奇、爹爹朱德领导的中央工委聚合。但还没来得及同爹爹和康妈妈见上一面，我就和朱琦加入了由邓颖超当团长、黄华当副团长的土改工作团，赴河北阜平县搞土改。

那时候跟百姓同吃同住，我和邓颖超住在老百姓家里。我们两口子，黄华两口子，邓颖超的秘书，周恩来的秘书，七八个人。大约1948年8月份土改工作快结束了，邓颖超说，咱们工作快结束了，你们也回去看看总司令吧。

第一次见他们，爹爹非常高兴。西柏坡首长住得也挺简单，都是窄窄的小窗户那种房子。见面时，爹爹穿着一件褪了色的旧军装，待人和蔼，慈祥的脸上总泛着笑容，言谈举止间一点架子也没有。我心里一下踏实了，拘束感也消除了。康妈妈忙着招呼我们坐下，刚坐定，爹爹便问:“土改工作结束后，你们有什么打算？”

我说:“还没想好呢。”

爹爹说:“现在整个抗日战争胜利了，国家需要建设，部队好多同志需要转下来。”

我说:“没意见，到哪都可以。正好银行招生，我到银行去吧。”

后来我考上了，去了石家庄人民银行（后被调到天津市中心妇产医院做院长）。朱琦想去铁路。总司令说，那好，你去铁路吧，到铁路不能当官，从工人学起，就给他定调了。

不久，铁道部需要人，朱琦去了石家庄铁路局当工人。因为爹爹说要从头学，已经是团级干部的朱琦于是先当练习生，学习技术，后来又当火车司炉。朱琦腿有残疾，三年后他由司炉当副司机，又由副司机转为司机，学会了开火车。后来，朱琦调往天津铁路局，虽然担负了一定的领导工作，但他还是常常作为司机驾驶机车。有一天，他回家说，“我见到爹爹了。”我很奇怪，问:“在哪里？”朱琦说:“在我开的火车上。”

上世纪50年代初，中央在北戴河建立避暑区。每逢夏季，中央高层领导人常到那里工作和避暑。在北京与北戴河的往返中，火车常常会在朱琦工作的天津铁路局换车头，而乘车的领导人有时也会在天津下车停留。一次，朱琦从北戴河开车回到天津，他还未离开机车，就接到通知："朱琦同志，首长请你立即到车厢里去一趟。"因为乘车首长的身份是保密的，朱琦也不知这位首长是何人，来不及收拾，就匆匆赶到会客室。因为那时开的是蒸汽机车，烧的是煤，朱琦手上、脸上和身上都是黑的，雪白的沙发套都被他坐黑了。这时会客室的门开了，爹爹走了进来。朱琦这才知道，他今天拉的首长原来是爹爹。爹爹看见全身黑糊糊的朱琦，心里也明白了。他说："呵，没想到，今天坐上你开的车了。"

朱琦早逝，朱德十天后才知道

朱琦在"文革"中也受到了很大的牵连。因为爹爹还是中央政治局委员，又有周总理等不时地保护，当时造反派不敢对爹爹太放肆。他们整不着爹爹，就拿朱琦撒气，批斗、抄家是家常便饭。

1969年6月，朱琦被送到山西榆次"五七干校"学习。当年年底，他从山西回来后，又被下放到天津附近一个叫汉沟的小车站改造，在那儿当仓库保管员，一直干到1972年，才给重新安排了工作。恢复工作后，由于劳累，也由于"文革"这几年的折磨，朱琦患了心脏病。1974年6月10日，朱琦突然去世，没有留下一句话。孩子们都不在家，他们都当兵去了。怕爹爹经受不住这个噩耗，只对他说"朱琦突然犯病了，在医院抢救"。爹爹很担心，整整一个星期睡不好觉，总是问情况怎么样，还需要什么药，得到的答复也总是"还在抢救"。

6月20日，朱琦去世后的第10天，我们回北京去见爹爹。康妈妈才告诉他："抢救无效，朱琦走了，追悼会都办好了，孩子们想回来看看。"那天，爹爹显得很虚弱，他看着我，喉结动了几下，好像要说什么，但一时没有说出声。这时，坐在我旁边的康妈妈，轻轻地拍了拍我，示意别再哭了。爹爹说："你们开始不告诉我，这不对，我就这么一个儿子，这么年轻就走了，很可惜。他上过中央党校，受过高等教育，走得这么早，太可惜了。"

爹爹曾说："假如我不在了，我没有任何财产，房子是国家的，还有这个桌子，全部交给国家，你们要不上。但是我有一部分书是自己买的，还有一部分是国家发的，你们可以看，可以拿去学习。我的会客室有一个主席像，这个你们可以拿走。”事实也是这样，康妈妈病逝以后不到24天，中央管理局就把家具全拿走了。

朱琦病故后，当时铁道部政治部主任对康妈妈说：“你看朱琦病逝了，可是力平一个人在天津，把她调到你们身边，对你们本身也是个照顾，对力平也是个安慰。”当时我也在场，康妈妈没说话，爹爹说：“力平在天津工作这么多年了，有群众基础，工作也不错，调到北京的新单位也不好参加工作，还是在天津好吧。”一句话否定了。（离休之后的1996年，我才调到北京。）秘书抱不平说，总司令太正统了，从来不为孩子说句话。

中南海的一段快乐时光

1949年之后的10年间，算是爹爹一家最幸福的时光。没有战争，家庭稳定。

1950年，我怀孕了。孩子降生之际，正好是抗美援朝的第三次战役结束，于是爹爹给孙子起名“援朝”。10个月后，援朝被送到爷爷那里生活。一年后，我们的第二个孩子又出生了。此时，三八线附近已在为停战而谈判，虽然常常是谈谈打打，但和平前景可瞻，因此爹爹为他取名“和平”。和平刚8个月，被送进了中南海。和平小时候和爷爷奶奶参加活动，听见有人喊“世界和平万岁”，就问奶奶他们怎么老喊我“和平万岁”。奶奶说：“你算老几啊，不是喊你，是世界和平万岁。”

爹爹一直没有忘记家乡的兄弟。他参加革命早早离家，养家糊口的担子全落在兄弟们身上，家境困难，无力让后代接受良好教育。爹爹决定尽自己所能，替每个兄弟家供养一个孩子来北京读书。过完春节，爹爹几个兄弟妹妹的儿子、孙子、孙女们，陆陆续续送到北京。在安顿好这些孩子的食宿穿戴之后，康妈妈又按照爹爹的吩咐，为他们一一联系好入读的学校或幼儿园。如此一来，有十五六个孩子，再加上爹爹和康妈妈老两口，将近20人。全家聚在中南海西小灶饭厅一起吃饭，就得挤满两大桌。

因为爹爹家里人多，所以吃饭时做的菜也多，每份菜的量也大。在西楼小餐厅吃饭的几家的厨师，各有绝活，我家的厨师邓林长于川菜，刘少奇家的郝师傅却长于湘菜。如果谁家做了拿手的菜，就招呼其他人家一起来品尝。同在西楼小灶吃饭的杨尚昆，和爹爹是四川老乡，口味相近。他常常笑呵呵地端着碗，离开自家的餐桌，跑到爹爹家的餐桌来，尝尝这个盘子里的，拈点那个盘子里的，嘴里一面嚼一面不住地说："嗯，嗯，好吃，好吃，还是你们家的菜好吃。"杨尚昆比爹爹小21岁，在非工作的场合特别活跃，康妈妈和他开玩笑："杨主任，你吃饭我可是要记账的！"杨尚昆笑着说："从井冈山起，我就老吃你们的饭，你要记账，我可是付不起了！"说着，又指了指自己的儿子杨小二说："以后，就由他帮我付……"

当年，在中央最高领导层中，有三家生活比较困难，就是爹爹家、刘少奇家和陈云家，原因都是家庭成员多，需要接济的亲戚多。中央办公厅曾设法给予补助，但是爹爹从来没有去领过。那个时候，任何一层的领导人，除了死工资，就没有其他经济来源了。和党政干部相比，军队干部的薪金更高，元帅的工资和各种津贴加在一起约有700元。爹爹完全可以拿元帅的工资。但他以已经不在军队中担任实际职务为辞，坚决不拿元帅的工资。

爹爹和康妈妈把住房附近的空地开垦出来，动手种上蔬菜和杂粮，有空就带领孩子们去劳作。由于精耕细作，菜地总是丰产丰收。有一次竟结出了一个75斤重的特大冬瓜，被送进了中国农业展览馆展览。

"文革"中，康生、戚本禹等煽动"批朱德"

1959年6月30日，爹爹去庐山参加中央政治局扩大会议。原以为是一个普通的工作会议，就带上了还没上小学的和平，并打算等学校放假后，让康妈妈再带两个孩子一起来爬庐山。可会议开到一半他就打电话给康妈妈，让他们别来了。

爹爹在会议上对"大炼钢铁"和"大跃进"提出了尖锐的意见。万万没想到庐山会议风云突变，由"纠左"转为"反右"，成了批判彭德怀的大会。

回京后，在中央军委扩大会议上，爹爹又被林彪攻击。林彪说：“人家称他为总司令，他还心安理得地答应呢！他够当总司令的资格吗？他根本不配！我们的总司令，是我们的毛主席。”他还指着爹爹说：“你这个总司令，从来没有当过一天总司令。不要看你没有本事、一天到晚笑嘻嘻的，实际上你很不老实，有野心，总想当领袖！”

1966年5月4日，中央政治局扩大会议在北京召开。此时，毛泽东还在南方，会议由刘少奇主持，爹爹成了彭、罗、陆、杨之外的重点批斗对象。康生说：“我看你虽然组织上入了党，思想上还没有入党，还是党外人士。”在他们的鼓动下，一些人开始对爹爹大加挞伐，有人说爹爹是“党内最危险的人物”，有人说爹爹是“党内的一颗定时炸弹”。

1966年11月下旬的一天，造反派冲进了爹爹在中南海的住所。当时他在玉泉路的住所，并不知情。家里只有康妈妈、和平以及两个工作人员。康妈妈做了简单布置后，让和平呆在屋子里不要出来。冲进院子的造反派理论不过康妈妈，就在屋外大喊“滚出中南海！”

第二天，爹爹赶回来，看到满墙满院的大字报，地上都用石灰刷着“打倒朱德”、“炮轰朱德”、“朱德是黑司令”等大字，气得用手杖敲打着地面，愤怒地说：“除了‘朱德’两个字，剩下的简直是一派胡言！”

情况很快报告到毛泽东那里。1967年1月18日，毛泽东在中央军委碰头会上说：“朱德在国际国内是有威望的，朱德还是要保的。”但“打倒朱德”的恶风并未就此止住。

我儿子和平对这一段比较清楚。1967年1月21日，戚本禹在全国政协小礼堂对中国人民大学的红卫兵头头说：“你们要把矛头对准党内的走资本主义道路的当权派，不要以为打倒刘少奇、邓小平、陶铸就完了，还有呢！”看到红卫兵有些不解，补了一句：“还有朱德！他是大野心家，是一个大军阀。他一贯反对毛主席，你们要把他揪出来，批倒批臭！”

“怎么个批法？”有人发问。

“这还用我说吗？你们人大不是有个走资派叫孙泱吗？他给朱德当过秘书，你们可以通过搞孙泱的问题，把朱德的问题搞清楚嘛！”孙泱是孙炳文烈士的儿子，从抗日战争开始就在爹爹身边当秘书，建国后曾任西南师范学院党委书记，后来调到中国人民大学任校党委副书记。

人大的红卫兵听了这些话，如获至宝。返回学校，立即组织人马写大字报。“新北大公社”的头头聂元梓听说人大“批朱”的消息后，打电话向她的后台康生询问：“人大红卫兵批判朱老总，是不是中央和中央文革的精神？”

康生很狡猾：“怎么说呢？形势在发展嘛！问题也越来越清楚了。你们自己搞就搞成了，要说是我让你们搞的，就搞不成了，你们自己决定嘛，我给你们说多了不好。”聂元梓心领神会，放下电话便急不可待地召集手下人开会。他们搜出了刘白羽解放前写的《朱德将军传》复写稿，合伙炮制了《篡党篡军大野心家朱德的自供状——揭穿〈朱德将军传〉的大阴谋》、《历史的伪造者反党的野心家——再揭〈朱德将军传〉的大阴谋》，两篇文章相继刊登在《新北大报》上。随后，他们又将该报加印了五十万份，散发到全国各地。

除了爹爹周围的人纷纷受到牵连，身边的秘书等工作人员被批斗，连我在天津房管局工作的父亲也被揪了出来，被关了半年多。我的行政职务虽然没被剥夺，但每天晚上被勒令“交代问题”，深夜一两点钟才能回家。朱琦因为是朱德的儿子，受到的批斗更为严重。

与董必武比长寿

1969年10月，以“加强战备、疏散人口”为由，80多岁的爹爹和一批老同志离开北京，他被指派到广东从化，康妈妈随行，所有消息被封锁，不得离开住所。

这样的状况直到1970年7月才结束。为了筹备第四届全国人民代表大会，爹爹和康妈妈回到了北京，住在北京万寿路的“新六所”，再也没有回中南海的住处。爹爹说：“既然出来了，就出来吧，不必回去了，孩子们人多，进进出出也不方便。”

我和丈夫第一次到“新六所”看望他们，带上了几张大字报给他们看，刚张口说：“你们在广东的时候，听说……”话还没说完，康妈妈连忙用手示意我不要讲下去，指指桌子底下，附在我耳边说：“别说了，说多了不好。”我才明白她担心家里安了窃听器。

至于是否真的有窃听器，我们并不清楚，但这种担心并非毫无来由。爹爹身边的秘书全部被赶走或打倒，由林彪办公室重新安排了工作人员。

1976年6月21日，爹爹按时来到人民大会堂。这天的日程安排是会见澳大利亚联邦总理马尔科姆·弗雷泽。时间到了，但外宾还没到，外交部也没来消息，他只好在休息室等候。工作人员急得四处打听，最后才被告知，会见时间推迟了，但之前竟没人通知。爹爹一直等到外宾来，坚持到会见结束才回家。

他独自在冷气开放的大会堂呆了近1个小时。回到家中不久，便感到身体不适……

当时中央专门为爹爹成立了医疗组，组长是中央军委副秘书长苏振华，副组长是李素文。成员有姚连蔚、吴桂贤、刘湘屏等。刘湘屏是当时的卫生部部长、谢富治的老婆，同江青关系密切。她在三楼住，每天都要来看爹爹一次。妈妈说："她的态度和神情，都使我感到她对朱老总缺少真诚的关心。有一次，我听见她问负责朱老总医疗的主管医生：'还能拖多久？'"大夫说反正现在正在抢救，情况不太好。

刘湘屏和江青去看望爹爹。江青说："总司令好！"总司令没吭气也没抬手，没反应。后来江青又说，"总司令，毛主席让我来看你。"她一说毛主席，总司令举了举手。我的女儿是医生，跟奶奶提出来，说爷爷打这个针可能不利，可能越打越坏。康妈妈就跟医生说这个药是不是换换，他们不听，说是专家组织的意见。

7月初，爹爹已报病危，但神志还比较清醒。一天，国务院副总理李先念来看他，爹爹本来是闭着眼睛的，听说先念来了，立即睁开，两人紧紧地握手。爹爹缓缓地说："生产为什么不能抓？哪有社会主义不抓生产的道理？要抓好！"7月5日这天，李先念、聂荣臻、王震、邓颖超、蔡畅等来医院，康妈妈贴着爹爹耳朵告诉他，他吃力地睁开双眼，想和他们说话，但张了张嘴却没有发出声音；想和他们握手，但胳膊微微动了一下，却没有抬起来……

其实，爹爹平时身体很好，不吸烟也不喝酒，喜欢运动，每天还做自编的体操，自己吹着口哨掌握节奏。谁也没有料到，会因为这次接见外宾的“意外”引起感冒而去世。

我想起当年爹爹和董必武先生之间的一个玩笑。董必武晚年不大运动，基本上是将自己关在书房里，甚至整天不出门一步。董老不出门，爹爹不免担心，就去看望。两位老人见了面，没有多余的客套，爹爹“开拳便打”，说：“老进士，你，不行啊，生命在于运动啊！”

“老总，你怎么知道我不运动？”董必武举举手中的毛笔，“我一刻也没闲。”

爹爹摇摇头说：“写字和运动怎么一样？这样吧，我教你一个在家便能做的运动，肯定能助你长寿。”爹爹放下手杖，开始吹口哨，演练自编的那套体操。练完后说：“怎么样，进士？”“嘿嘿！”董必武笑了，“我看戏可以，演戏不行。”

“唉，我担心你活不到90岁。”

“我们比一比嘛！”

“不比不比，横竖你活不过我。”爹爹摇着头告辞走了。

爹爹每天做他的体操，吹他的口哨，董必武每天练他的大字，各自持之以恒。

1975年4月2日，董必武逝世，享年90岁。1976年7月6日，爹爹逝世，享年也是90岁。

（作者系文史学者）

原载于《同舟共进》2012年第7期

伯父彭德怀

彭　钢/口述　周海滨/整理

彭钢，1938年生。中国人民解放军少将，第十、十一届全国政协委员。曾任解放军总政治部纪律检查部部长，全国妇联副主席，中共第十四、十五届中央纪律检查委员会常委。在工作中，她的认真、较劲、铁面无私远近闻名，曾有"军中女包公"之称。对此，她回应："总有一面镜子在那里照着。"这面镜子就是她的伯父彭德怀。

"不知有多少人对我说，我的伯伯彭德怀是一场悲剧的主角。这也许是，但他从来都不是一个弱者，他有着共产党人的信仰，追求真理，为国为民，把一切都舍弃了。我总在想伯伯为后人留下了什么呢？"在一篇回忆文章的开头，彭钢少将用饱含深情而又不失理性的笔触写道。

彭德怀一生无嗣。1950年，彭钢与伯伯第一次见面，此后，她陪伴伯伯大约生活了15年。在伯伯最为惨淡的岁月里，彭钢成为相伴膝下的"女儿"，成了困境中伯伯的重要精神支撑。

革命低潮中发动平江起义

"伯伯原名彭得华，出身赤贫家庭，因父病母亡，八岁就辍学了"。

彭德怀对年少时的贫穷和困顿记忆犹新，彭钢转述伯伯的记忆："那是在大年初一的时候，他的祖母让他带着我二伯父去讨饭。人家图吉利，说你是不是招财童子？伯伯实话实说，我是讨饭的，我不是招财童子，什么也没有讨到……"

1928年7月22日，加入中共不久的彭德怀与滕代远、黄公略等领导平江起义，组建中国工农红军第五军，任军长兼第13师师长。“在平江起义前，伯伯是国民党军队里的团长，手头宽裕，但他从不随便给家人，更没有自己花掉，而是把钱全攒起来，薪金、办公费、杂支费等大概有几万元，全用作了起义的经费，几乎占了平江起义经费的一半”。

同时，彭德怀成立了临时革命法庭，处决了一批反革命分子，他认为，“（这是）替革命群众申了冤、出了气、撑了腰，打击了反革命的气焰，这是完全应该的，十分必要的”。

可在“文革”中，有人借批判《怒潮》剧本批判彭德怀，在《人民日报》和《解放军报》上刊登文章，说“平江起义彭德怀双手沾满了人民的鲜血”。彭德怀十分生气，他说：“这不是侮辱我个人的问题，而是侮辱平江起义……”

对于有人批判发动平江起义是政治投机，彭德怀对彭钢说：“那时中国革命处于困难时期，起义是要杀头的，我投什么机呀！”

力排众议守井冈

1928年11月初，根据湖南省委和湘鄂赣特委与红四军联络的决定，彭德怀率红五军一部分主力到达井冈山与毛泽东、朱德领导的红四军会师。

“伯伯率红五军刚到井冈山20多天，红四军要离开井冈山转战出去，就让红五军撤销番号编为一个团并入红四军，伯伯成为红四军的副军长兼团长，留守井冈山。当时伯伯的部下大都不同意，说我们才来20多天，什么情况都不了解，怎么守？”

只有彭德怀和红五军党委书记滕代远同意保卫井冈山。“伯伯说服了不同意见的同志，准备牺牲局部，使主力安全向外发展”。若干年后，彭钢问伯伯：“你们七八百人能守住井冈山吗？”彭德怀说：“为了革命的利益，牺牲都不怕，还怕什么？明明知道前面是火坑，我也得去跳，你不跳谁去跳呢？”

正如众人所预料的那样，井冈山没能守住。彭德怀对突围的艰难过程记忆犹新："敌优我劣，是三四十倍之比……如果不突围，当然会全军覆没。但红军留下的伤病残员、妇女、小孩一千余人，要突出敌军重重包围，则部队要在前面开路，又要在后面掩护，真是不容易。从井冈山主峰腹部的悬崖峭壁处，在猎人和野兽爬行过的小道上，攀行了一天一晚，算是突出了敌军第一层包围。时值严寒，天下大雪，高山积雪尺许，我的干粮袋炒米丢失了，我不愿别人知道，两天未吃一粒米，饥饿疲乏，真有寸步难行之势。可是枪声一响，劲又不知从哪儿来的……"

这次艰险突围，在41年后却成为彭德怀"不要根据地"的证据。1969年国庆节后，《人民日报》刊文批判彭德怀违反毛主席指示。彭德怀说："我看这种人对根据地不是完全无知，就是打起伟大毛泽东思想红旗反对毛泽东思想。他不了解什么叫做根据地，也不了解如何才能创造根据地，更不知道如何才能坚持根据地的斗争……"

彭钢回忆："听伯伯说，当时朱德曾讲过，实在不行了，你们就撤。"

反对"富田事变"，揭穿"离间信"

1930年12月，蒋介石调集约10万人的兵力，对中央革命根据地开始进行第一次"围剿"。大军压境，彭德怀的三军团指挥部却发生了一件非同寻常的大事。

1930年12月中旬的一天半夜，三军团前委秘书长周高潮急忙给彭德怀送来一封密信。彭德怀一看那特殊的毛笔字，便知是毛泽东写的。但此信不是写给彭德怀的，而是写给古柏的，内容有挑唆毛与朱、彭关系之意。此时，朱德也收到同样内容的毛泽东"亲笔信"。这封信究竟是谁写的呢？《彭德怀自述》中写道："这封假信是参与'富田事变'的丛永中写的，他平日学毛体字，学得比较像，但还是露出了马脚——毛泽东同志写信，年、月、日也是用汉字，不用罗马数字和阿拉伯数字。"

在"富田事变"中，彭德怀全力支持毛泽东。1965年，毛泽东也承认："反革命的富田事变，写出了三封挑拨离间的信，送给朱德、彭德怀和黄公略三人。彭立即派专人将此信送来，三军团前委还开了会，发表了宣言，反对了富田事变。这件事处理得好。”

同样是一封信，但下面这封信，却引起了轩然大波。

另一封信，引起数十年误解

那是1935年在贵州四渡赤水期间发生的一件事，从此彭德怀被误认为是支持林彪写信反对指挥人的幕后推手。

林彪时任红一军团军团长，他认为毛泽东迫使部队走弓背路，不走直路，是在敌人面前逃跑，毛的指挥将使部队精力耗尽，把部队拖垮。林彪的言论立即遭到红一军团政治委员聂荣臻的反对。但林彪没有听进去，他给中央军委写了一封信，信中建议：毛泽东、朱德同志随军主持大计，把战场指挥权交给彭德怀。

这封信写好后，林彪曾让聂荣臻签字，聂拒绝了。5月12日，中共中央在四川会理城郊的铁厂召开政治局扩大会议。当时，彭德怀正在指挥红三军团攻打会理城，忽然接到通知，要他参加会议。彭钢说：“那次会议由张闻天主持。张闻天的夫人刘妈妈（即刘英）后来回忆说，因为林彪写的信和在会上提的意见，毛泽东大发脾气。”（刘英《在历史的激流中》，中共党史出版社1992年版）

林彪解释说：“我给中央写信，没有什么想法，主要因为老跑路，心里烦闷……”没等林彪把话讲完，毛泽东就接过话说：“你是个娃娃，懂得什么！在这个时候直接跟敌人硬干不行，绕点圈子，多走点路，这是必要的。”但是，毛在会议上指出，林彪写信是彭德怀鼓动起来的，是对失去中央苏区不满的右倾情绪的反映。

彭德怀当时听了有些难过，但大敌当前，追敌又迫近金沙江，没把这次误会放在心上，“以为林彪的信，是出于好意，想把事情办好吧”。彭德怀没来得及申明和争辩，就去指挥打仗了。他回忆说：“我采取了事久自然明的态度，但作了自我批评，说：因鲁班场和习水两战未打好，有些烦闷，想要如何才能打好仗，才能摆脱被动局面。烦闷就是右倾。我也批评了林彪的信：遵义会议才改变领导，这时又提出改变前敌指挥是不妥当的；特别提出我，则更不适当。林彪当时也没有说他的信与我无关。”直到1959年庐山上毛泽东重提此事，林彪这才公开说明他写信时彭德怀并不知道。

但这封信在毛、彭及毛、张（闻天）等人之间造成的误解，长达数十年。

彭德怀曾回忆说：“在这24年中，主席大概讲过四次，我没有去向主席申明此事，也没有同其他任何同志谈过此事。从现在的经验教训来看，还是应当谈清楚的好，以免积累算总账……像会理会议，我没有主动向主席说清楚，是我不对。”

彭钢说：“林彪写那封信，伯伯不知情，聂荣臻在会理会议上也作了说明……但事情并没有结束，误解也没有就此化解。杨尚昆在回忆录中说，聂荣臻还讲，林彪曾给彭德怀打电话，要彭德怀出来指挥，说现在的领导不成，我们服从你的领导，你下命令，我们跟你走。聂荣臻说，林彪打电话时，他和左权、罗瑞卿、朱瑞都在旁边，‘林彪的要求被彭德怀回绝了’。这样，又把伯伯扯了进去。”“三渡赤水前，在是否攻打打鼓新场上的争论，又间接地牵涉伯伯。当时，大多数领导主张打，但毛泽东坚持不打，并以辞去前敌总指挥之职力争。会议按照少数服从多数的原则，作出打的决定，并且要彭德怀暂代前敌司令员。最后，毛泽东在周恩来的支持下，说服了大家，没有进攻打鼓新场。这些因素，也会加深……对伯伯的误解。”

在抗战时期，彭德怀忠实地执行团结一切力量抗日的方针，八路军取得了辉煌的战绩。然而，后来因百团大战他曾饱受批判。1945年7月25日，华北座谈会结束，中共对这次会议及会议上对彭德怀的批判没有作出结论。据时任中共中央书记处秘书的师哲回忆，毛泽东对彭德怀在中共七大的自我批评不太满意。华北座谈会过去43年后，当时的会议参加者之一薄一波，在他所写的《不能忘却的怀念——回忆彭德怀同志》一文的第五节，专门回顾了华北座谈会的情况。他写道：“批评的激烈性至今犹记。”“历史上的不少事情，常常需要经过后来的反思，才可能看得比较真切。时过40多年以后，重新回顾这次座谈会上对德怀同志的批评，我觉得有些是正确的，有些则显然过火了，有失公正。而无甚道理的苛求和指责，看来也不乏其例。”薄一波不胜感慨地说：“对领袖人物'不捧'、'不盲从'、'不迷信'，是完全正确的，唯有这样才能防止神化。德怀同志当时就已有了这样的认识，这正是他的高明之处。如果当年我们党内有更多的同志都达到了这种认识，具有了这种历史的自觉，党内的政治生活就会保持正常化，而不致出现建国以后……那样严重的个人崇拜了。"

毛泽东对彭德怀在西北战场上的战功有过评价。1965年9月23日，毛泽东在与彭德怀的谈话中说："解放战争，在西北战场成绩也是肯定的，那么一点军队，打败国民党胡宗南等那样强大的军队，这件事使我经常想起来，在我的选集上，还保存你的名字。"

在《毛泽东选集》里，彭德怀的名字不止这一次。"伯伯在华北主持工作的时候，就提出保护小商小贩，后来给主席写了一封信，毛泽东在选集中提到了。毛泽东把这封信批给了陈云等搞经济的人"。

这封信得到的结果是好的，等到庐山会议，一封信却招来大祸。

毅然奔赴朝鲜战场

时间来到1950年。这年4月，11岁的彭钢第一次见到了伯伯，伯伯时任西北军政委员会主席，"他到北京来开会"。彭钢的父亲彭荣华是彭德怀的小弟弟，彭荣华和彭金华加入中共后做地下工作，1940年9月兄弟二人先后被杀害。

1950年10月4日，彭德怀被毛泽东用专机从西安紧急召回北京参加政治局扩大会议，讨论出兵援朝事宜。实际上中央原来有两派不同的意见。彭德怀在会议的头一天也没有发表意见，就听了听。回到北京饭店，他怎么也睡不着，就想到毛泽东在会上讲的话，考虑了一晚上，基本上同意出兵。

伯伯要奔赴朝鲜，彭钢当时并不知情，因为他走得很匆忙。那是1950年10月7日晚上，"伯伯说要暂时离开一段，不能很快回北京，问我们需要什么东西，我们说不需要什么东西。他还是叫人买了些本子、铅笔等学习用品，还给了我们一些钱备用"。"伯伯到了朝鲜以后没有跟我们联系。我们在报上看到消息，这才知道他是去抗美援朝前线了。"

多年以后，彭德怀和侄女回忆起这次战争时说：我也没有把握打赢这个战争，要是打败了，就是相当于我们国家打烂了再重新建，这是最坏的情况。知己知彼才能取得胜利。自从打了遭遇战以后，觉得美军并不可怕，心里就有底了，觉得起码能打个平局。

彭德怀去朝鲜前也做了最坏的打算。他说："从红军时期开始，有一些文件都是我随身带着。这次去朝鲜的时候，我觉得有可能牺牲。这些文件绝对不能落在敌人手里。"他把这些文件交给了毛泽东，让毛代为保存。

"朝鲜战争后期，有人提出要解放整个朝鲜。但是伯伯不同意，他认为没有实力去全部解放，就算解放了也守不住。后来主席也同意了"。"洪学智还曾经告诉我，当年救了伯伯一命。他说有一次刚把伯伯'揪'出去，敌机就来扫射，他的帽子和行军床都被敌人打了很多洞"。

彭德怀还曾在国务院会议上发了一次怒。周恩来主持讨论怎样支持抗美援朝，当时有多个部门参加会议，有些部门主要是强调困难。"伯伯说，他当时的确拍了桌子。说，你们都说困难，就是我们志愿军不困难。这些志愿军不是战死的，有的是被冻死、饿死的，人都是有父母的，我怎么向这些牺牲了的志愿军的父母及家属交代！伯伯这一怒，后来才有周恩来、邓颖超等国家领导人带头为志愿军炒面支援前线的事"。

斯诺的《西行漫记》中说："我必须承认彭德怀给我的印象很深。他谈话举止里有一种开门见山、直截了当、不拐弯抹角的作风，很使我喜欢，这是中国人中不可多得的品质。"

"我真希望是我错了"

1958年大刮浮夸风，彭德怀对此十分清醒。这不光是因为他出身农民，对收成上的事一清二楚，更在于他深入基层调查，掌握了真实情况。

有一天，彭钢陪伯伯在中南海散步，碰到一位分管农业的负责人。彭钢看到他们没说几句便争了起来，伯伯十分严厉地对那位领导说："你是分管农业的，亩产上万斤，甚至几万斤，这可能吗？你也得讲点科学吧？”

事后，彭钢劝伯伯。彭德怀说：“你是中学生了，一亩地是60平方丈吧，你想想看，就这么点地方能长几万斤粮食吗？就是堆也要堆多厚！”

1959年8月19日，是彭钢永远无法忘记的一天。“下午，司机老赵兴冲冲地告诉我，到南苑机场接伯伯，伯伯回来了”。“那天天气晴朗……气氛却非常奇怪。往常接机看见他们都是有说有笑的，这次所有的人都低着头，各走各的路，不打任何招呼。我看见伯伯穿一身褪色的旧军衣，手里提着一个黑色的皮包，也低头沉默着走出机舱，没有丝毫表情。我赶紧招呼着跑去，上前接过伯伯手中的文件包。伯伯没有作声，缓缓走着，拉住我走向汽车”。坐在车里的伯伯紧紧握着彭钢的手，一言不发。空气仿佛凝固了，彭钢看看伯伯又看看伯母浦安修，不敢吱声。半天，伯伯还是先开口了，问彭钢：“你考上大学了吗？”“考上第一志愿，西安军事电讯工程学院”。彭钢高兴地说。伯伯这才露出一丝笑容。

一到家，伯母把彭钢叫到了卫生间，还未说话，已满脸眼泪：“你伯伯在庐山犯错误了，说他反党，被打成‘反党集团’的首领……”

伯母建议彭钢去改换志愿，不要上军队的学校，然而这一建议很快就被伯伯否决了。他说：“一个孩子家，改什么志愿。一人做事一人当，还能把她一个小孩子怎么样。”彭钢现在想起这句话，觉得伯伯低估了当时的形势。

就从那天起，彭家被一种沉重、压抑的气氛笼罩了。“没什么人到家里来了，连我这个一向开朗、爱说爱笑的人，走起路来也小心翼翼。我每天看着伯伯坐在书桌前写，写了撕，撕了又写。他背对门坐在那里不动”。

彭德怀有时也出去开会。有一回他震怒了，吼了起来：“开除我的党籍，拿我去枪毙了吧！谁是‘军事俱乐部’成员，自己来报名……”事后他和侄女解释：“如果承认有‘军事俱乐部’，那么你的成员是谁呀，多少同志将蒙受不白之冤……在这种情况下，我只能毁灭自己。”

彭钢对伯伯说过的一句话印象深刻：“只要自己不垮，别人是整不垮你的。”

有一次，彭钢问伯伯：“你写那封信干吗？”伯伯说：“我能看着人民挨饿吗？我是政治局委员，我是党员，我不能不考虑人民的死活。所以有些话还是请主席来说，主席威望高。让他去纠正比我去纠正好。”

1961年底，彭德怀回湖南老家调研。“一天晚上，伯伯让我妈妈到门口放哨，他要亲自给我家重新砌灶台。他说，把庐山会议写信的底稿和一部分材料，放到坛子里，再砌到灶底下，就丢不了，也不会受潮……”

彭钢去西安读书后，在北京的伯伯更为孤单和落寞。9月30日，彭德怀被罢官后举家从中南海迁出，搬往颐和园附近的吴家花园居住。第二年暑假一到，彭钢急忙赶回北京。“我按照伯伯画给我的地图摸索着找到了吴家花园。我想给伯伯一个惊喜，没想到在门口遭到了哨兵的阻拦”。彭钢大声说：“我找彭德怀，我是他侄女。”夏天，窗户都开着，伯伯一听到彭钢的声音，赶忙跑出来了，他只穿了一件汗衫，下摆扎在褪了色的旧军裤里。瞧见是彭钢，他高兴极了，大声地说着什么。彭钢却一下子呆了：分别不到一年，伯伯原先只有几丝白发，现在几乎满头霜雪，仿佛一下子老了十来岁。“伯伯说了些什么，我一句也没有听清楚，眼泪就下来了”。

第二天晚上，彭钢问伯伯关于庐山会议的情况，没说几句，伯伯就从抽屉里拿出一份东西，递给她说：“你可以看看我写给毛主席的这封信。”说完，点起一支烟等着彭钢看完。

这是彭钢第一次见到文件中说的“彭德怀同志的意见书”。它又轻又薄，不过几页纸。等彭钢读完信，伯伯就讲了起来：“我这样写，是作了调查研究，有根据的，我特意到农村去看过。搞‘大兵团作战’、‘深翻土地’，完全不顾实际情况。搞了许多食堂，和中国农村的燃料条件、风俗习惯都不相适应……一些奇怪的口号也提出来了，什么‘人有多大胆，地有多大产’，这是不可能的。干事情不能没有条件，不讲条件不是唯物论。”

彭钢终于明白了，这封信，是伯伯深思熟虑的产物，即使他在庐山上不写，下了庐山也是要写的。正是由于这封信，使他壮怀激烈的战士生涯突然中断。他来到寂静的吴家花园，不得不虚掷光阴。然而他的观点没有变，他已经六十多岁了，还在追求什么？

彭钢忍不住对伯伯说："你当你的国防部长，干吗要去管经济问题？"听了这句话，伯伯猛一下抬起头来，脸上的皱纹都颤动了，他说："我怎么不能管呢？我是共产党员，还是政治局委员……我可没有你们考虑得那样多，觉得不对的地方，不管是什么问题，都要讲出来，这是主人翁的态度，不能去想什么个人得失。一个共产党员应该懂得自己的职责。要不怕罢官，不怕离婚，不怕开除党籍，不怕坐牢，不怕杀头。我死都不怕了，还怕什么？"

"我告诉伯伯，我同桌的那位安徽籍的同学张天华家里已经有人饿死了……"伯伯听了彭钢的讲述，呆呆地坐着很长时间不说话。后来他沉痛地、几乎是一字一顿地说："我真希望是我错了，如果那样，老百姓就不至于挨饿了！"

彭德怀是不能离开吴家花园的，于是就在那里开荒种地，竭力劳动。他真诚地希望，通过劳动一来了解农业情况，二来减轻国家的负担。"那年我也在家，他把麦子地翻得很深，弄了很多肥料，量好整整一分地，他就看看这一分地到底能打多少粮食。在粮食快好的时候麻雀就爱来，他扎了一个草人……最后这一分地打了92斤粮食。他说人家比我管理得好的话可以打100斤。一分地100斤，一亩地也就是1000斤，过去说上万斤，这不都是胡说嘛！"

"八万言书"的前前后后

彭德怀住在吴家花园的6年，实际上是被软禁了起来。"伯伯失去了自由，但他的思想没有被禁锢。他逐渐深入考虑了国家的民主与法制建设问题，这是他在庐山上没有更多思考的"。伯父对彭钢说，庐山上开了一个很不好的头，以后谁敢讲真话？党风、民主作风怎么办？1962年，由于在学校受到各方面压力，加上身体不好，彭钢被迫休学一年，她也就成了伯伯的倾诉对象。

"多年以后，我看到吴家花园哨兵写的日记，对伯伯的一举一动均有记录。我们去散步时说话，伯伯让我不要把俄文丢了，我说没有用，他说学一门外文不容易，还是拣起来好。”这样的对话都在哨兵日记里记着，并附有评语：他还要与苏修勾结，想里通外国。

七千人大会结束后不久，一天，彭钢站在伯伯办公室门口，看他发愣，正要走，伯伯突然说，你别走，过来。伯伯将七千人大会上毛泽东、刘少奇的讲话给彭钢看，讲话的大致意思是别人都能平反，彭德怀不行，因为他在国内搞颠覆活动，“里通外国”。“里通外国”的罪名让他痛苦。彭钢看见伯伯流泪了。“伯伯说，我要上诉。我对他说，你上诉告谁？你比我还天真。谁敢受理这个案子？”

“伯伯沉默了，过了一阵子又对我说：要用事实说话。我不表功，只说事实。后来过了几天他都没有说话，我们也就再没有说这个事。”彭德怀还是给中央和毛泽东写了一封长信，即后来的“八万言书”。“他写他几次和外国人接触，哪次翻译是谁，他的记性特别好，写得很清楚很详细，后来人家把它称为“翻案书”。

写完“八万言书”，伯伯先让彭钢看一遍。彭钢在卧室看，他把门锁着，自己坐在外边，万一有人来了，他提防着，不让人家知道，怕连累彭钢。

吴家花园，杨尚昆去的次数最多。“毛泽东说了，吴家花园归办公厅管，所以杨尚昆借着这种机会经常去看彭德怀，‘八万言书’就是通过杨伯伯送的。后来我写了一篇纪念杨伯伯的文章，我觉得在那个时候杨伯伯能做到这样很不容易。当时没有打字机，伯伯给杨伯伯写了封信，信中说：杨尚昆同志，由于字迹潦草，请你打印多份送给中央。其实请杨尚昆印送‘八万言书’，伯伯本来是可以当面直接给杨尚昆说的，但是他怕连累杨尚昆，所以专门写了封信，也是为了给杨伯伯开脱。现在来看，似乎递封信不算什么，但在那个时候是冒着风险的。所以我觉得杨伯伯是高尚的人，不是落井下石的人。”

彭德怀的最后时光

1965年，彭钢从军校毕业的同时，也失去了做军人的资格，被转业分配到位于右安门的北京汽车修理公司工作，但仍和伯伯一起住在吴家花园。这样的生活一直持续到了1965年11月。中共中央决定派彭德怀到四川的“大三线”担任副总指挥。出发前，毛泽东与彭德怀进行了长谈，“伯伯告诉我，谈话中，毛泽东说了三句话：你要向前看。你的问题由历史做结论吧。也许真理是在你这一边”。

“姚文元的《评新编历史剧〈海瑞罢官〉》一文出笼时，我们就预感到又要有大祸临头了。江青等人也放出风来说，像彭德怀这样的人还让他自由自在？听到这样的消息，我们更是提心吊胆”。1966年12月27日，彭德怀被红卫兵从“大三线”押回了北京，在王府井一带游街批斗。那天彭钢正巧到灯市口附近的分厂办事，“突然听到外面有人喊批斗彭德怀的口号，我一下子紧张极了。周围的人中，有人知道我的身份，有人不知道，他们都在议论纷纷。我既不敢抬头看，怕看见伯伯当时的样子，也不敢哭，更不能跟着议论，就在心里流着泪赶快离开那个地方”。

1967年夏天，彭德怀被“红卫兵”打断三根肋骨，监禁起来。这种情况下，还要求他写“认罪书”。专案组不定时提审，有时一天提审三次。睡觉时必须脸朝着灯，彭德怀患有严重的失眠症，这让他更加难以入睡。“为了避免相互串通，只要有人在厕所，别人就不能上厕所，伯伯肠胃不好，有时候憋得不行了……全拉在裤子上”。

1966年底到1973年4月，这段漫长的时间里，无论如何揪心牵挂，彭钢一次都未能见到伯伯。8年后彭钢再次见到伯伯彭德怀，此时75岁的他已躺在了301医院的病床上，患了直肠癌，才被允许亲属探望。“此时的伯伯再也没有那硬朗的身板，整个人已经骨瘦如柴。这间本来就密不透风的病房，连窗户都用报纸糊严。一见到我，伯伯其实有千言万语对我说，但是他只对我说了一句话：‘你胖了’。”

1974年11月29日，彭德怀受尽折磨后在绝望中离世。他的骨灰甚至不能名正言顺地入土，只能以“王川”的化名寄存在成都的一座公墓里。4年后，中共中央为彭德怀平反并举行追悼会时，费尽心思才找到了他的骨灰。1999年，一生转战过许多地方的彭德怀，终于回到了他最怀念的地方——湘潭乌石峰下。

终获平反

1978年，彭钢看到真理标准大讨论带来的可喜变化，决定向中共中央写信，为伯伯洗脱“莫须有”的罪名。

经过彭钢的不懈努力，以及王震、黄克诚等老干部帮助，1978年12月24日，中共中央在人民大会堂为彭德怀举行了追悼会，邓小平致悼词。1981年十一届六中全会通过了《关于建国以来党的若干历史问题的决议》，决议写道：“八届八中全会关于所谓‘彭德怀、黄克诚、张闻天、周小舟反党集团’的决议是完全错误的。这场斗争在政治上使党内从中央到基层的民主生活遭到严重损害，在经济上打断了纠正左倾错误的进程，使错误延续了更长时间。”

彭钢说，伯伯影响了她的一生。“他的一言一行都在告诉我如何做人，时刻都要想着人民。他的一生也是这样的”。有一次去北海公园，发现游人稀少，彭德怀感到很奇怪，便问怎么回事。“原来是公园管理人员从伯伯的安全考虑不让游人进来。伯伯不高兴地说，有这个必要吗？你们以为这样做我会高兴吗？从那以后，伯伯再也不去北海公园了”。

彭德怀到广东开会，吃饭时，陶铸的夫人曾志给他上了一盘腌制的姜，彭德怀品尝后连说，好吃，好吃。临走时，陶铸特意给他带了一小坛姜，彭德怀马上就要掏钱。陶铸不收，两个人推来让去。结果陶铸嗔怪道：我又不是卖姜的，你也不是买姜的，你干吗给我钱，彭德怀这才把钱收起来。如果有乡亲送他一罐蜜什么的，他一定把钱邮去。“伯伯的生活是俭朴的，记得他告诉过我，1938年从八路军武汉办事处转送给他和朱总司令各四百大洋。伯伯将这笔钱一分为二，托徐特立带给黄公略夫人和陈毅安夫人了”。彭德怀说：“黄公略、陈毅安两位都是烈士，他们对革命贡献大，我应该照顾他们的家庭。”“庐山会议上有人指责伯伯‘伪装朴素’。可是对伯伯来说，所能奉献的都奉献了”。彭德怀也很痛心：“从平江起义到解放战争结束，我家十余口人，流浪乞讨，全无任何顾及，四十年如一日，这不是什么伪装得了的。”

彭钢回忆，伯伯对属下的严厉也是出了名的，尤其是对高级干部。“我也问过他，为什么你对人家那么严。他说，你不知道，我们是要做表率的，是要带兵的。假如士兵的问题处理不好，在战争当中是要死很多人的。都是生命，谁家的儿子不重要？谁家老百姓的孩子送来当兵不应该受到保护啊？战争当然是要牺牲人的，但是不必要的牺牲是要避免的”。对属下严厉，对家属则是严苛。1955年授衔时，彭钢的哥哥彭起超被授予中尉军衔。彭起超1945年参加革命，1947年参加过保卫延安的战斗，和同代人相比，他的军衔整整低了一级。而要求哈军工给彭起超降衔的人，正是伯伯彭德怀。

彭钢说：“有的人说伯伯很粗暴、很简单。我不这么认为！伯伯的悲剧不是简单的性格问题，而是一个体制的悲剧……”

有一次，伯伯和彭钢谈到唐太宗李世民，说他善于纳谏，从善如流，闻过则喜，胸怀很大。彭钢问他：“你能做到闻过则喜吗？”伯伯笑道：“我做不到闻过则喜，但可以做到闻过不怒。”

英国历史学家菲力普·肖特在他写的《毛泽东传》中，这样评价彭德怀：“在他的生命中只考虑两件事：共产主义事业的胜利和他的人民的幸福。”这句话是有一定道理的。

（作者系文史学者）

原载于《同舟共进》2012年第11期

陈毅元帅追悼会释放的信号

陈长江

陈长江，1950年选调北京中央警卫团（8341部队）。1951年开始进入中南海，历任警卫员、分队长、区队长、中队长、副大队长、副师职参谋等。保卫毛主席27年，是建国后历时最久的警卫队长。多次领命回农村调查，有时直接汇报，受到毛主席表扬：你忠诚、老实，反映情况可靠。离休后著有《文革中的毛泽东》。

1952年的一次谈话

1972年1月8日，在我的记忆中尤为深刻。那天下午，我正在中南海游泳池值班，忽然接到通知：主席要去八宝山参加陈毅同志追悼会，立即出发。我们都很吃惊。

之前，我得知陈老总在医院病逝，觉得很意外。在我的印象中，他的年纪并不是很大，身体很好，精力充沛，性格豪爽、开朗。他的突然去世，使大家感到很悲痛。

我在毛主席身边工作多年，曾多次见过陈毅来主席处。陈老总不仅是主席在井冈山时期的老战友，也是在诗词上能和主席唱和的诗友，这在众多的老帅、将军中是为数不多的。主席对陈老总的功绩、对他的忠诚和才干非常看重，在不少场合曾称赞过他的高尚品格。

记得我和主席的第一次谈话，他就提到了陈毅。那是1952年4月的一个上午，大约10点左右。毛主席工作了一个通宵出来散步，看见了我。不知道是初见觉得新奇，还是我的哪些特征引起了他的注意，他迈着稳健的步伐朝我走来。

“你是哪里人？”毛主席在我面前停下，微笑着问。“我是……”我刚开口，话还没有说出来，毛主席摆一摆手，示意我不要往下说了。他说：“听出来了，听出来了。”主席面带喜色地向我一笑说：“你是苏北如皋、海安一带的人，对吧？”

“是的。”我惊异于主席的听力和判断力，忙说：“我是海安人。”

“噢。”毛主席若有所思地说：“你们那个地方，抗战时期、解放战争时期，都打过不少的仗啊。解放战争开始时，粟裕指挥华中野战军七战七捷，歼敌五万，打退了敌人的进攻。”主席稍作停顿，又说：“陈毅同志和黄桥的顽固派，有打有拉的，统一战线工作做得好啊，你知道吗？”“黄桥的烧饼很有名，它支援了我们的人民军队，黄桥人民是有功的。”

1972，毛主席的精神状态难以捉摸

陈毅元帅去世时，我们得知追悼会有很多限制，要搞小规模的、低规格的，政治局委员一般可以不参加；加之很久以来，主席一直没有参加过类似的活动，特别是八宝山，几乎从未去过，因此，在我们的工作中，没有做任何去八宝山参加这类活动的准备。现在突然提出要去，这使我们有点措手不及，非常紧张，况且预定的追悼会时间就要到了。

我马上报告了周总理办公室。之后立即调来了主席外出所需的大小车辆，通知随卫分队迅速做好出发的准备。我还特别关照随卫的队员们，每人都要带上长、短枪和足够的弹药，在随行的一辆面包车上待命。“文革”这些年，我也有了经验。不管怎么说“形势一片大好”，也要随时提高警惕，并且林彪事件也使我们更加警觉了。因而我们的警卫部队在各个方面均有较充分的准备，有几种应付突发事件的预案。要战胜敌人，就必须想到前面，做到前面，如此才能防患于未然。

刚准备就绪，汪东兴、张耀祠也赶到了。这时，我见小张（张玉凤——编者注）等人扶着主席出来了。我看见毛主席穿着他平时常穿的那件睡衣，下身穿着一条绒毛裤，连帽子都没有戴，迎着凛冽的寒风就

要上车。在这样寒冷的天气里，穿这样单薄的衣服怎么行呢？我知道主席有皮帽子、皮大衣，都在那里挂着，伸手可取，为什么不给主席多穿点？天气这么冷，他怎么受得了呢？我心中在埋怨小张他们没有尽到责任。指导员李连庆拿来棉大衣，就要往主席身上披。主席摆了摆手，表示不要，而且态度倔强，使人不好再去劝说。

那几天，主席的精神一直不好，吃饭、睡觉都不正常，脸色泛黄，一脸阴霾。是焦躁？是困倦？使人难以琢磨。看到我们，也不像往日那样主动说话，问这问那；而是不管见谁，都板着面孔，没有一句话，看得出来他的心情是沉重的。

我们一行几部车子，组成一个不大的车队，出中南海西门，经长安街向八宝山开进。我和张耀祠坐在头车，主席的车在中间，后面是警卫们的面包车。

我们的车子在八宝山公墓小礼堂门前停下。门口冷冷清清，也没有像往日那样有首长在门外迎接。我忽然意识到，可能是通知晚了，有关方面还没有准备好，而主席已来到了。我顾不得主车到达，便与他们交代一句，迅速进入小礼堂，通知他们毛主席到了。

毛主席要参加追悼会，这一下子就突破了许多人为的无理限制，使追悼会的规格无形中提到了最高，这种情况是少有的。这样一来，有些政治局委员本想来而不方便来的，也有了顺理成章的理由。那几个本不打算来的，也不好不来了。还有陈老总生前的重要友人，像西哈努克亲王、宋庆龄副主席，原本就要来的，自然也让来了。上述组织工作做起来，还是颇费周折的。可是，当我到了接待室时，惊奇地发现，周恩来、宋庆龄、叶剑英、邓颖超、李先念、康克清等已经到达。他们中不少人是原计划出席名单之外的，这使我非常佩服总理办公室的工作效率和出色的组织能力。

我告诉总理："主席来了。"总理看见我，似乎已明白了一切。他一面嘱咐人去找陈毅夫人张茜，一面带头出来迎接毛主席。毛主席与周恩来在礼堂前厅相遇了，两人亲切地握手，却没说什么话。周恩来领着毛主席来到先期到达的人们中间。毛主席与在座的宋庆龄、叶剑英、李先念、邓颖超等一一握手。主席与他们中的许多人很久没有见面了，这中间又经历了很多变故，所以有许多话要讲，大概又不知从何讲起。何况此时此地，并不是适宜谈话的场所。

“林彪是反对我的，陈毅是支持我的”

恰在这时，张茜来了。

毛主席见了，就要上前迎接。张茜紧走几步，来到了主席的面前。“主席，你怎么也来了？”这是满脸泪痕、泣不成声的张茜见到主席的第一句话。

毛主席看着悲戚、哽咽的张茜，也潸然泪下。他亲切地拉着张茜的手让她坐在自己的身边：“我也来悼念陈毅同志嘛。陈毅同志是一位好同志。”

此时此刻，张茜看到毛主席，很激动，也不知有多少话要向主席说。然而，她是顾大局识大体、严于律己的老革命了，她只是说：“陈毅有时不懂事，引得主席生气了。”

毛主席似乎已知道她的下文是什么，便急忙打断她的话说：“不能这么说，也不能全怪他。他是个好人，陈毅同志是立了功的，他为中国革命、世界革命做出了贡献，这已经做了结论嘛。”毛主席又说：“陈毅同志，他跟项英不同。新四军4000人在皖南被搞垮了，后来又发展到几万人，陈毅同志是执行中央路线的，他是能团结人的。要是林彪的阴谋得逞了，是要把我们这些……都搞掉的。”

这时，西哈努克亲王和夫人莫尼克公主也赶来参加陈毅追悼会，他们是这次活动中绝无仅有的外国人。毛主席与西哈努克亲王亲切交谈。毛主席庄重地告诉西哈努克：“今天向你通报一件事情，就是我那位亲密战友林彪坐一架飞机要跑到苏联去，但在温都尔汗摔死了。林彪是反对我的，陈毅是支持我的。”

西哈努克亲王面目紧张地望着毛主席，林彪出逃一事，我们还没有向国外公开发布消息——西哈努克亲王是得到毛主席亲口告知此消息的第一个外国人。毛主席接着说：“我就那么一个亲密战友，还要暗害我。阴谋暴露后，他自己叛逃摔死了。难道你们在座的人不是我的亲密战友吗？”

毛主席停了一会儿又说：“陈毅同我吵过架，但我们在几十年的相处中，一直合作得很好。”

这时，陈毅的几个孩子也被找来了。毛主席问了他们的名字，周恩来在一旁做了仔细介绍。主席说了许多勉励的话，大意是希望他们继承父亲的遗愿，好好学习，好好工作。

谈“二月逆流”，对老同志发出重新评价信号

毛主席在讲话中，还谈到了所谓“二月逆流”的问题。他说：“那是陈毅他们老同志对付林彪、陈伯达，对付王、关、戚的。”这无异是对在座的李先念等一批老同志在怀仁堂行为的一种肯定。而且在众人面前讲出来，本身就是对“二月逆流”的公开表态，事实上也是对那些被打倒的“靠边站”的党和国家领导人、老同志发出重新评价的信号。当然，这也是毛主席为人坦诚的一种写照。

主席又讲：“陈毅为中国与世界人民的友谊做出了很大贡献，为中国革命和世界革命做出了贡献，是有功劳的。”讲到这里，主席愤愤地说：“姚登山（曾任中国驻印度尼西亚大使馆参赞、‘文革’中外交部造反派头目——编者注）夺了外交部的权20天，比陈毅当外交部长20年犯的错误还多。”

谈话结束时，张茜关切地说：“主席，您坐一下就回去吧。”毛主席说：“不，我也要参加追悼会。给我一个黑纱。”于是，他们把一块宽大的黑纱戴在了主席睡衣的袖子上。

追悼会开始了，周总理在陈毅的遗像前致悼词。悼词简述了陈毅一生的主要经历，高度评价了他为革命事业所做的重大贡献。并指出：陈毅是中国共产党的优秀党员、中国人民的忠诚战士。几十年来，他在党中央的领导下，在长期革命斗争中，在社会主义革命和社会主义建设中，坚持战斗，努力工作，为人民服务。他的逝世，使我们失去了一位老战友、老同志，是我党、我军的一大损失。

毛主席站在队列前的正中，他高大的身躯微微前倾，轻轻颤动，静

静地听着。我似乎能感觉出他的巨大悲痛。而且，在这悲痛之中甚至饱含着某种更深层的感情冲击。这时的我就站在主席身后不远的地方。我真担心啊，怕他经不起这种悲痛的打击。

周总理的悼词宣读完了。主席和大家一起，向陈毅的遗像和骨灰盒行鞠躬礼。

追悼会结束了。主席再次与张茜握手，并深情地嘱咐她节哀，希望她们好好学习，好好工作。张茜和孩子们一起把主席送到车前。我打开车门，请主席上车。但他抬不起腿来，很吃力，小张（张玉凤——编者注）和我们几个人把他搀扶上车。

从追悼会回来，主席很悲伤，几天没有休息好。接着就病了，而且病得很厉害，两次休克。

毛主席的身体，就是在这个时期垮下来的。从1951年1月到1977年共27年，我一直跟随毛主席，直到把他的遗体送至“毛主席纪念堂”。

原载于《同舟共进》2012年第9期

胡耀邦的一次发言

沈宝祥

1987年，笔者作出一个决定：拿出一定时间和精力研究胡耀邦，首先研究胡耀邦发动和推进的真理标准问题讨论这一历史事件。经过多年的努力，形成了一批成果。这篇短文则仅谈一件事。

据笔者的考证和研究，胡耀邦是我们党内提出用实践标准检验总结“文革”的第一位领导人。胡耀邦究竟是在什么时候、什么场合提出实践标准的？笔者经过多年搜寻史料，终于找到了。这就是，1977年12月2日中共中央党校的党委会上，胡耀邦明确提出，要用实践标准来检验和总结十年“文革”。笔者将这个讲话作完整的介绍，与读者分享。

先讲一下事情的来龙去脉。

1977年10月9日，中共中央党校隆重举行复校后的开学典礼，华国锋和党中央其他许多领导人都来参加。华国锋首先讲话，接着由叶剑英副主席讲话。叶副主席在讲话最后提出：“我希望在党校工作的同志，来党校学习的同志，都来用心研究我们党的历史，特别是第九次、第十次、第十一次路线斗争的历史。”（《人民日报》1977年10月10日）这是党中央交给中央党校的一项重要任务、一个重要的教学内容。实际上，这也是党的十一大提出的要求。华国锋在十一大政治报告中提出：“要认真组织力量研究党史，学习和总结党的历史经验，特别是第九次、第十次、第十一次路线斗争的经验。”胡耀邦作为主持中央党校工作的副校长，当然要很好地贯彻这个精神，完成这一项重要任务。

“文革”已经过去了36年，需要对当年的用语（“第九次、第十次、第十一次路线斗争”）作一点说明。毛泽东把1969年“文革”开始打倒刘少奇、邓小平，称为第九次路线斗争，将反对林彪、陈伯达称为第十次路线斗争。后来，1976年10月粉碎“四人帮”，被接续称为第十一次路线斗争。很明显，总结这三次路线斗争，实际上就是要总结十年“文革”。这是一项很重要很复杂很敏感的任务。

胡耀邦对这项任务采取了严肃认真的态度。他让党史和党建教研室拟出总结这“三次路线斗争”经验的教学方案。1977年12月2日，胡耀邦召开中央党校党委会议，审议拟出的教学方案。方案的基本思路是，在肯定“文革”的前提下，揭露林彪、“四人帮”对“文革”的干扰破坏。胡耀邦在这个会上没有作长篇讲话，他在议论过程中多次以插话的形式发表自己的看法。笔者找到了一位与会者的笔记，记得很详细。将胡耀邦在这个会议上的发言连贯起来就是一篇系统的讲话。全文如下：

我看你们的稿子不能用。方案是抄人家的，你们自己把历史都颠倒了。这个不行。文件要立即收回，宣传了错误的东西，走漏出去怎么办？

中央文件怎么选？不能贴标签。因为是中央文件就是正确的，这是什么论啊？有些文件受林彪、“四人帮”干扰，错了就是错了嘛，部分错了就是部分错了嘛，全错了就是全错嘛。

这十几年的历史，不要根据哪个文件、哪个同志讲话。反面材料光看文件不行，林彪、“四人帮”还有许多没有形成文件的，还要看实践嘛。林彪、“四人帮”对党的破坏，你们应听到一些嘛。内蒙古27万党员，打成“内人党”的35万，打死、重伤5万，把我们党破坏成什么样子！还有工、农各业的破坏，时间越久，越看到“四人帮”给党、国家、民族带来的灾难的深重，把党分裂了、群众分裂了、民族分裂了。肃清他们的流毒，需要花多少力量、多少时间！最近好多单位开控诉会、批判会，北大、清华、七机部、体委……听说人民日报社批得好，听说林业部揭盖子。“四人帮”派……搞特务，这些事都惊心动魄，清算这些人先根据大量事实，文件只是一小部分。XXX去年粮食多报30亿斤……去年全国粮产5800亿斤，能相信吗？所以明年还要困难。去年我只相信5500亿斤，每人有600斤原粮就不错了。假定明年搞6100亿斤，还不能算大增产，因为去年浮夸了，还得补去年的。我们能这样讲党史吗？还讲十三年大丰收？还能讲假话吗？不讲事实？过去讲林彪反对江青、打击江青，还能这样讲吗？党史颠倒的东西多了，我们不能这样讲。你们的稿子不能用，要收回销毁。怎么讲，同志们议论。

这个方案都是抄来的，可以原谅。要是独立思考出来的，就很严重。批林运动没批下去，是否伟大胜利？过去的提法灌了一脑子，要严格审查。

"四人帮"夺权就是打击党、打击老干部、大批判，批来批去，还不是批老干部，批来批去就是批毛主席革命路线，把毛主席路线当XXX路线批了，这是最大的颠倒。所以，从头到尾都要清算一下……

你们的整个体系都是抄来的，要用真正的毛主席思想，通过实践检验来分析。引证过去的文件要注意，要用现在的观点分析。方案要重新定，好多提法值得考虑。以哪个人讲话、哪个文件为根据，不是科学态度，那就不是研究了。

由吴江同志牵头，缪楚黄、周逸同志参加（缪楚黄，时任中央党校中共党史教研室副主任，主持工作；周逸，女，时任中央党校党建教研室主任——作者注），下周到我处研究，文彬同志也参加（即冯文彬，时任中央党校副教育长，后任副校长——作者注）。一个月搞出方案。完全按科学态度研究清楚了，提交党委讨论。

胡耀邦的这个讲话，态度鲜明，观点明确，最主要的是，他提出要用实践标准来检验总结"文革"。实践是检验真理的标准，这本是马克思主义哲学的常识。但胡耀邦在这里不是一般地提出实践标准，而是有着明确的针对性和排他性。他说：这十几年的历史，不要根据哪个文件、哪个同志的讲话，要通过实践检验来分析。胡耀邦否定了曾经风行的红头文件标准，特别是"最高指示"标准。

在当时的条件下，耀邦作出这样的发言，需要多大的勇气啊！到目前为止，笔者还没有发现其他人在当时提出过这样明确的思想观点。所以，笔者才得出本文开头的结论：胡耀邦是我们党内提出用实践标准检验总结"文革"的第一位领导人。

胡耀邦的这个讲话，应视为解放思想、拨乱反正的历史文献。

主持会议的冯文彬同志说："……要研究党史就要恢复党的传统，

敢于实事求是，实践是检验真理的标准。如果脑子里还有旧的框子、精神枷锁，就研究不好。已经粉碎‘四人帮’了，不应再说违心之言，做违心之事。没这一条，根本不要干。按着现在的方案搞，越搞越糊涂。搞党史要恢复历史本来面目。”

这次党委会议后，在胡耀邦的具体指导下，吴江等人起草了供中央党校学员讨论的学习文件：《关于第九次、第十次、第十一次路线斗争的若干问题（征集意见稿）》。在这个文件中，作为研究“三次路线斗争”的一条指导原则，鲜明地提出：“应当以实践为检验真理、辨别路线是非的标准，实事求是地进行研究。”随后，胡耀邦组织中央党校八百学员讨论这个文件，开始以实践为标准研究“这十几年的历史”（即十年“文革”）。八百学员的讨论十分热烈，许多人提出了疑问。

实际上，这是真理标准问题大讨论的前奏。

（作者系中共中央党校教授）

原载于《同舟共进》2012年第11期

大地之子，人民之子

——与伍精华谈耀邦

伍精华/口述　郑仲兵/整理

伍精华，“文革”前曾任四川省凉山彝族自治州州委书记兼副州长。1982年中共十二大后任国家民委常务副主任、党组副书记，后任西藏自治区党委书记兼西藏军区政委。1989年离任后回北京，系中共十二、十三届中央委员，第八、九届全国人大常委会委员，2007年在北京病逝。

郑仲兵，“文革”中两次入狱，1978年平反，后调中宣部理论局工作。著有《胡耀邦出任中宣部长记略》，主编《胡耀邦年谱资料长编》。

2004年8月24日，伍精华同志光临寒舍，对我说：“耀邦同志辞世15年了，但他的形象一直在我的心中映动，而且随着时日的推移，愈映愈烈。今年是耀邦同志九十诞辰，又值我陪他考察云南20周年，身处此时，我无法控制和隐讳对他的思念和景仰。在我眼中，他是20世纪中国最崇高的伟人。可惜，他走得太早，没能成为21世纪的老人。”他要我帮助记录下他心中的耀邦情，我即欣然同意。之后他又到亚运村秀园我的工作室，带来了有关文字资料和照片，并谈了两个小时。我原打算根据他的讲述，并参考有关资料，为他编写一篇较长的追忆文章，但不久因我患重病动手术，搁笔两年多。谁料，伍精华同志竟于2007年10月19日突然病逝。得到消息，我悲恸不已，更为未能完成他的这桩心愿而自责。现在只好把当年他的珍贵回忆、讲述，整理记述如下——

与彝族乡亲一起过年

伍精华同志首先向我讲述他认识耀邦同志的过程。他说："我从青年时代开始，就有缘和耀邦同志相遇、相识、相知，得到他许多教诲和关爱。45年过去了，我尚以此自慰，感到三生有幸。"他脸上洋溢着自豪的神情。接着他讲述了从1949年参加中国人民解放军到1982年中共十二大三十多年间他和胡耀邦的情缘。

我要求精华同志着重讲讲1985年陪同耀邦考察云南的情况。他说：1985年1月，耀邦同志约他一起去云南考察。这是十一届三中全会以后耀邦同志第二次到云南，第一次是1980年，在云南呆了7天，走了7个州市。这次走了10个州市，从2月10日至2月24日，共15天，正值春节前后。精华同志说："这是我近距离在耀邦同志身边最长的一段时间。"

他们的飞机是2月10日从北京起飞，在昆明机场降落。胡耀邦没有下机，接上云南省委书记安平生和省长普朝柱等，直飞文山军用机场。文山是壮族、苗族自治州，又是与越南交界的前线，当时中越战事还未结束。同机的还有中央领导同志杨尚昆和余秋里。胡耀邦原打算和他们一起去前线看望官兵，因故改为把部队师级以上的领导召到文山。耀邦同志对他们说："我们是打越南霸权主义，不能欺侮越南老百姓。我们要对他们好。打仗是暂时的，人民友谊是长久的。"精华同志说，"这几句话给我的印象特别深。"

离开文山后，耀邦一行乘汽车进入红河哈尼族彝族自治州，再从蒙自乘飞机到昭通，再从昭通乘飞机到大理白族自治州，再乘飞机到丽江，再折回大理，改乘汽车到怒江傈僳族自治州，然后到保山，到德宏傣族景颇族自治州，经临沧、思茅，再到楚雄彝族自治州，最后再回到昆明。一路走，一路考察，听取各族群众和干部的意见。伍精华说："耀邦同志带我们去基层考察，不像后来领导同志出巡那样，又是戒严、管制，又是带保健医生，甚至还要检查水、检查饭等。他不来这一套。他不允许对被访问对象做事先布置，我们到丽江玉龙山下，一进村就到处串门。老乡向耀邦同志敬酒，他就接下呷一口，他看见老乡正在吃饭，自己也去舀饭吃。他从不发威作态，装腔拿调。到人民群众之中，他就如鱼得水，是那样的自然而然，也让乡亲们感到亲切自在。”

我说：“这恰是耀邦的率真。他是大地之子，人民之子，是当代真正植根于人民的伟人。他有一颗平常心，永葆常人态——这正是他与那些装腔作势的人的根本区别。”精华同志接着说：“你说得很好！耀邦同志对百姓对人民，就是有一种真情实感。这是靠装装不出来的，靠演也演不像的。”接着，他给我讲了耀邦和彝族村民一起过年的情景——

2月19日，农历大年三十中午十一时许，耀邦一行在山路中颠簸了两百多公里，到了楚雄州禄丰县的一个彝家村寨——普家村。在彝族男女青年簇拥下，来到了村头的打谷场，那里聚集着身着节日盛装的彝族村民。他们向耀邦献米酒，耀邦接过饮了一口，连声说：“谢谢！”一时全场沸腾，青年男女围着耀邦纵舞欢歌。与群众共欢后，耀邦席地而坐，用北京带去的果脯招待大家，并同他们交谈。问他们1984年收入多少，盖了新房没有，过年杀了几头猪……耀邦还把精华同志介绍给村民：这是民委副主任，他是凉山彝族人，先请他讲话。伍精华刚开口说：“乡亲们！”耀邦挥手说：“你是彝族，来到彝家要讲彝家话嘛。”当时伍精华还不知道凉山彝语和这里的彝语是否相通，便端起碗作喝酒状，问道：“这怎么说？”众乡亲答：“只拍叨”（喝酒）。伍精华兴奋道：“我的彝语和你们的相同。”耀邦乐了，全场爆发出快乐的笑声……

离开打谷场，耀邦还带着伍精华和一行人看望了几家彝胞，向他们拜年，共饮他们自制的米酒。

第二天（2月20日），正月初一，耀邦同志又同杨尚昆、余秋里、李德生等中央领导人以及他的随员到昆明东风体育馆参加了团拜会，同云南各族人民共庆新春佳节。精华同志告诉我：耀邦同志主政七年，有六年的春节是在基层和老百姓一起过的，这次算是第五次了吧。

寺庙里遇到小和尚

精华同志又讲了一段耀邦上昆明西山华亭寺见到小和尚的故事，其中可以看到耀邦对宗教的态度。

伍精华讲述：到昆明，他和安平生陪同耀邦一起到西山华亭寺。华亭寺有个小和尚，四川人，曾当工人，和厂里闹矛盾，一气之下到华亭寺当了和尚。当时宗教政策还未落实，寺庙还属文化局领导。有个文化局女同志在管理。设有一个小卖部，卖茶，卖小商品。

小和尚看到北京来人，便借机埋怨道："把裤衩晾在经堂，把火腿晾在经堂，泰国佛教代表团来了说：僧不像僧，庙不像庙。中央副（胡）主席还说，'要尊重信仰自由'！"

安平生说："你说的副（胡）主席就是他。"（指耀邦同志）小和尚听后，马上跪下去，作拜佛状，起身后就把老和尚找出来。小和尚击鼓，表示寺庙有了大事。

当时管这个寺庙的女同志也在，耀邦同志说了她几句，她连头都不抬，继续织她的毛线。

耀邦问："你们和寺庙关系怎么样？""和尚调皮得很。"她拉长了声调说。

耀邦问："你是哪里人？""昆明人。"她小声地回答。

耀邦说："昆明人很文明的嘛。"那女同志马上放下手中的毛线，说："我说的调皮是指小和尚，不是指老和尚。"

耀邦对那女同志说："这些和尚是我们的同胞，是自己人，不要把他们当成外人，更不要把他们当成敌人。他们和我们只是信仰不同，都是自己人。"

耀邦又对安平生讲："你们要给这些和尚做一身衣服，平时可不穿，有代表团来了要接待嘛。你看，现在穿得破破烂烂的。"他还说了一些话，意在指示安平生和省委同志要好好落实民族和宗教政策。

第二天，大家到石林参观，耀邦同志在家准备第二天厅局级干部会的讲话稿，伍精华在省委统战部和民委召开的座谈会上传达耀邦在华亭寺的讲话精神。传达后，一位迪庆藏族自治州的干部提出：我们迪庆州有一个寺庙，贺龙元帅长征经过那里时，还为它题了寺名，"文革"中被破坏了。藏族百姓要求恢复，但总不让恢复，我们藏族人民可伤心了，希望你向总书记说一说。伍精华讲述到这里，感叹道："信教的人，心理状态一般人难以理解。为什么他们可以虔诚到顶礼膜拜，甚至愿为之奉献一切，乃至生命的地步。只有理解他们，才能真正尊重他们。不理解，不尊重，怎么能够做好宗教工作呢？”“我很快把情况向耀邦同志反映了。耀邦表示：应该恢复。耀邦同志如此理解和尊重宗教信仰，虽然他是个无神论者，但他有崇高的认识境界，有广阔的胸怀，堪称真正懂得宗教和信仰的中央领导人！”

“刻碑费用不够，从总书记特别费用中出”

云南片马地区各民族人民曾有两次大规模武装抗击英国侵略者的占领。一次是1900年，一次是1910年至1927年间。后一次更得到全国人民的声援，逼使英国政府不得不承认中国对片马的主权。这段中缅人民共同抗击侵略者的历史，也成为中缅人民胞波（亲戚）情谊的佳话。

这次耀邦到德宏，当地干部向他反映，现在缅甸国内为这段抗英历史，不仅树了纪念碑，还建了纪念馆，而我们却没有。耀邦听后说：我们也要搞。当地干部早已备齐了笔墨纸砚请耀邦题词。耀邦笑着问伍精华：写些什么？

伍精华说：总书记心中有数嘛。又想，不如让总书记题个碑名，以后可以让各族人民世代相传，弘扬爱国主义传统。于是说：就写“片马人民抗英胜利纪念碑”。耀邦又问安平生等云南领导，他们都说：可以。这样，耀邦就提笔写了这几个字。

为刻纪念碑，开始州委说没有钱。耀邦说：“省里拿一点，我拿一点，你们（指自治州）拿一点，三个一点就凑起来了。”伍精华回忆说：“离开昆明，在回北京的飞机上我对耀邦说：不够的费用由民委来解决。耀邦同志说：不要你解决。他对他的警卫秘书说：从总书记特别费用中出。后来给了多少，我没有过问。因为后来我就去西藏工作了。”

“有水快流，有矿快开”，让老百姓富起来

想方设法让老百姓得利益，得实惠，让他们富裕起来，这就是胡耀

邦的思想，这个思想贯穿在他云南考察的始终。伍精华反复对我讲了这个意思。他认为，耀邦同志到云南就是认为老百姓太苦太穷，包括汉族地区。

怎么让老百姓富起来？精华同志介绍了耀邦在云南考察中的几点意见。

一是全面开放边境贸易。在这次考察中，德宏傣族、景颇族自治州的每个县耀邦都走到了。当他问到边境贸易情况时，自治州负责人介绍说当时边贸有严格规定：一是边贸地区限定在离边界20公里以内，之外禁止边贸；二是限定贸易的钱数，不许超过。弄得交易时找钱补现金都很难……耀邦听后说：你们整个自治州都作为边境贸易区，全部开放。这一决定得到当地干部和各族人民的极大拥护，大大促进了当地经济的发展。据统计，1984年边境贸易额为3788万元，1985年达到了10972万元。但伍精华对我说，现在又往回收，又限制老百姓自由贸易，改归中央统一贸易。

二是提倡因地制宜，发展多种经营。耀邦同志到怒江州，明确提出，“老百姓太穷，不要搞以粮为纲，要搞多种经营”。他说：能产橡胶的种橡胶，能产甘蔗的种甘蔗，能产水果的种果树。在文山，他说：“你们不要老盯着大工业……要搞乡镇企业……你们这里多种经营门路这么广，什么三七、八角、油桐、油茶、草果等，都要彻底放开让群众办。”耀邦同志对畜牧业很重视，到哪里都要问一问畜牧业发展得怎么样了。当时任丽江行署副专员的是金人庆同志，耀邦就问他种了多少草，对发展畜牧业有什么打算。耀邦主张发展林业，搞经济林木，热带作物。他在怒江州第一次提出群众栽树，谁种谁有，可以继承。精华同志说：“现在中央的林业政策就是当年耀邦同志提的，但当时是不允许的。”

三是反对国家垄断地方资源，与民争利。耀邦认为“靠山吃山，靠水吃水”是天经地义的。如土地、森林、水、矿藏等，老百姓世世代代发现、保护、开发、经营，国家要考虑历史实际情况，不能说拿走就拿走，说垄断就垄断，要充分考虑当地老百姓的利益，有的可以允许他们占有，有的国家要出资、出技术，组织当地老百姓进行开发；有的国家投入开发但要与当地老百姓分利。耀邦提出："有水快流，有矿快开"，他说：许多资源长期沉睡在那里，不如让老百姓开发。

四是提出在农村中开展增百致富的讨论。"增百致富"是河北保定地区的经验，当地农民自发地从每人每年增加百元收入目标开始，讨论致富的门径。耀邦给予积极的肯定，认为这是依靠群众自己来致富的创意。在云南考察期间，他要求省、市、县干部下去，引导群众开展增百致富的讨论。到大理考察时，宾川县委书记李吉兴向耀邦同志反映，他们县1984年比1983年人均收入增长了一百元。耀邦说：今年你们再搞增百致富的讨论，讨论后可以调动人的积极性，达不到一百元也没关系，不追究责任，不打屁股。千万不搞强迫命令，不搞弄虚作假，不搞挖老本凑数。安平生书记说："到时候，你们要向总书记报告。"伍精华说，1985年底，李吉兴向耀邦同志写了信，耀邦还做了批示。耀邦当时还问李吉兴："你是什么民族？"李回答："彝族。"耀邦指着伍精华说："旁边坐着的就是你们彝族的头。"耀邦对待基层干部总是那样真诚、随和、风趣。一下子就拉近了双方的距离，基层干部也就愿意把真心话向他坦露。

2月24日，耀邦在昆明出席省干部会议，算是这次考察的最后一个项目。他高屋建瓴的讲话，概括了云南在经济、社会发展中有利和不利的条件。他指出云南省的八大有利条件：一是地域广大；二是矿藏丰富；三是能源尤其水力资源潜力大；四是亚热带、热带作物多；五是畜牧业资源丰富；六是林业资源丰富；七是旅游资源丰富；八是各族人民勤劳、勇敢、质朴……他认为云南最大的不利条件是交通不便，以及由此带来的文化技术落后。

伍精华还提到：那天本是云南省的会，但耀邦还特地邀来周边几个省的领导同志。记得贵州省的朱厚泽同志也来了。耀邦在讲话中提到干部年轻化的问题时，突然说到中央决定由朱厚泽代替池必卿任省委书记（一把手）。可见耀邦当时就看重厚泽同志了。在我接触到的各省大员中，对耀邦同志的全面改革和富民政策，厚泽是理解得非常深刻的一个，他对西部开发战略发表的见解，耀邦很是赞赏。1987年，耀邦同志下台之前，还通知让我和他一起去阿里地区。当时正值我去审查承德话剧团编排《班禅东行》的话剧，正准备回北京后去见耀邦同志。在火车上就听说耀邦同志“辞职”了。我当时的心情可想而知。西藏工作如何搞？中国将向何处去？我心里一片茫然。

伍精华同志在叙述他随耀邦云南行的同时，也向我倾吐了他心中的耀邦情。他说，他和耀邦接触过程中感受最深的是“耀邦同志强烈的民本倾向”。“他对民情民心了解之深入，对百姓脱贫致富探求之殷切，对各族人民关爱之深忱，让我佩服……他对各族人民的尊重、关爱、理解、服务之情仿佛是天生的”。我说：“据我理解，耀邦同志民本的情感和理念，包含着他的民权、民生、民族三大思想的统一。这是他生根于反封建主义、专制主义在新时期的升华，也是他提出全面改革的思想基础，是他治国方略深邃和崇高之所在。”

说着说着，精华同志忽地站了起来。我看到他高大的身躯在颤抖，轮廓分明的面庞在抽搐，他放大声量斩钉截铁地说道：“耀邦同志在中国改革开放过程中，在改变中国命运中的功绩，都是应该记住的啊！”

这些话对于我，句句如雷贯耳、如电行心！这是他生前给我留下的最后印象。

原载于《同舟共进》2012年第11期

何方跟随张闻天的日子

胡孝文

前两年，世界知识出版社推出了一本《何方谈史忆人：纪念张闻天及其他师友》，引人关注。作者是我国著名国际问题专家和党史研究学者、中国社会科学院荣誉学部委员、现年91岁高龄的何方先生。

作为“三八”式的延安老革命，何方跟随张闻天十多年，由延安至东北，再到驻苏使馆，然后回外交部，做了张闻天最为得力的“秘书”。可以说，是张闻天影响了他，成就了他，丰富了他。他也因此在1959年庐山会议后受到牵连，蒙冤长达20载（1959—1978）。平反后，他先后任中国社科院日本研究所首任所长与国务院国际问题研究中心副总干事，为中国对世界局势的研判以及对日关系新思维的开启作出了卓越贡献。1999年离休后，已近八十高龄的何老转入党史研究，特别是对张闻天的研究。可以说，“张闻天”三个字，是何老一生不可忽略的生活背景或精神底色。

延安：初识张闻天

何方与张闻天初次见面，是在1941年4月延安整风前夕。当时，何方正在延安抗日军政大学任教，受到了中央政治局委员张闻天的约谈。何方回忆说，“那是在张闻天所住杨家岭的窑洞里，刘英（张闻天夫人——编者注）当时也在座。他问我答，谈了一个上午，他还一直仔细做着记录。中午，我被留下吃饭。他们是小灶，每人有四个小馒头。他们知道我是大灶，只吃小米，所以就把馒头全部让给我，自己去吃小米饭”。这次接触，张闻天给何方留下难忘的印象。

何方与张闻天真正的交往与接触，在他从延安外语学院俄文系毕业后被派赴东北，特别是1949年在安东（现丹东）工作以后。当时，张闻天担任辽东省委书记，何方则是省委青年工作委员会副书记，受张闻天直接领导。那时张闻天尚不满50岁，工作精力充沛且老练成熟。在不到一年的时间里，使全省工作完成从战争向以经济建设为重心的全面转变，一些创造性的经验和主张对全国也有影响。何方回忆，“闻天、刘英同志有个习惯，总是晚饭后要出来散步，往往走到我所住小楼的门外，喊一声‘何方，散步去！’于是我就下楼来同他们一起遛大街……每次遇到，总是要问最近上书店去没有，看到有什么新书或好文章，然后再就有兴趣的问题谈起来……”

可是，正当张闻天在辽东小试身手、工作搞得有声有色的时候，1950年1月19日晚，人们从广播中听到张闻天被任命为新中国驻联合国首席代表的消息。成立这个代表团是准备在苏联支持下取代国民党在联合国安理会的席位。发布任命的时候，毛泽东尚在莫斯科访问。据程中原的《张闻天传》记载，正在莫斯科的毛泽东1月7日凌晨1时得到苏联外长维辛斯基的紧急约见之后，13日晚10点致电北京的刘少奇，告以此议，提出“代表团首席人选请中央考虑电告，待恩来到此商决”。这时的周恩来正乘火车在赴莫斯科途中。刘少奇经商量后提名章汉夫为首席代表人选。毛泽东后与周恩来商量，觉得章资望不够，可作副手，首席代表以张闻天担任为宜。

毛主席的这一想法并没征求张闻天的意见就当即对外公布。当张闻天从广播中得知这一任命时，赶紧向刘少奇提出可否另换人，但未被采纳。去北京前，张闻天找到了何方，希望同去联合国，“说我会写点文章，又懂俄文，做外交工作比较合适”。就这样，何方从地方调到了外交部，成为即将派驻联合国的首席代表团的成员之一。

朝鲜战争的爆发和持续，最终使得中国派驻联合国首席代表团的计划流产。由于联合国去不成，中央对张闻天的工作另作了安排，要么去苏联当大使，接替多病的王稼祥；要么到计划成立的国际活动指导委员会当主任，主管后来中联部、对外文委、对外友协等机构。张闻天选择了前者，要求何方随行。张闻天就这样以政治局委员的身份做了个授权有限的驻外大使。何方说，这在我国以至整个社会主义阵营都是空前绝后的。

莫斯科：随张闻天履新

1951年4月，何方随张闻天到莫斯科履新。在驻苏使馆，张闻天把研究工作摆到使馆工作的首要位置。他任职以后，只增设了以何方为主任的研究室。研究室的设置，在驻外使馆甚至整个外交系统都没有先例。据张闻天的政治秘书萧扬在《世界知识》上写文章回忆，张闻天曾向外交部提出，研究与报道驻在国的情况及其对外关系(国际问题包括在内)，是驻外使馆工作的“重心”和“基本任务”。作为新中国第一位驻外使馆研究室的主任，何方一直工作到1955年4月奉调回国，才卸下这副担子。

何方回忆，“研究室一成立就来了个开门红，一炮打响。筹建不到两个月，就在张闻天的直接指导下，由我执笔写了一篇《关于朝鲜停战的和谈问题》的文章，用研究室调研报告的形式送回国内。没想到，这第一期调研报告在外交部和中央会引起那么强烈的反应和高度重视。这个文件是通过信使带回国的，三转两转走了一个礼拜。外交部和周总理看过以后，立即打电报来说：以后这类问题，必须用电报及时发回，不能让信使带，免得耽误时机”。

何方感觉，张闻天的风格与前任大使王稼祥不同。由于使馆工作比较单调，而且远离祖国，寂寞、想家是常有的事。王稼祥“把使馆比做远离祖国的孤岛，还说过一个使馆有四个人够一桌麻将就行了这样的话”。但张闻天到使馆后，不但“动员大家学理论、学国际关系和国际法，学世界地理和历史，学文化和俄文……还组织各单位了解和研究与本职工作有关的苏联这方面的情况，如领事部就要研究国际公法和私法、驻在国涉及领事业务的法律规定、侨民情况等，还要分别写出研究报告。这样一来，大家就不再感到没事可干了，还越学越有兴趣，又都喊起忙来了”。

在何方的印象中，张闻天是一个学而不厌、诲人不倦的政治家和思想家。何方回忆，“张闻天没什么特别嗜好，如果说有的话，那就是读书和写文章，因此喜欢逛书店。由于刘英喜欢逛商店，不喜欢去书店，所以张闻天逛书店就往往拉上我。只要是星期天没别的安排，他就会叫我，说声‘何方，走，上书店！’我们就出发了。”

张闻天买书主要侧重经济方面，何方后来才知道，这是张闻天为回国改行搞经济建设做准备。1953年3月，何方随他回国述职。其间，张闻天还向中央和外交部提了个建议——从国外回来的人都要到各地看一看，了解一下国内各方面情况，使外交工作不致脱离国内实际，也好向外国宣传我们。周总理采纳了他的建议。

日内瓦：张闻天的“担心”

在驻苏使馆，何方跟张闻天参加了1954年的日内瓦会议，主要工作是为兼任外交部长的周总理起草发言稿。对新中国而言，日内瓦会议是第一次以五大国之一的身份参加的重要国际会议。代表团人数多，故分住两处，一处是郊区的别墅。何方回忆，那时候由于技术差，别墅进驻前先请苏联人帮助查了一查。结果从墙上、电话里还有其他什么地方，查出了几十个窃听器！大家紧张得不行。怎么办呢？“经总理同意：开会时，一是把洗澡间里的水龙头打开，不断放水，让水哗哗地流着响；再一个办法是把收音机打开。这样搞了几天，弄得连自己人说话都听不清楚了。于是总理就说，算了，洋人要听就让他听吧。这才不放洗澡水，也不放收音机了。但白天开会或几个人谈问题，还是尽量到室外草坪上去。”

周总理“不知疲倦的工作精神”给何方印象深刻——“他习惯在晚上工作，我们就经常是工作到凌晨，不是起草和修改发言稿，就是研究问题”。这种高强度的工作，有时迫使一些参加起草文件的人“临阵脱逃”。“晚上在总理那儿研究修改发言稿或其他材料，经常参加的有乔冠华、陈家康、宦乡和我。到了后半夜，不是陈家康就是乔冠华，有点顶不住了，总会趁总理聚精会神改稿子的时候，捅一下我，悄悄说声他有点头晕，就偷着溜了。过一阵，总理抬起头一看，问：家康（或老乔）呢？我就会为他们圆谎说，他有点头晕，让我给他请假。总理说声‘这个家康！’也就完了。有几次只剩下了宦乡和我。”

何方还帮总理做些跑腿的工作，还敢于提点意见。这时，张闻天有点担心了。“有一次他就对我说，看样子，总理好像对你很有兴趣，很信任你，也很愿意多使唤你。”总之，是怕总理把何方调走，所以“就很果断地不让我继续参加第二阶段那十多天的会了”。

其实，张闻天的担心并非多余。就在张闻天奉调回国不久，回到外交部新闻司上班的宋以敏（何方的夫人）来信说，司长龚澎告诉她，总理想把何方要到总理办公室去。

外交部：上了张闻天的“特别快车”

张闻天回外交部当了个副部长，协助周恩来外长主持常务工作。在张闻天的主持下，外交部工作很快纳入制度化、规范化的轨道。除了改进外交部和驻外使馆的工作之外，张闻天还把驻苏使馆立足研究的那一套搬了回来，并在各地区业务司专设研究小组，还在部里成立一个教育委员会，抓干部的培训与学习。何方认为，张闻天做事不像一些人那样萧规曹随，按部就班。他具有开创意识，这也许与他当过总书记和中央领导有关。

张闻天回国时，何方还留在驻苏使馆。由于身边缺少“用起来方便的人”，1955年2、3月，张闻天连续来电报催何方赶快回部，最后一次还规定，让何方乘飞机，一刻也不许耽搁。就这样，何方在张闻天回国后的两个多月又来到了外交部，做了研究室专员和办公厅副主任，一直工作到庐山会议张闻天被打倒的1959年。何方回顾这五年时写道：“（这）可算得上我这一辈子工作最紧张的五年。如果以时间为单位平均计算，也是写文章字数最多的五年。因此恰当一点说，不是上了张闻天的‘贼船’，而是上了他的‘特别快车’。”

何方回忆，他被任命为办公厅副主任，但他的主要工作也不归办公厅管，而是由张闻天直接指挥。张闻天的目的是要何方帮他在外交部文件方面把关。"凡是送给张闻天的材料，政治局的、书记处的、中央各部委的，更不要说外交部各单位和驻外使馆的，都由我先看一遍，挑出需要送张闻天阅的（其余就被我给精简了），对有些文电还在旁边批注点个人看法或处理意见。""凡送经张闻天审批上呈、会签以及发表的文件，他也要我先看一下，该修改的就修改……实际上使我处于把头道关的地位。所以1959年批斗我时，有些单位的负责人就说，何方真霸道，他的这道关比部长都难过！"何方认为，张闻天总还想做更多的事，"虽然只当了个副部长，但要尽量利用手中那点权力，做一些勉强沾点边实际上还是超出外交部管辖范围的事，如开拓全国的国际问题研究，进行涉及全国的关于国际问题和对外关系的宣传教育（包括大学的课程设置）、倡导对外学术交流，等等。这里面好多事，也是要我动手或跑腿的。"

何方跟随张闻天的日子，因1959年庐山会议而中止。因指出"大跃进"、人民公社化以来的"左"的错误等问题，并明确赞成彭德怀的意见，张闻天成为"彭德怀反党集团成员"和"右倾机会主义分子"，被撤职罢官，直到1976年被迫害致死。作为张闻天有实无名的"秘书"，何方自然无可避免地卷入冤案之中，从此煎熬了20年。

（作者系出版人）

原载于《同舟共进》2014年第1期

和于光远先生聊“党内秀才”

王 凡

2013年9月26日，在忙碌一天后上网，看到了于光远先生已然过世的消息。大约在2000年前后，虽说他还是那样乐呵呵的，但我已能感觉他在老去，行动也愈发不利索，他却告诉我说，还有许多写作计划要完成，我就再没有去打扰过他。

我如今已记不清是哪位友人告诉我，于先生在与人交谈时曾询问过“王凡是何方人士”。

我于上世纪70年代在中央办公厅五七干校劳动时，初学政治经济学的读本之一，就是他和苏星主编的《政治经济学》，故而久仰中共党内知名学者于光远前辈的大名，一直期待有朝一日能登门拜访。听友人如是说，我条件反射般地意识到，这真是个求见于先生的好机会。遂问这位与于先生熟识的友人，可否带个话，说晚辈王凡希望登门拜谒。不想友人很快就回话，说于先生表示愿意和我见面，我可以直接和于先生通话约定见面时间。

到于光远先生寓所拜望那天，我刚刚自报完家门，于先生就说：“噢，你就是王凡，你的文章我读过，我还写了一篇读后感呢。”“是那篇涉及基本粒子问题的吗？”由于我只看到了于先生在毛泽东寓所谈辩证法和基本粒子问题的追忆，故而这样问道。

“不是，是关于田家英的。我最近写了一篇回忆田家英的文章，因为对田家英自杀前后的细节一无所知，所以文中不曾言及，亦由此在《新华文摘》上看到你那篇文章后，便很有兴趣地读了。凭我对田家英的了解和‘文革’初期的亲身体会，觉得你的叙述是可信的，同时引起了我对一些相关事情的联想和思索，故而又写了一篇读后感。”

因为有文字做媒介，我们第一次见面，似乎已经相互认识很久了。

“我印象中的田家英是个聪明顽皮的青年”

正是由于田家英的话题，一下子拉近了我和于先生的距离，我们便顺着这个话题交谈起来。于先生认为我笔下的田家英有些过于凝重，而田家英在他的记忆中，印象更深的是聪明和顽皮。也许是因为他们相识时都年轻，所以于光远对田家英最初的记忆，是田家英毫无顾忌地讲述自己在四川老家一个中药铺当小伙计时如何偷老板的钱。

田家英告诉于光远：偷钱的办法是“就地取材”——药铺里有现成的黏性很强的药膏，涂在细细的竹棍上，从钱柜的缝中塞进去，把柜中的硬币纸币粘出来……于是这个同老板捣蛋的聪明顽皮形象，成为于光远对田家英抹不掉的记忆。尽管田家英后来脱颖而出，得到中共最高领袖赏识，成为党内不可多得的“秀才”。

“你知道吗?田家英特别怕蛇和像蛇的动物，怕到了闻之丧胆的地步。如果有人告诉他某本书中有蛇的图片，他就没胆量打开这本书；如果有人把蚯蚓之类的东西放到他面前，他会吓得逃跑。一次，我亲眼看到他的同窑洞的好朋友曹葆华恶作剧地骗他，说他背上有条蛇，他顿时面无人色的神情，我当时被逗得哈哈大笑。而在此后很久一段时间，田家英都不理曹葆华。当时他都是二十六七岁的人了，可每遇此情此景，我总觉得他更像个孩子。”

我想，作为自谓与田家英有着“无话不谈”情谊的于先生，对田家英的追忆应该是可信的。于先生的话，使我想起当年在中南海时眼中的田家英伯伯。他喜欢逗孩子玩，常常要孩子们叫他“田老子”，有个小孩子还在口齿不太清楚的年纪，老是把“田老子”叫成“田老鸡”，逗得旁观者忍俊不禁。

于先生说：“延安时，田家英周围的人都比他大，都叫他‘田儿子’。我刚认识他时，也嘻嘻哈哈地跟着人家这样叫，然而田家英对此并不生气。”

后来，我将于先生关于田家英的谈论告诉了家父。父亲说于先生的感觉是准确的，不在领袖面前，不在工作时间内，田家英的确常常露出他调皮的天性，简直就像另一个人。

“田家英和朱老总的政治秘书陈友群、何均关系都很好。特别是他跟陈友群在一起的时候，见面就打闹，玩笑开得没边没沿。”父亲说。

父亲还告诉我：在和书记处政治秘书室的部下打牌时，田家英会悄悄地偷牌藏牌，被捉住时，会哈哈笑着抵赖。下棋时他会悔棋，对一个子的得失也要较真儿，甚至在眼看难以挽回败局时掀翻棋盘。这些不拘小节的调皮耍赖，似乎跟领袖大秘书、党内大手笔的形象相去甚远，可这确实是真正的田家英。

也许是习性所至，田家英在比较亲近的朋友面前，会开心地讲一些自己令人吃惊的调皮捣蛋行为；甚至在谈论政治时，也会用一种滑稽的态度、诙谐的语言，去表现他的惊人的观察。因此，于光远认为田家英这种性格，实在不适合给毛泽东当秘书。

“您这种说法，我还在其他老人那里听到过。但我听有些人的口气，似乎是在指摘田家英不是个很合格的秘书，认为秘书不该有太多个人的见解和思想。”我说道。

“田家英的本性有点像古代的骚人墨客，用不那么好听的语言来说，就是喜欢自由散漫。可他偏偏到了那个需要经常保持高度严肃性纪律性的地方。在那样的环境下，他实在难于应付，这是他的悲剧。”于先生说。

陈伯达不是真心搞调研，而是揣摩思想动向

从田家英说到给最高领袖当秘书，自然就会涉及毛泽东的另一位大秘书——田家英与其打了多年交道的陈伯达。我说我是在写田家英文章的过程中才了解到，两人长期不和。

田家英与陈伯达的龃龉直可追溯到他俩的第一次接触。田家英和当时中宣部的其他一些年轻干部，参加了陈伯达写作《人民公敌蒋介石》的班子，为该书的查阅核对摘录资料及行文，做了大量工作。可书成之

后，陈伯达不仅未对这些年轻干部表露丝毫谢意，反而以“你们干了些什么”的询问，将他人的辛勤劳动一语抹杀。

于光远先生对我说，他和田家英在一起的时候，确实议论过陈伯达。田家英对陈伯达在毛泽东面前的虚伪表现尤为鄙视。田家英曾向于光远讲述了陈伯达的所谓“农村调查”是怎么一回事。

毛泽东历来提倡调查研究，陈伯达也常常以喜欢搞调研自我标榜。可是他又怕吃苦，不愿深入农村，往往是舒舒服服地住在城市招待所，派人下去调查，只听听调查人的汇报。在此之后，他才装模作样地走一下，继而发表长篇报告，提出一套一套的建议。陈伯达不是真心搞调研，而是揣摩毛泽东的思想动向，然后搞些材料写文章去投合，因而有时由于把毛泽东的想法猜错了，写出的东西受到毛泽东毫不客气的批评。

后来，于光远去天津，恰逢陈伯达在天津的小站做所谓调查，目睹了陈氏调查法，果然同田家英所说毫无二致。陈伯达住在天津遵义道的别墅里，根本不到一线，只是听听汇报。于光远去看陈伯达时，陈伯达正给在场的人讲佛学，讲“阿弥陀佛”，而没有一句关于调查研究和思索的话。

“其实，我对陈伯达其人也早有自己的看法，那是一个由闻名而钦佩，由初次见面生好感，继而好印象一扫而光的过程。他让我实实在在地领教了一回令人吃惊的虚伪。”于光远说。

我对陈伯达的认知，明显地烙有林彪事件前后对之大批判的印迹。可后来听有些人说起陈伯达，并非那么劣迹昭彰。因此，我对于先生说的认识过程很有兴趣，遂请他详细说说。

于光远带上《资本论》准备同陈伯达辩论

“我加入革命行列，是在1935年的‘一二·九’运动期间，《一二·九宣言》中有一让人闻之难忘的警句，叫作‘华北之大，竟摆不下一张平静的书桌了！’当时传闻（不知准不准）此语出自陈伯达手笔，当时他是‘一二·九’运动的领导者之一，且负责宣传工作。这是我最早闻陈伯达之名，印象很好。”

1936年秋季，陈伯达的《哲学的国防动员》、艾思奇的《中国目前的新文化运动》两文几乎同时在北平、上海发表，由是引发了“新启蒙运动”。那一时期，陆续出版了一系列鼓吹民族自强、科学民主及介绍马克思主义哲学的通俗文章和小册子。艾思奇的《哲学讲话》更名为《大众哲学》并一版再版，陈伯达的文集《真理的追求》也为世人瞩目。

于先生说：“我当时非常赞赏对新启蒙运动的提倡，并在那时阅读到了这些小册子，对陈伯达的名字记忆更深了。在他这些著述中反映出的学识、见解，还是令人钦佩的。彼时我依然是只闻其名，未见其人。”

1939年于光远到了延安，经何思敬介绍，参加了在毛泽东提示下成立的延安新哲学学会。在这次新哲学年会上，于光远算是和陈伯达谋了一面，但此后未同他有什么过往，直至抗战刚刚胜利，《解放日报》连载陈伯达的《中国近代地租概说》，他们才发生第一次接触。于光远认真阅读了此文，感到陈伯达在言及资本主义地租时，引用的都是千家驹的材料，而这些材料所汇辑的是封建社会的地租率和利润率，这说明陈伯达没有认真看马克思的《资本论》，没弄清资本主义地租同封建社会地租存在很大差异。于是，于光远给陈伯达写了一封两三千字的长信，对其文章中的错误，做了逐条批驳。

陈伯达接信后，立即给于光远复了一封信，邀于光远到他在杨家岭居住的窑洞会面。于光远预想这次见面可能会有一场辩论，就带上了《资本论》，准备在辩论中向陈伯达指出，在《资本论》某页某段，马克思是如何论述的，陈伯达的某个观点是与之不相符的。可见面后，陈伯达非常谦虚，一个劲地称赞于光远的意见很好。说：“你的信我看了，我是个小学生，《资本论》没学好。你对我的批评，是很好的教育，令我终生难忘。”当时的陈伯达已经是党内知名的学者，于光远自忖不过一个刚刚“而立之年”的青年，故面对陈伯达虚心纳谏的态度，生出一层好感。会面便由预想的辩论，变为随意的漫谈。

大约一年后，陈伯达连载的文章合辑成《中国近代地租概说》一书。于光远得到了一本，仔细一读，发现当初向陈伯达一一指出，而又被陈伯达虚心接受的问题，一点也没修改，原封不动地印在了书上。

“我对陈伯达的如此所为，只能用惊讶之至来形容。他嘴上说得那么好，可内心根本不接受。不接受可以争辩嘛，我觉得那是很正常的；如果他是出于不愿与一个初次见面的人争论，也可以说‘你的意见让我考虑考虑’嘛！”

许多与陈伯达接触稍长的人，都会渐渐感觉到他的虚伪。但于光远第一次同陈伯达过往，积累了数年的好印象就被一扫而光。然而这件事并没有完结，在“文革”中陈伯达又把此事翻出来整于光远，让于光远真正领会了陈伯达所说“令我终生难忘”一语的含义，当然这都是后话了。

陈伯达又和于光远过不去了一回

新中国成立后，陈伯达身兼数职——中央马列学院（后更名中央党校）常务副院长、中央政治研究室主任、中央农村工作部副部长。同时，他还是中共中央宣传部副部长，成了于光远的上司，这使于光远有更多的机会领教他的为人。

1949年9月，艾思奇、胡绳等人创办了《学习》杂志。自第2期以后，于光远成了该刊的总编辑。在“三反”、“五反”运动期间，于光远将总编辑一职移交老同事和朋友王惠德，他当时同王惠德谈起自己的一种见解：中国的民族资产阶级有两面性，但资产阶级思想体系没有两面性。王惠德对于光远的见解表示赞同，并决定围绕这一专题组织系列文章。于是，艾思奇、吴江、许立群和于光远各写了一篇文章。好几个人的文章分两期发表后，社会上有些反映，说《学习》是中宣部的刊物，发表这种观点的文章，是不是说明中共对民族资产阶级的政策有了什么变化?

“我猜想很可能是陈伯达向毛泽东打了小报告，毛泽东随即对《学习》提出了批评。我在中南海迎春堂旁边陈伯达的寓所附近，听了由陈伯达传达的毛泽东的批评。毛泽东说:《学习》杂志发表的文章，脱离了马克思主义，是极其幼稚的，中了托洛茨基左倾思想的毒。我为什么会产生这样的猜想呢?那是因为1955年我在《关于胡风反革命集团的材料》中，看到一封胡风1952年写给路翎的信，信中提到陈伯达就《学习》杂志给中央写过一个报告，时间恰好对上。”

如今回溯起此事，于光远说：“那时不可能去琢磨毛泽东的批评有什么问题，我从来就没读过托洛茨基的什么左倾言论，怎么会中他的毒呢？而当领袖对杂志提出了要做澄清思想的工作的要求时，我们还得马上检讨自己，并组织批评自己观点的文章。”

接下来就发生了一件在今天看来有些滑稽的事。当时，《学习》杂志恰好收到一篇冯定写的稿子，来稿的观点和于光远等人的很近似。但得知领袖有指示后，杂志社必须立即落实，由于时间很紧，来不及组织新文章了，于光远他们便决定突击修改冯定的文章，将其修改成对于光远等持批评态度的文章。

“把赞同一种观点的文章，改成批评一种观点的文章，还要有较高的理论水平，我们真是费了不少力气，稿子被改成了个大花脸。改完了，送给毛泽东看，毛泽东改了篇名，内容没怎么动就通过了。”

因为《学习》是中宣部的刊物，所以中宣部部长陆定一也为此作了检查，但部里并没对出题组稿的于光远和王惠德做什么处理；团中央的许立群也没受批评；华北局的吴江也没挨批评；唯独艾思奇，在中央党校被整得够呛，因为陈伯达是热衷于整艾思奇的人之一。

“听说1950年代中期，陈伯达又和你过不去了一回？”我问。

“呵，那是中共中央召开第二次全国宣传会议。陈伯达在会上讲话，他又反反复复念叨他是‘小学生’、‘小小老百姓’。和我坐在一起的王惠德忍不住说：‘你听，他又来这一套了，真虚伪！’不想这话被坐在我们前排的陈伯达秘书听到了，但他并没有看到说话的人是谁，错以为这话是我说的。陈伯达听了秘书的汇报很生气，要当时负责中宣部常务工作的胡乔木批评我，可胡乔木没有那样做。我觉得，虽然陈伯达秘书当时是听错了说话的人，但他并没有冤枉我，因为我内心也确实是那样想的。”

在我们这次交谈时，于光远先生对陈伯达的批评是颇不留情的，但在随后评价毛泽东的几位大秘书时，他却认为“陈伯达有许多比较系统的论著，所起的作用也是最大的，超过了其他几位大秘书”。他的这一见解很独到、很别致。

和毛泽东在同一张桌子上进餐

说田家英、陈伯达的事，就不能不和毛泽东发生联系，他们都是给毛泽东当秘书的，于是，我们的话题自然而然地说到了毛泽东，同时也就说到于光远和毛泽东。

“您也属于为党中央和最高领袖写文章的‘秀才’圈子，同党的最高领袖毛泽东，也打过不少交道吧？”我又问。“见面不算少，在延安，开会、看演出，领袖和群众在一起的情况还是时有的。但我近距离地和毛泽东在一起的次数不多，记忆中也就那么四五次。”接着，于先生在我的询问下，一一做起了追溯。

第一次与毛泽东坐在一起并交谈，是于光远刚到延安不久。1939年末1940年初，延安在筹备成立陕甘宁边区自然科学研究会，作为中央青年委员会委员的于光远，承担了大量的组织工作。

1940年1月间，于光远带着另一个研究会的筹备骨干——刚刚从德国留学归来的屈伯传（后来更名屈伯川。1934年9月赴德国德累斯顿工业大学留学，获化学工程博士学位，是在国外获得博士学位后到延安参加革命的第一人——笔者注），叩开了杨家岭毛泽东住的窑洞。他们是来向毛泽东汇报研究会筹备情况的，同时邀请毛泽东在研究会成立大会召开时，到会上讲讲话。

毛泽东饶有兴致地询问了一些与研究会筹备、设想和宗旨相关的问题。许多人回忆和毛泽东的第一次见面，都被问了一些个人问题，如姓甚名何，拉拉家常。但不知为何于光远他们第一次见毛泽东，缺了这一节目。“从第二次近距离接触毛泽东的情况看，我这次没给他留下什么印象。”

2月5日，陕甘宁边区自然科学研究会成立。毛泽东果然到会并讲了话，这篇讲话曾在《新中华报》上刊载，后《毛主席语录》收有节选。

开会那天，于光远坐在主席台上。主席台上就座的还有许多人，刚到延安不久的于光远不认识，就让身边的人为他指认，其中有一人就是周扬。于光远说他就是在那次会上，初识了他后来的老领导、再后来的老朋友周扬。

于光远第二次和毛泽东坐在一起，是在他和屈伯传到毛泽东窑洞的5个月之后，即当年6月下旬延安新哲学学会的年会上。

延安的新哲学学会是1938年成立的，当时的中共领袖张闻天、毛泽东都是这个学会的会员。年会召开那天，毛泽东、张闻天和刚从前线回来的朱德都出席了。会议由会长何思敬致开幕词，艾思奇作会务报告。随后毛泽东、张闻天、朱德都相继讲了话。刚刚入会的于光远亦在会上作了发言，所讲的内容是用自然辩证法评议毛泽东《论持久战》中的一些观点。

毛泽东在《论持久战》中，预见抗战将经历三个阶段：防御阶段、相持阶段、反攻阶段。1939年，《新中华报》、武汉的《新华日报》都发表文章，说抗战进入“相持阶段”。其中有一篇社论，将相持阶段称为“过渡阶段”。而且当时有些人认为：过渡阶段，就是我们的力量和日本侵略者的力量旗鼓相当、故而相持的阶段。

“我觉得这种认识与事实不符，就专门谈了有关过渡的问题，即什么情况下有过渡阶段，什么情况下没有过渡阶段。我先举了冰和水的例子：冰是在一定的条件下，由水变成的。但冰就是冰，水就是水，没有既是水又是冰的阶段，也就是说这之间没有过渡阶段。”接着，于光远又举了玻璃的例子：“玻璃是固体的、硬的，但当加热到一定程度的时候，它便转变成软的、液体状态了，这就是有过渡阶段。”

因此，于光远归纳说：事物的质是不同的，如果在某事物中，只存在一对矛盾，非此即彼，其中间就不存在过渡阶段；如果在某事物中存在着许多对矛盾，一对矛盾解决了，而其他的矛盾却尚未解决，得一对一对地解决，那么就存在过渡阶段。

于光远运用自然辩证法的法则和生动的语言，对毛泽东关于相持阶段并非敌我力量相当阶段，而是由于“敌之兵力不足和我之坚强抵抗，敌人将不得不决定在一定限度上的战略进攻终点……转入保守占领地”的阶段，因此这一阶段“要准备付给较长的时间，要熬得过这段艰难的路程。这将是中国很痛苦的时期”。

年会结束后，与会者来到沟口新开张的胜利食堂聚餐，于光远和毛泽东恰巧被安排在同一张桌子吃饭。“这是我第二次近距离和毛泽东在一起，我就坐在毛泽东的右手边。”

也许正是于光远那番有特色的发言，引起了毛泽东的兴趣和注意，故而在吃饭的过程中，“毛泽东问起我叫什么名字，我回答说叫于光远。他又问我在哪上的学，是学什么的。我说上的是清华，学的是物理学。”之后，两人继续讨论起关于过渡的问题。毛泽东说：“搞哲学的也要搞自然科学，也要搞社会科学，因为很多问题是联在一起的。比如讲过渡的问题，你从自然科学讲到社会科学，这挺好嘛。”

毛泽东还就哲学是自然社会思维一般规律，讲了不少研究哲学的人要多学点自然科学这样的话，鼓励于光远继续在自然辩证法上下功夫。“从那以后，他记住了我，特别是记住了我对自然辩证法有研究。”

听着于光远的回忆，我思忖毛泽东为何会对他留下如此深刻的记忆，大概和毛泽东在那一阶段对哲学非常感兴趣有关。以写《大众哲学》成名的艾思奇，1937年仲秋一到延安，就被毛泽东找去长谈，毛泽东甚至还萌生过让艾思奇做自己秘书的念头，想必也是出于同一个缘由吧。

1944年，延安大学重建，毛泽东很关心此事，专门把出任延安大学校长的周扬叫去，谈课程设置问题。毛泽东说：“要开一门大课，包括三个部分：自然发展史，社会发展史，现实的理论和思想问题。自然发展史的课，可以让于光远讲。”

周扬回到延大，将毛泽东的指示告诉了于光远，自然发展史的课也就由于光远讲了；讲社会发展史课的，是延大的副校长张如心；现实的理论和思想问题，由周扬自己讲。

“我把那次汇报称作‘于光远丢脸史’”

显然，于光远对自然辩证法有研究，这一点，深深地印在了毛泽东的记忆中。每到他思考相关的问题时，他就会想到于光远。延安大学创办时提名于光远开课，是新中国成立前的一个例证；1960年代召于光远到寓所畅谈，是新中国成立后的一个例证。

1963年，《自然辩证法研究通讯》刊登了日本学者坂田昌一关于基本粒子的文章，毛泽东看到后，立即把时任该刊主编的于光远召到他的菊香书屋座谈。

“毛泽东习惯倚在床上看书。也许是我们到之前，他一直倚在床上看书的缘故吧，所以我们到时他也没改变姿势，只是不再看书，转过脸和我们交谈。”

那次主要是谈哲学包括认识论和自然辩证法的问题，因为话题是从坂田昌一的基本粒子“新概念”说开的，毛泽东谈了他关于宇宙的无限和物质的无限可分的见解，引出人类对客观的认知也无穷无尽的结论。

“我们说的不多，我也谈了一些有关认识论的见解，主要是毛泽东在谈，从理论到现实，思绪跳荡，毫无拘羁。他还谈到了杨献珍的‘合二为一’论，反对他的‘一分为二’。这次谈话是我整理的，但我没把有关‘合二为一’的内容放进谈话记录里面去。”

“您还保存有记录原稿吗？”我问于先生。

“没有，整理完了，就交上去了。这份整理稿没有公开发表，但‘文革’中间被印在红卫兵编辑的《毛泽东思想胜利万岁》小册子中。我看见过，基本上和我整理的内容相符，也不知这些红卫兵是从哪里弄到的稿子。”

既然于光远先生说到了新中国成立后和毛泽东的近距离接触，我便希望他再多作些回忆。于先生说：“到毛泽东的寓所，除了谈自然辩证法这次外，还有一次，而且是在此之前。但那次见面不是在菊香书屋，而是在游泳池那边。”

那次是在1958年，“大跃进”期间，是聂荣臻元帅带于光远去的，同去的还有当时的中国科学院党组书记张劲夫。中国近代史上有个“五口通商”，20世纪50年代则有个“六口通商”的说法。当时中共中央工作分六个口，六位政治局委员各管一口：彭真管政法，彭德怀管军事，陈毅管外交，李富春管工业，谭震林管农业，聂荣臻管科学。所以聂荣臻带着于光远、张劲夫，到毛泽东那里汇报“大跃进”中全国科学界的情况。

“那次一到毛泽东的住所，对在那儿看到的一切都留下很深的印象。在毛泽东的房间里，挂了许多各种类型、规格的水压机的图。谈话中，毛泽东一再为钢铁生产的产量压不下来感到奇怪。”

于光远还记得毛泽东这次和他们见面时，穿的是睡衣。睡衣已经很旧了，在睡衣的膝盖附近，有一个很大的补丁。“这块补丁缝得非常平整，因而引起我的注意和想象，这块补丁是谁给补的？江青能补得这样平整吗？”于光远说道。

对于先生的这个疑问我恰好能回答，因为在此一年前，我刚对“五大秘书”之一的叶子龙做过十余次采访，他对我说过相关的情况。我告诉于先生：“叶子龙曾讲，江青有个同父异母的姐姐李云露。她孤身一人，无所依靠，江青就把她带在自己身边，后来跟着她进了中南海。毛泽东的衣服破了，都是江青的姐姐给补的。”

“怪不得呢，我总觉得江青不会有那么好的缝补手艺。”

当我问到于先生他们那次见毛泽东谈话的具体内容时，于先生说：“张劲夫汇报了中国科学院的情况，我则汇报了全国各地科研院所的情况，毛泽东听得很认真。”说到这儿，于先生紧接着感叹道：“我把那次向毛泽东的汇报，称作‘于光远丢脸史’。”

“为什么这么说呢？”

“我当时汇报的内容并不是我到各地调查看到的，而是靠各地上报的文件报告汇总的。其中有一份来自山东省的正式文件，说他们那里某地研究出一种嫁接法，把苹果和南瓜相互嫁接，结果南瓜有了苹果的味道，苹果能长得南瓜那么大。我堂堂一个搞科学研究的、被称为学者的人，竟不加分析思考，就根据汇报材料，将这些向毛泽东汇报了。这不是大大的丢脸吗？”

这件事在于光远心中沉积了很久，直到“文革”结束以后许多年，他仍常思考为什么共和国的历史上会屡屡发生类似的事。“我最近突然想到，我们国家应该建立一个科学检查监督机构，任何事物、任何观念一出现，都应该先放在科学的尺度上衡量一下。我的科学第一的观念，就是这样逐渐形成的。”于光远说道。

在和许多前辈的交谈中，他们对往昔经历的诚恳反思我时有所闻，但像这样细致地叙述自己的“丢脸史”，并在检讨之后，引出令人深省的灼见的，于光远先生是我见到的第一位。

1995年春季的初次见面，我和于先生聊得很愉快。他滔滔不绝，我们从9点多一直聊到快12点，话题始终围绕着毛泽东和他身边的几位从事理论研究和写作的人，即中共的“党内秀才”们。交谈中我们都觉得中共的秀才们是个很有意思很有含量的话题，可以作为一本书的题目，我们还一起掰着指头计算了有资格跻身“秀才”圈子的人物。于是，在第一次之后的几次见面，我们一直延续着这个话题。

（作者系文史学者）

原载于《同舟共进》2013年第12期

从博古的错误说起

秦　铁/口述　周海滨/整理

在中共历史上，最年轻的领导者是谁?

答案是博古。他从团中央书记一跃成为中共中央总负责人，被人笑称为“中共中央的小伙子”；也被认为曾追随王明宗派集团，给中国革命造成重大损失。

24岁突上巅峰，28岁交出大权，39岁飞机失事罹难。原名秦邦宪的博古，未能走出1946年。

2010年4月30日，中央音乐学院对面一家书屋，博古之子秦铁，讲述了他眼里真正的父亲博古。

博古“临时中央”不合法?

1925年9月，博古被上海大学社会学系录取，瞿秋白与恽代英等老师亲自给他们讲授马列主义理论课。由于上海大学全体共产党员和共青团员都以个人身份加入国民党，博古也参加并帮助学校建立国民党基层组织，成为负责人之一。

秦铁说，1926年10月，由国民党上海市党部特别推荐，经过中国共产党批准，父亲到莫斯科中山大学学习。留学苏联时，按照苏联当局的要求取俄文名字BORYHOB，中文音译“博古诺夫”。后来父亲就用“博古”作为笔名。

莫斯科中山大学开设了马克思主义哲学、政治经济学等课程，博古学习渐入佳境时感慨说：“半部《论语》可以治天下，这么多的马列主义书还不能治中国么？”

博古留学的三年半时间，正值苏联教条主义者德波林学派盛极一时，这个学派的特征是理论与实际脱节——后来博古在批判“立三路线”时，就把“本本”摊在桌上，引经据典，以“洋教条”反对“土教条”。

1930年，博古回国，先后被分配在总工会宣传部、上海工联宣传部，负责编辑工人内部刊物《劳工报》和《工人小报》。

1931年1月7日，中共六届四中全会在上海召开，共产国际东方部副部长米夫出席会议，并作了总结发言。米夫推荐王明担任中央委员和政治局委员，博古负责主持团中央宣传部工作。1931年3月，团中央书记温裕成因贪污被撤职，4月博古被选为团中央书记。9月，中央政治局候补委员顾顺章被捕叛变，中共中央政治局在上海成立，博古是政治局常委、中共主要负责人之一。由于曾与王明一起在莫斯科中山大学学习，参与了“二十八个半布尔什维克”，后来回国又共同反对“立三路线”，所以他成了王明最亲密的伙伴。

秦铁对父亲突然“负总责”及其后的命运有自己的说法。他说，1931年4月下旬，顾顺章、向忠发先后叛变。他们出卖党组织，并供出许多党的高层领导的住址。国民党还发出密令：抓住周恩来、瞿秋白赏银元两万，抓住王明、张闻天、博古赏一万大洋。

秦铁说：当时中共的领导主要是由党的各个部门负责主持。9月的一天，周恩来与王明一起来到博古家，告诉父亲：周恩来要去中央苏区担任军委书记，王明要去苏联任共产国际中共代表团团长，要父亲主持中央工作。父亲当时很吃惊，提出，这样不符合组织手续，因为父亲当时连中央委员都不是。周恩来、王明回答说，已与共产国际远东局商妥，再电告共产国际批准即可。父亲服从党的安排，不考虑个人安危，临危受命挑起了这副沉重的担子，担任中共中央政治局常委、总负责人。秦铁说：“父亲被推上中共的总负责人位置时只是团中央书记，但是当时情况很特殊，留在上海的政治局委员只有王明、周恩来、卢福坦等人，卢福坦要当总书记，周恩来、王明不同意，决定由我父亲负总责，就这样中共中央政治局成立了，父亲、张闻天、卢福坦是常委。”

秦铁所说的“中共中央政治局”，即为博古“临时中央”。“后来有不少人认为，这个临时中央是不合法的，但毛泽东在1944年政治局扩大会议上作了阐述。他表示，现在查到共产国际来电批准过，上海的共产国际代表也批准过，根据这一点是合法的，但合法手续不完备，临时中央到中央苏区后应该报告”。

1943年11月13日，中共中央领导层整风，博古被人指责为“篡党”。

近年来，秦铁所做的一项重要工作就是为父亲恢复“总书记”的名誉而奔走。他拿着自印的《博古画传》说，关于父亲是否担任过总书记历来有些争议，当时党内在苏区的报纸里面出现过“总书记”。但是，2009年第6版的《辞海》称他为“负总责”，2007年出版的《博古传》也称他为“负总责”。

秦铁说：“我认为父亲应该是担任总书记的，为这个，我跟党史研究机构反映过多次意见，他们一直不采纳。直到2009年，在上海有个国防教育展览，那里面提到我父亲。因为要介绍特科的历史，就提到我父亲是总书记。”

且不说博古的“总书记”之名有无争议，在博古生前，他恐怕是无暇顾及此事了。

据俄罗斯当代文献保管与研究中心馆藏档案披露，王明在1941年9月政治局扩大会议上为了与博古等人划清界限，曾向中央揭穿了一个秘密：1931年秋，他与周恩来离开上海时，虽然推荐博古、张闻天等组织上海临时中央政治局，但当时已说明，由于博古他们既不是中央委员，更不是政治局委员，将来到了政治局委员多的地方要将权力交出来，没想到博古、张闻天他们到中央苏区后却不提此事，竟领导起那些真正的政治局委员来了。（杨奎松《毛泽东与莫斯科的恩恩怨怨》，江西人民出版社2008年版）

在1941年9月政治局会议上，博古承认，因与远东局代表商量过中央书记处的组成名单，故进苏区后“并未声明是临时政治局”，随后更进一步承认自己“始终没有临时中央及交出的观念”。

“你有错误，你就检讨嘛！”

从后来的历史发展回头看，博古“临时中央”的一些做法被认为是错误的。如1931年“九一八”事变后，临时中央仍以共产国际的“第三时期”理论为指导，把共产国际的决议和斯大林的指示教条化、神圣化。在对当时中国革命形势的估计上，博古等提出红军攻打大城市，白区实行同盟罢工、示威游行、飞行集会等计划。在这种思想的指导下，他们发动政治罢工和武装暴动，最终失败。同时，他们还强令红军攻打赣州，“占取南昌、抚州、吉安等中心城市”，以此来“开始湘鄂赣各省的首先胜利”，仍以失败告终。

曾在博古身边工作过的黎辛认为，在军事上，博古与苏区中央局和临时中央，是坚决执行共产国际“首先夺取一省和数省胜利”的“左”的路线的，但也推崇朱、毛的游击战术。在第四次反“围剿”开始，他们几次指示周恩来（军委主席）与朱德（总司令）进攻敌人，后博古遵照周恩来“请求”赴前线，了解实际情况，让周、朱放手打，取得胜利。事后，博古作第四次反“围剿”胜利的总结与第五次反“围剿”的动员报告，说：“在粉碎敌人四次‘围剿’中，游击战争的开展，非常不够，没有充分组织游击部队，有计划地配合红军作战。当时我们如果有一支像从前朱、毛、彭、黄的游击队伍，即你们的胜利一定要比现在大得多。”（黎辛《博古辉煌、短暂与悲壮的一生》，《党史文苑》2010年2月上半月）

在秦铁看来，临时中央的错误不能完全归结在博古的头上。“1933年的福建事变，父亲当时赞成与在福建的十九路军联合夹击蒋介石的军队。当时正是中央苏区在进行第五次反‘围剿’时，苏区被蒋军重重围住，形势特别严峻，福建一成立反蒋政府，蒋介石不得不调集10万大军前去围攻，苏区可暂时解围。当时中共领导层有两种意见，一种认为这是个很好的时机，应该支持福建政府的李济深、蔡廷锴他们，我父亲也是持这种观点；但中央有部分成员不同意这么做，认为李、蔡与蒋介石是军阀内部的斗争，蔡廷锴等人是一些不可靠的家伙。当时中共上海局也多次发来警告，说蔡廷锴是亲近社会民主党的，而社会民主党是顽固反共的。共产国际驻中国军事代表弗雷德也持这种的观点，所以我父亲看大多数人都不赞同自己的看法，就按党的原则少数服从多数了”。“也是从这件事情，我父亲成了左倾路线代表人物，这是毛泽东在延安整风时提出来的，对于路线斗争这种提法，我也有不同看法。什么叫路线？首先，我觉得甭管哪个同志犯了错误，都是在摸索革命的过程中，个人谈个人的观点，并不是有意反对谁。因为总的目标是一致的，都是要打倒蒋介石、解放全中国。但是怎么走？向哪个方向走？是可以探讨、研究的问题，没有必要加上路线斗争。大的方向都一样，有什么路线问题？什么叫左倾，什么叫右倾，这都是值得探讨的，我认为不能以左、右来区分事情的真相”。“到现在，我只认就事论事，不认正确路线、错误路线。正确与否，要看当时的时间、地点等客观条件，要靠后来的实践证明”。秦铁如此强调。

但是，秦铁承认，父亲的左倾错误的确给中共的事业造成了很大损失。不过，博古认为共产国际在其中扮演了重要角色。“研究中共党史，不能不注意到‘共产国际’。可以说，成也‘国际’，败也‘国际’……”秦铁感叹道：历史给我父亲安排的就是一个犯错误的角色。毛泽东的伟大就在于他对“共产国际”的态度一向就是有理则听，无理则不听。“但是我父亲具有承认错误、改正错误的胸怀”。

1941年5月15日，博古被任命为解放日报社社长。1942年6月延安整风运动全面开启。1943年12月28日，中共中央书记处发出《关于研究王明、博古宗派机会主义路线错误的指示》，同日，中共中央又发出《关于“反对统一战线中机会主义”一文的指示》，通知各中央局、各中央分局及各区党委：“我党七大时，即将总结我党22年的经验……同时也将批判我党在过去某些历史时期……左倾及右倾的机会主义，批判王明、博古宗派及其机会主义路线的形成。”这对博古来说无疑是一种巨大的压力。

1943年11月，在中共中央政治局的学习会上，有人指责说：博古当总书记时才24岁，他胆子真大。据博古夫人张越霞回忆，博古甚至做好了被关监狱的思想准备。毛泽东还找博古谈话说：“你有错误，你

就检讨嘛！”（吴葆朴、李志英《秦邦宪（博古）传》，中共党史出版社2007年版）

1945年4月至6月，中共七大在延安召开。博古在会上检讨了自己自1928年以来所犯的左、右倾错误以及这些错误给中国革命造成的严重损失，认识到错误的根源在于“根深蒂固的教条主义，深厚的宗派主义，恶劣的个人主义”。

秦铁转述母亲张越霞的回忆：母亲说，你爸爸老说给党造成这么大损失，我就是再艰苦工作，再做多少工作都弥补不了这个损失。父亲在中共七大的发言记录记着：“各种恶果我是最主要负责人，这里没有‘之一’，而是最主要的负责人。”检查很深刻，得到了全党的谅解。父亲这种磊落的人品，一直被大家称道。

秦铁记得小时候总有些叔叔阿姨跟他说：“你爸爸是好人，很有学问，你长大要学你爸爸，他为人很正直，从来不搞什么阴谋诡计，光明磊落，而且能上能下，服从党的需要，为党做了很多的工作。”常说这话的叔叔阿姨中，有朱（德）老总、康（克清）妈妈、叶帅和王胡子（王震）叔叔。“上世纪50年代，每逢我爸爸的忌日，只要我母亲出差不在家，朱老总就把我们兄弟姐妹接到中南海吃饭，以示对我父亲的怀念”。

而王胡子叔叔“文革”期间受冲击的时候，秦铁经常去看他。一次散步的时候，王胡子叔叔对他说：“小铁啊，你爸爸是好人。”

秦铁对父亲的认识从中学开始。“我在上中学时才知道父亲是犯了错误的人。我那时候小，不懂什么叫三次左倾，那时候全党都在批这个事，所以我始终是夹着尾巴做人”。

在秦铁眼里，父亲虽然犯过错误，但是他对中共的事业还是作出了不少贡献。他能举出一连串的事迹，如和平解决“西安事变”，父亲是中共代表团团长，和周恩来、叶剑英一起，与国民党反复谈判，最终形成抗日统一战线；恢复重建南方13省党组织、组建新四军、营救被国民党拘押的我党大批党员和革命群众；1938年创办《新华日报》，1941年创办《解放日报》并任社长兼新华通讯社社长，是中共新闻事业奠基人。

对于博古来说，他也认识到错误的极端严重性。在遵义会议上，博古作了第五次反“围剿”的总结报告，对这个报告的内容和效果，各类文章千篇一律，即博古虽检讨了自己与李德的军事指挥上的失误，却找了一些客观原因为自己辩解，遭到了其他同志的严厉批评，博古感到十分委屈，而且还写了几句话来排解内心的苦闷。（伍修权在回忆遵义会议时说："博古同志虽然是会上的主要批判对象之一，但是他的态度还是比较端正的。他主持会议，却不利用职权压制不同意见，表现了一定的民主作风和磊落态度。会后，他又坚持和执行中央的决定，并严正拒绝了别人的挑拨性意见，这些都体现了一个共产党人的应有的品质。"）

遵义会议后博古向张闻天交权

秦铁认为，遵义会议其实是父亲和周恩来商量后要求开的，目的就是总结湘江战役的失利原因。会议由博古和周恩来主持，一共开了三天，第一天参加会议的有政治局委员：博古、周恩来、张闻天、毛泽东、王稼祥、陈云；政治局候补委员：朱德、邓发、刘少奇、何克全；共产国际军事顾问：李德（翻译伍修权）。邓小平是中央秘书长，担任会议记录。

秦铁说，我听到的说法是，因第一天的会议产生激烈争论，第二天的会议应毛泽东的提议，吸收了红军各总部和各军负责人参加，政治局会议变为政治局扩大会议，增加的人员有：刘伯承、李富春、林彪、聂荣臻、彭德怀、杨尚昆、李卓然。因而，参加会议的总人数为19人，有表决权的10人。

会上大多数人建议毛泽东在党内负总责，但毛泽东认为张闻天更适合，所以定了张闻天。会上取消了"三人团"，仍由最高军事首长朱德、周恩来为军事指挥者。

秦铁说，父亲尊重了大多数人的意见。会后第二天就派警卫员康念祥把党的总负责人专用的两个文件箱送到了张闻天那里。交接完权力后，父亲唯一的考虑是必须向共产国际报告并争取批准。当时，中共与共产国际之间的秘密电台在长征中被毁坏，导致原有的联系中断。早在1931年，王明到苏联前，曾与我父亲约定一个中间联络人，因为那个时候白色恐怖还很厉害，他们就选择了潘汉年。父亲向潘汉年谈了遵义会议的经过和与周恩来谈话的经过。1935年9月中旬潘汉年与陈云向王明做了汇报。王明对我父亲的交权表示遗憾，对张闻天上台表示能接受。

一些研究文章说，遵义会议后，博古交出大权，此后一直拥护新的中央领导集体。他的这些转变，得到中共的谅解，保留了中共中央政治局委员职务，被任命为红军总政治部主任和中华苏维埃共和国临时中央政府西北办事处主任，后来又负责“外交”工作。秦铁说:“从这里可以看出父亲的气度和胸怀，他刚从最高领导岗位上撤下来，没有计较个人荣辱得失，没有消沉，也没有对立情绪，而是以党的利益为重，站在党的立场上分析问题。”

秦铁举例说，西安事变发生后，当时中共中央并不知道具体情况，是张学良打电报邀请共产党代表去。当时扣住了蒋介石，形势很乱。中央决定先让周恩来一个人去，随后由我父亲任团长的中共代表团才去的。那时叶剑英也从陕西过去，协调红军和国民党部队联合抗日的问题。这是国共第一次合作破裂后，中国共产党第一次以公开合法身份出现。“父亲在其中主要做党的工作，要做通党员的工作，还要做通民主党派的工作，这样才能和平解决。父亲在西安还决定成立红中社西安分社，后改为新华社西安分社”。后来的一些说法让秦铁感到对父亲不公，“现在有些观点说是父亲当时是协助周恩来的，我不同意这种观点。应该是和周恩来一起参加解决西安事变，虽然他没有参加最主要的谈判，但和党、民主党派人士商量的事情，也属于具体谈判的工作之一，不能割裂开来。我觉得所有参加了西安事变和平解决的人，包括其中的工作人员都应该是作出贡献的人。”

眼睁睁看着王实味挨整

“父亲领导《解放日报》时，正好发生王实味事件。当时丁玲是《解放日报》文艺副刊主编，我父亲是社长，陆定一是总编辑。”

1942年3月13日与3月23日，文艺栏发表了王实味的以《野百合花》为总标题的四段杂文，对延安生活进行讽刺和指责，引起了强烈反响。延安中央研究院的温济泽在研究院进行过调查，有95%的人赞成，而毛泽东却拍桌子说："这是王实味挂帅，不是马克思挂帅！"

据黎辛回忆，在解放日报社，最早提出意见的是秦邦宪。3月14日上班时他来文艺栏办公室，问编辑陈企霞："《野百合花》是从哪儿来的？"陈企霞说："丁玲从文抗让我拿回来发表的。"秦邦宪问王实味是干什么的，陈企霞说是中央研究院文学研究所的特别研究员(即吃中灶伙食的研究员)。秦邦宪说他还没有写完，以后不要发表了。但23日又发表了一次，24日秦邦宪又来问企霞：你们怎么又发表《野百合花》了？企霞说是丁玲看过签署"可发"，交给他带回来发表的。秦邦宪说以后绝对不要发了。企霞说发稿以前我们都送给你看过的。秦邦宪说最近我很忙，你们的稿子我没有看。企霞说看不看是你的事，我们送审了。秦邦宪说我没看，我也负责。

在4月3日开展的整风学习运动中，博古作了检讨表示承担责任。《解放日报》没有让陈企霞与黎辛作检讨。丁玲在中央研究院批斗王实味的大会上，先作自我批评，后对王实味批斗。4月初，在毛泽东主持的一次高级干部学习会上，曹轶欧、贺龙等人发言，对丁玲的《三八节有感》和王实味的《野百合花》提出批评。第二个发言的是贺龙，他说，我们在前方打仗，后方却有人在骂我们的党。丁玲回忆说，这时，原来坐在我后面的博古坐到我身边来了，一直坐到散会，悄悄地问我"怎么样？"表示对丁玲的关心。

秦铁说："在高级干部学习会上，8个人发了言，有7个人对文章提出了批评。毛泽东在总结时说，《三八节有感》虽有批评，但是也有建议；最后定性为丁玲是同志，王实味是托派。"王实味的文章，被国民党特务弄了去，编成小册子《关于〈野百合花〉及其它》，四处散发。小册子的按语说："中共……歌颂延安是革命的圣地……然而……在陕北，贪污，腐化，首长路线，派系交哄，使为了抗日号召跑向陕北的青年大失所望，更使许多老共产党员感到前途没落的悲愁。"

1943年4月，康生下令将王实味逮捕。关押期间，又查出王实味1927年在国民党中央党部当过3个月文书。于是，王实味头上除"反革命托派奸细分子"、"反党五人集团成员"外，又加戴一顶黑帽子："暗藏的国民党特务"。1947年3月延安保卫战开始，王实味被转移押往兴县城郊晋绥公安总局的一个看守所。不久此地遭到国民党轰炸，看守所需要转移，行前请示对王实味的处置办法，据称有批复指示将王实味就地秘密处死。晋绥公安总局审讯科于7月1日夜将王实味提出，砍杀后置于一眼枯井掩埋，时年41岁。

秦铁感叹道，"那个时候人人自危，我父亲在延安整风时已经停止中共常委工作了，而且康生在会上点名解放日报社、新华社是特务成堆的地方，一定要抓典型出来。所以我父亲日子也很难过，他对丁玲也只能是精神安慰了，王实味挨整更是爱莫能助，因为他自己也在挨整啊。后来王实味的遇害，应该只是与康生等人有关。听说王实味被杀后，毛泽东还发了脾气。解放后王实味总算平反了，这对我父亲的在天之灵多少也是个安慰。"其实，王实味的平反姗姗来迟。王实味在延安的遭遇，他的妻子刘莹全然不知。1978年，72岁的刘莹从广播中得知王实味于1947年作为反党集团成员、国民党特务、托派分子被处决，顿时天昏地暗，40多年的等待顿成泡影。

1979年，刘莹与儿女不断给中共中央写信申诉。1981年，李维汉向中央组织部提出复查王实味的建议。此后，压在王实味头上的三顶"黑帽子"先后被揭下。1982年2月，中组部作出决定，否定"五人反党集团"的存在。1990年12月，王实味获平反的决定宣布，此时刘莹已84岁，其子已55岁。

"三人照"与"四人照"

秦铁说，家里存有一张照片，是在延安凤凰山上，博古与周恩来、朱德、毛泽东并排站着，博古站在最左侧，周恩来斜倚在他身上。后来在公开发表的这张照片上，博古消失了，出现在他的位置上的，是一扇门板。

他回忆说，我第一次看到这张"三人照"是在北京一张报纸上，我给报社打电话反映这照片不对，又根据他们的回答找到了某出版社。出版社刚开始表示他们不会错，但我家里有原始照片，是新华社成立30周年的时候给我们的一张四人照片。我母亲张越霞1979年3月病逝后，时任全国供销合作总社副主任的程宏毅同志到我家慰问时，问我们有什么要求时，我拿出四人照片和周恩来逝世一周年某杂志登载经过篡改后的三人照片，给程宏毅同志看。他看过以后立即指出“四人照”是原照，而“三人照”是经过修改的，我们当即提出要求尊重历史恢复照片的原貌。程宏毅当即答应回去后向党中央反映。1979年6月，中国人民革命军事博物馆、中国革命博物馆等都把四人照放大成巨幅照片陈列，以示拨乱反正。

尽管这件事情已经纠正了，但在秦铁重走长征路的时候，发现“三人照”还是流传很广，“这张照片的拍摄时间应该是1935年11月2日以后，这天父亲抵达陕甘边苏维埃政府所在地。出版社的编辑部解释说，用‘三人照’是因为毛泽东是党的领袖，周恩来是军委副主席，朱德是总司令。但我父亲当时也是中央革命军事委员会委员、政治局常委，凭什么把他排除在外呢？就是因为他是左倾路线的代表”。“我觉得我们现在搞党史研究的人要有司马迁的精神：宁肯受辱，也要写出真实的东西”。

正如秦铁所说，“父亲是他们那一代中国知识分子走上革命曲折道路的典型。历史给我父亲安排的，就是一个犯错误的角色”。

（作者系文史学者）

原载于《同舟共进》2012年第4期

“红色公主”叶向真

——凌子口述历史

周海滨

凌子原名叶向真，叶剑英的二女儿。1941年生于延安。1960年考入北京电影学院导演系，后转入中央戏剧学院导演系，1966年毕业。曾导演电影《原野》等4部故事片。任全国政协委员、国际儒学联合会普及委员会副主任、中华孔子学会副会长等职。

家里的叶帅

在叶剑英的几个孩子中，只有1941年出生的二女儿凌子自小跟随在父亲身边。

笔者第一次见到凌子是2009年12月4日，在当年的叶帅府，一扇紧闭的高大铁门后面的一栋两层小楼。小楼位于北京西山军事科学院的一个宅院里。甫时，叶剑英的夫人吴博和二女儿凌子平静地生活着，远离喧嚣都市，宁静而幽雅。

冬日朦胧，在挂满叶帅照片的客厅里，凌子迎面走来，高挑、干练，高雅、清新，完全不似一个年届七旬的老人。凌子为我们每人准备了一个熟透了的柿子，她说是叶帅住时种的，以前这里有很多的果树，我们的谈话也就从军事科学院的果树开始。

凌子出生在延安“婴儿潮”时期。父亲给她起名叶向真，意为面向和向往真理。然而，怀揣“向真”梦想的叶向真在“文革”中也有一段惊心动魄的岁月；“文革”后，她因执导《原野》和《风吹唢呐声》而闻名影坛；如今的她致力于儒学的普及教育，成了中华传统文化的一位布道者。

凌子说，看着客厅里悬挂的那张父亲与她的合影，总是会回忆起1963年11月一个深秋的清晨。那天，凌子陪父亲在院落里散步。父亲捡起一片红叶观赏了一下，随手交给凌子，凌子回屋就把红叶夹进父亲的厚书里。没想到隔了一天，父亲写了一首五言诗：“翠柏围深院，红枫傍小楼；书中藏醉叶，留下一年秋。”23年后的1986年，也是在枫叶飘落的深秋，叶剑英在这里走完了最后的人生路程。“当时我找出了一片存在书中的枫叶，兄弟姐妹们都在上面签了名字，以作为对父亲的怀念”。

叶剑英生前的不少工作人员已是七八十岁的老人了，但是“大家见面，仍然叫着老首长当年送的绰号”。叶帅在家里常爱逗孙子和年轻的工作人员玩，还给他们起了不少绰号：什么“old王”、“马头”、“老和尚”“teacher蛐蛐”。“父亲十分关心身边工作人员的工作和学习，他常说，在这里工作的年轻人，为了党和人民把人生最好的时光贡献出来了，要给他们学习的机会，只要愿意都要想办法送他们到学校去学习”。几十年里，叶剑英送身边的工作人员到护校、军医大、国防大学等学习的有20多人。“文革”中，江青告状说叶帅喜欢走后门，送人从后门上学，一时传得沸沸扬扬。为此，叶剑英向毛主席写了“检讨”说明情况。没想到，此事却引出毛主席一个批示：“前门进来的不一定是好人，后门进来的不一定是坏人。”

在外围站岗的警卫战士，叶剑英都叫得出名字，他散步时会走过去问他们家乡是哪里，家里经济情况怎么样，有没有困难。有一次，一名警卫战士告假回家探亲，叶剑英知道他家里经济情况不太好，立刻让秘书拿100元交给他。“要知道，那个时候大学毕业生每个月工资才40元，我们全家五口人的生活就靠我父亲的400元钱啊”。

凌子经常会想起童年和父亲在一起的岁月。1947年2月28日，蒋介石在南京召见胡宗南，部署大举进攻延安。中共中央得到了这方面的情报，3月初决定紧急疏散，撤离延安。由于担心白天飞机空袭，都是集中时间晚上行军，5岁的小向真也跟着部队撤退。一天，大卡车坏了，叶剑英背着女儿徒步行军，在漆黑的路上深一脚浅一脚地爬着坡，“我紧紧地搂着爸爸的脖子。不料爸爸一下滑倒在泥坑中，我没有摔下来，还伏在爸爸的背上，但两只手却伸到了水坑里，碰巧捡回了爸爸掉落的眼镜……”

“文革”中“绑架”彭真，与周总理“谈判”

“文革”大潮中，叶向真是中戏“造反派”组织的红卫兵首脑，也是首都艺术院校的“造反派”领袖。此时的叶剑英主要负责北京的治安，主持军委日常工作。他对这场运动的态度十分谨慎，目睹“造反派”种种破坏活动，无力制止，只能大力稳住军队，强调军队与地方不同，不能随便揪斗、处分干部。

叶向真回忆：“当时的想法很单纯，不管是哪个派系，都是永远忠于毛主席，这个宗旨不变。派系间互相看不顺眼，我对你有看法，你对我有看法，如此而已。大家都是‘高举毛泽东思想红旗’、‘头可断血可流，毛泽东思想不可丢’，这是当时红卫兵的口号，还成立了毛泽东思想战斗团。”

1966年，毛泽东先后8次在天安门广场接见红卫兵。“当时首都治安由父亲管，有一次他一回来就说‘糟了’。红卫兵走了以后，在天安门广场发现了很多金条。红卫兵抄家，把人家的家底儿都抢了来，金子就放在自己口袋里，结果一高兴，一挤，金条从兜里掉出去了。父亲非常感慨地说了一句：‘如果这样下去，年轻人不知道会学成什么样?！’在这种情况下，毛泽东号召‘一定要将无产阶级文化大革命进行到底’。中央文革小组就到各个学校讲话，讲彭真、罗瑞卿、陆定一、杨尚昆这些人都是反党的……”。

1966年12月的一天晚上，两辆载满红卫兵的汽车停在位于台基厂7号的彭真住地，他们把一封信交给了门卫。趁门卫进屋看信之机，红卫兵强行冲进了大门，把彭真从被窝里抢走，并摆脱了随后追来的警卫人员。

当年策划“绑架”彭真的为什么是叶向真等人？43年后，向真说：“学生都这样，指哪打哪，中央文革小组把红卫兵召去开会，说应该做这件事。在这种号召之下，我们就做了。”“江青很会利用我们这些热血青年。当时有一种单纯的革命热情，或者说是一种信念，带有一种色彩。我们一看毛主席定了性了，一定就是这样了。”江青为此还把叶向真请到钓鱼台一起吃饭，说：怎么能让这些反革命在家养尊处优，要让他们见群众嘛！在叶向真的组织下，抓了彭、罗、陆三个人，“杨没抓到，找不到他住的地儿”。

此事马上惊动了周恩来总理。他打电话问戚本禹，是谁抢的人。戚本禹说，“可能是叶向真，我们打听打听”。不到5分钟，他确认是叶向真。

向真回忆：“周总理千方百计找到我，跟我要人。我们就和总理谈判……周总理看着我笑，他看着我长大的。他问‘你们怎么回事啊，把他们藏在哪里了？’我们不说，只说把他们藏在安全的地方了。总理就笑，说我们保证，帮你们开群众大会……周总理一生经历大小谈判无数，他说：你们看不住，他们的安全谁负责，如果有坏人捣乱，你们不能保证他们的安全。你们不是还少一个杨尚昆么，开会的时候我保证把四个人都送过来。”叶向真说到这，哈哈大笑：“周总理何等人，对付我们这些小毛孩子太简单了，他还觉得我们挺可笑的，也挺幼稚的。周总理什么场合没经历过，跟我们谈判和小孩玩似的，他还笑嘻嘻的。”“我们当然听总理的话，他是一言既出驷马难追的。我们就老实交代，藏在中央乐团的音乐大厅。”言语之中，叶向真非常佩服周总理，“就藏了一个晚上就带走了。后来真的开会的时候，他们四个人都到了”。然后，公开批斗彭、罗、陆、杨等人的万人群众大会举行，这是全国首次公开揪斗中央一级的“黑帮”，轰动一时。

1966年底，包括叶剑英在内的几位元帅以及军委各总部的负责人开始遭到“造反派”的围攻，性格直爽的陈毅首当其冲，叶剑英也被迫在军校师生大会上作检讨。其后，“造反派”数次酝酿揪斗陈、叶，被周恩来出面制止。只是保了元帅，保不住将军。为挽救大量遭到迫害的军事将领，叶剑英在军事科学院内的二号楼成了老干部的庇护所。

1967年，从中央到地方各级党政部门全部瘫痪了。2月，在中南海怀仁堂周恩来总理召开的一个会议上，叶剑英责问中央文革小组一伙："你们把党搞乱了，把政府搞乱了，把工厂、农村搞乱了，你们还嫌不够，还一定要把军队搞乱！这样搞，你们想干什么……"

在京西宾馆一次军事会议上，一向温和儒雅的叶剑英突然发火，猛击桌子，小拇指被拍断了，后来这被称为"二月逆流"。此后，叶剑英因"二月逆流"问题，不再担任军队重要职务。

四年监狱，叶帅担心女儿"会傻掉"

"在父亲毫不知情的情况下，江青批示，由公安部部长谢富治执行，突然把我们家六个子女和保姆都抓起来关进了监狱，为的是从子女口中弄出整父亲的材料"。1967年，叶向真和丈夫刘诗昆被逮捕。叶剑英的长子叶选平、次子叶选宁、长女叶楚梅、长婿邹家华连同一个带毛毛（叶向真和刘诗昆的儿子）的保姆都被投入功德林监狱分别关押。"说起抓我哥哥姐姐的事，到现在我都觉得内疚，要不是我在'文革'中太过折腾，江青也不会那么盯着我。四人帮要想把父亲这块石头搬掉，但是找不到有问题的证据，就从亲属身上做文章"。

叶向真被关押在九平米的单人牢房里，与外界隔绝。她不知道其他亲人已经被抓了起来。"开始的时候觉得没什么，想着不管怎么着，过几天还不得把我放了啊。结果越关越不对劲儿……后来，我想干脆死了算了，都关了快两年了，看样子也出不去了，活着没意思。当时还琢磨怎么死痛苦少一点"。

在牢里，叶向真钻研起了中医，试验针灸。她趁提审时，在桌子上捡了根大头针，又从扫帚上截下一小段铁丝，在水泥地上磨成针，往自己大腿的穴位里扎。后来，狱医给犯人看病，无意间遗落下两支针。她从此用这两支正牌武器练习针灸，为出狱后当医生埋下了伏笔。

叶帅在"文革"中为什么没倒？向真说："叶帅没倒是因为主席要用他，很多事情，没有他的时候，主席都觉得不安全，别人信不过。"

"诸葛一生唯谨慎，吕端大事不糊涂"。叶剑英在大节上显出做人的宗旨，“绝对没有野心，不谋自己的利益，对自己的职务升降都没有意见，能官能民”。

后来，周恩来向毛泽东说：“叶帅的一个女儿还在监狱里关着，就是延安出生的那个……”毛泽东说：“一个孩子关她做什么！”由于这个提醒，1970年叶向真终于重获自由。然而，出狱后的叶向真让父亲震惊了，女儿几乎连话都不会讲了，人也变得十分迟钝。“父亲看见我时非常激动”。

“我就这么稀里糊涂地被放出来了。所以后来江青来看我时，弄得我们上下特别紧张。她实际上是来跟我爸爸解释，突然打电话来，说要来看我们，我们全家就跟要逃难一样，把我儿子都关在楼上禁闭起来，所有闲杂人等不得露面。江青来了以后，一见我爸爸，‘哎呀，老帅呀，这个女儿受苦了，林彪他们这些人真坏呀，他不仅整你的黑材料，也成立我的专案组，也在整我的材料啊。’当时我们听听眨眨眼，不知道说什么好。然后她就问，你在监狱里没怎么样吧……你的孩子怎么样了……我们赶快把孩子从楼上弄下来，那时才七岁多，让他赶快叫奶奶，江奶奶。‘叫奶奶干什么，不要搞这些，叫我江青同志就行了。’当时我们很尴尬，怎么敢让孩子叫江青同志呀……结果后来，从一些批示材料里头才知道，抓我，抓我们，都是江青亲自批的。”

叶向真被关了近四年的单人牢房，“出来后我怕听到声音，每天都只是傻呆呆地坐着”。每当这时，父亲就想和叶向真说说话，比如“身体状况如何”，而叶向真却愣愣地回答不清楚，后来说了一句憋了很久的心里话：“爸，是我不好，我害了您和全家。”听了女儿的话，叶剑英眼圈发红，说：“不是！是爸爸连累了你们。”

叶帅担心自己这个女儿会傻掉。“父亲对此一直心存歉疚，他知道，我们几个做儿女的遭遇种种磨难，完全是因为江青要整他。他真担心我的身体恢复不了”。幸运的是，一年以后，叶向真的身体基本恢复正常。

1972年，叶向真改名江峰进入北京医学院改行学医，两年后在解放军301医院实习。实习结束后，她留在了这家医院，开始了7年的外科医生生涯。

1976年初，79岁高龄的叶剑英主管着军队的主要工作。9月，毛泽东逝世后，“四人帮”迫不及待地要篡夺最高领导权。叶向真回忆说，叶剑英分头与华国锋、汪东兴谈话，3个人经过多次精心缜密的策划安排，商定了如何实施解决“四人帮”问题的具体计划。“抓四人帮，他们三人每个人心里都有想法，在毛主席去世守灵的时候，互相试探、交谈，看对方的反应。最后明白了彼此的想法”。

叶帅身经百战，对秘密工作有丰富经验，处理应急性事件绝对谨慎小心。“主席去世，很多人给江青写效忠信。说不定身边很信任的人已经投靠‘四人帮’了。他们三个人没有在一起待过，更不会大张旗鼓开会，父亲都是晚上开车到中南海，到汪东兴家里谈部署和安排”。“汪东兴不能出来，他是管8341部队的，所有警卫都归他管，他站在哪边，哪边就会90%的赢，他的行动是‘四人帮’严密盯死的。所以要一动不动，得让江青等人摸不着汪的动向，这就是叶帅的部署”。

“华国锋当时集党、政、军三权于一身，也不能走来走去。汪东兴同志告诉我：你父亲要我和华国锋同志不要动，他在我们中间来回穿插……”“老爷子走动，他的车从中南海西门进，在汪家讨论后，出北门又去了华家。抓‘四人帮’前，他们三人根本没一起碰过面”。坐镇全局的叶剑英做得天衣无缝。

叶向真后来问汪东兴与华国锋，他们证实了这些细节。“让四人帮来开会，按照之前的计划三个人一组负责抓一人，每组警卫只知道自己的任务，一个一个地抓”。没响一枪，没流一滴血，中国历史翻开了新的一页。

此后的一件事，没人会想到与叶向真有关。1978年的中央工作会议是十一届三中全会的预备会议，叶剑英提出召开，会期36天。会议召开前，胡耀邦安排中央党校理论研究室起草《在中央工作会议上的讲话》，讲话稿出炉后叶剑英不太满意，就让女儿执笔写作，自己口述，刘诗昆协助。从11月25日到12月12日，叶帅修改审定的叶剑英同志讲话稿最终完成。

叶向真说，在讲话中，叶帅特别亲笔加上这样的话：“大家敢于说出过去想讲而不敢讲的意见，畅所欲言，充分讨论，解决了不少全党和全国人民共同关心的问题，展开了正确认真的批评”，“这是我们党多年以来没有过的好事情，是我们事业大有希望的标志”，“在中央工作会议上实行这样充分的民主，确实是一个很好的开端，我们一定要坚持、发扬，推广到全党、全国。”

《原野》的禁演与曹禺的夸奖、廖承志的指示

也是在1978年，叶向真改笔名为凌子，回到了文艺界，当了电影导演，在中国新闻社电影部拍摄纪录片。“我这个名字已经够响亮的了，在抓我之前，全国很多大字报上都有我的名字，我本能地不愿意让这名字到处出现。”凌子说。

而父亲对凌子的期许，是希望女儿做个中国的“米丘林”。米丘林是苏联著名的植物育种家。凌子小时候对植物栽培有天赋，父亲认为女儿学习植物学会很有前途。但是，凌子没和父亲商量就报考了艺术学院。1960年，叶剑英得知女儿考上的是北京电影学院导演系后很不高兴。凌子说：“父亲一个星期没跟我说一句话。”

在叶剑英看来，“你要选择的职业，应该很直接地对国家有用，学电影导演不能很直接地对国家作贡献”。同时代的开国元勋的孩子们，要么去哈尔滨军事工程学院，要么去苏联留学，都是学习通讯、导弹、潜艇之类的国家急需专业。20年后，凌子拍完电影《原野》，请父亲看这部片子。父亲看完才说了一句话：“现在我才明白你在干什么。”

《原野》是凌子改编自曹禺1937年创作的同名话剧。曹禺曾担任中央戏剧学院副院长，凌子在中戏读书时担任学生会主席，与曹禺有过接触。剧本改编完成后，凌子将剧本交予曹禺指点。“可是人家不回话，根本不理我们。这个话剧好多年没有地方敢演，只有中戏拍小品的时候才拿出来演。”凌子说。

凌子找到自己单位中国新闻社电影部的上级领导、中国新闻社副社长兼南海影业公司董事长吴江。当时，中国新闻社只拍纪录片，不拍故事片，“我提出拍摄故事片《原野》，吴江将我军，说给你20万够不够”。而当时，拍摄一部故事片至少需要80万元。

凌子没有马上答应，而是回去和著名摄影师、钱壮飞的外孙罗丹

商量，罗丹说："答应。"罗丹给凌子出了个主意：去采景拍一组漂亮的镜头，让他们眼前一亮，就会给我们追加资金。"我们第一批就去东北大森林里拍，罗丹那时拍出一组漂亮的镜头，拍白桦树等秋景，也就是《原野》开头的那个场景，拍好了之后经审查吴江满意了，就说，行！你接着拍吧"。

这是凌子第一次拍电影，请了著名演员刘晓庆、杨在葆。中新社主创人员只有凌子等几个人，其他有北影、上影、长影的人，"各单位凑出一部《原野》"。

影片拍摄完成后，凌子再去找曹禺看片。盛情难却，曹禺到北影厂观看了尚未音画合成的样片。"看完之后曹禺非常高兴。他把能请的朋友都请去看，在北影厂连续看了7遍"。后来，曹禺还在家中宴请《原野》剧组，解释为何不对剧本回话："当时我不知道你这个叶大小姐要干什么。我这个《原野》已经给批了一遍了，已经压箱底不敢吭气了。你又要拿出来演一演，回头给我抖落出来又要批判一遍。所以我不敢问这个事情，也没法阻止你们。"

凌子问曹禺："那您看了之后，觉得有没有失掉原意？"曹禺夸奖说："更凝练了，比原作好。"

在《原野》的拍摄过程中，凌子还收获了爱情，与罗丹完婚。时至今日，凌子还对丈夫赞不绝口。同时，凌子与刘诗昆保持着一份真挚的友谊。（1967年，刘诗昆被江青定为"反革命"，为了保住向真和叶帅，刘诗昆与向真离了婚。）

令吴江没想到的是，《原野》前期拍摄真的23万就下来了。正片完成之后，吴江请中新社主管领导、时任国务院侨办主任廖承志前来看片。廖承志当场指示，这个片子要拿到国外去参加电影节。"当时廖公说，香港人对洋人的评价特别在乎，如果在外头任何一个电影节有一点响动，再回到香港就大不一样了"。

1980年，香港电影界人士荣念增看到这部影片的拷贝，并向威尼斯电影节亚洲选片人马克·穆勒作了推荐。1981年，40岁的凌子一人前往威尼斯参加电影节，因为这部片子在某个领导看来是"男盗女娼"，电影局禁止演职人员前往参赛。（凌子的工作单位是中新社，电影局无权干涉，因此只有她一人出席了。）“电影节上，我一进餐厅，演奏人员就弹起日本歌曲。他们都以为我是日本人”。马克·穆勒将《原野》选入参赛片，最终获得那一届威尼斯电影节世界最优秀影片推荐荣誉奖。“这是我们国家第一部入围威尼斯电影节的电影。当时入围的都是黑泽明的，华人这是第一部”。

获奖的《原野》并没有就此进入公众视线，虽然香港票房大获好评，把当时台湾电影金马奖压得没了版面，没了声音，但是被审查定性为“只能外销，禁止内销”。“当时有关部门请工会、共青团、妇联开了个座谈会，结论是男女主人公乱搞男女关系，教唆犯罪，宣扬有妇之夫通奸和暴力复仇。为了争取能在国内上映，廖承志打电话给当时的文化部副部长司徒慧敏，两人在电话里都吵起来了，但结果仍是只能外销，不能内销。”凌子说，此后《原野》的阴影一直笼罩着她。

1982年，凌子根据韩少功小说改编的电影《风吹唢呐声》入选夏威夷电影节、意大利电影节、法国的蓬皮杜艺术中心。夏威夷电影节发函电影局请求寄发拷贝，但电影局未予回应。与《原野》完全相反，凌子第二部作品得到的待遇是“只准内销，禁止外销”。“这个电影的本子，电影局审了8遍。”凌子说，最后在金鸡奖和百花奖开奖前一周允许上映，“时间这么短，显然不能参加评奖了。”

时隔7年后，《原野》解禁，大量的公众才一睹禁片真面目。其实，从1981年开始，《原野》已经在内部渠道播放，作为国产内参片在休会期间播放录像带。1987年12月15日，中新社提交了《原野》的送审报告单，再次要求在国内公映这部影片。而导演署名不是凌子，而是江峰——叶向真从医时的曾用名。

1988年，《原野》荣获第十一届《大众电影》百花奖最佳故事片奖。影片女主角刘晓庆在颁奖会上感慨：抗战8年，《原野》是7年后才允许上映啊！此时，在电影事业中几度受挫的凌子在北影退休，从此挥别影坛，隐居香港。

劝父亲："任何伟人也不可能把儿孙的事做完啊！"

1986年深秋，叶帅因病逝世。让凌子遗憾的是，父亲没能看到自己事业上的这次"平反"。

凌子谈起父亲时说，他严厉起来，很有震慑力。"我小时候还不懂这是为什么，长大后才明白，这是一种'训导'，为的是让我们永远记住做人的标准、要求和准则。例如对来客一定要有礼貌，要尊重所有人。每次家里来人，不管是司令政委还是一般客人，告别时，叶剑英都要亲自送到门口，哪怕身体不好也坚持拄着拐棍送客，而且他要求我们也要这样做。"

上世纪60年代凌子结婚时，来了很多客人。这一天非常热闹，待到送走最后一位客人，已是晚上过9时了。"我筋疲力尽地走回屋，还没坐下，父亲突然问我，给没给工作人员送糖果？我说，还没有，已经很晚了，怕大家都睡下了。父亲的脸立刻沉下来了，'大家都凑了钱给你买了礼物，镜子、暖壶……你怎么可以这样没有礼貌！'于是，我立刻拿了托盘，装了糖果挨家挨户去送"。

古语说：爱人者，人恒爱之；敬人者，人恒敬之。叶剑英就是这样，要叶家的人懂得一个"礼"，要尊重别人。这也让凌子想起父亲经常讲的一句话："挺着腰杆走路，夹着尾巴做人"。

上世纪80年代，80多岁的叶剑英担任全国人大常委会委员长，他的帕金森氏症明显加重，行动不便。看着老人家这样子，凌子十分心疼。一大清晨，看着父亲刷牙蹒跚的样子，凌子在旁边小声地说："爸，全国人民永远会记得你们这一代为他们所做的一切，但是谁也违背不了自然规律，任何伟人也不可能把儿孙的事做完啊，走完了辉煌的高潮，总是要落幕啊！爸您是不是也考虑一下呢……"父亲认真听凌子说完后没有回话，又继续刷他的牙。可是没多久叶剑英就向中央写了请辞报告，"而且不止一次，最终如愿了"。

跟着先生在香港默默生活了多年，近几年致力于中国传统文化宣传和普及的凌子认为："儒家的传统文化要做的事情太多了"。"我记得有一份法国的报纸登了这样一篇文章，大概说：‘我们认为一个国家、一个民族，它所能够传承下来的只有他们国家的文化，其他的都是一种辅助手段………所以一个国家能留给后人和世界的唯有这个国家的文化，除此之外，没有别的。’说得这样坚决。中国人很注重经济的发展，而对自己本国的文化，反而不放在重要位置。法国人觉得很不理解。经济的发展，物质的满足，这是生活指数好坏的问题，但是文化的缺失是一个民族存亡的大事，所以我就转向文化研究了。”

相比于“文革”时期的文艺战线红卫兵领袖，凌子已从一名社会秩序的破坏者成长为中国传统文化的修复者，其中变迁，令人感慨。谈起自己的“文革”经历，她说：“我不后悔，我也是受害者。现在回想当年当然不对，真幼稚。但历史就是这样的。一切都是历史的产物。”

“文革”和电影已是过眼云烟，如今的凌子在传统文化的重新发掘中非常平静。

（作者系文史学者）

原载于《同舟共进》2013年第3期

我经历的两次仰光爆炸事件

陈宝鎏/口述　宗道一/整理

陈宝鎏，1938年生于上海，1962年进入外交部从事缅语翻译工作，先后担任华国锋、邓小平、李先念、杨尚昆、胡耀邦、邓颖超等党和国家领导人的缅语翻译。1973—1989年，外交部亚洲司主管缅甸事务，并两次常驻缅甸。1989—1992年任外交部亚洲司东南亚处副处长，主管东南亚工作。1992—1994年，任驻菲律宾大使馆政务参赞、临时代办。1994—1997年任驻缅甸大使。2000—2004年任中国人民外交学会副会长。

仰光烈士墓爆炸事件

缅甸是个小国，与世无争，但有时也会发生惊天动地的事情，引起国际社会的极大关注。接下来讲述的，就是我所经历的两件大事：仰光烈士墓爆炸事件和仰光佛牙塔爆炸事件。

仰光烈士墓爆炸事件发生在1983年10月韩国总统全斗焕访问缅甸期间。全斗焕于10月8日到达仰光，缅甸是他南亚和大洋洲五国之行的第一站，其中，瞻仰仰光烈士墓是外国政要访缅时政府必定安排的活动之一。爆炸事件发生在当地时间10月9号上午10点25分，恰好是全斗焕到达墓地之前的7分钟。当时，缅甸政府派以文化部长为首的官员陪同全斗焕敬献花圈，烈士墓建在山上，车队要从山下开上去。韩国驻缅大使的车率先在前面开道，车上挂着韩国国旗，全斗焕的车则挂了韩、缅两面国旗。实施袭击的爆破手隐藏在山上的电影院，看到一辆挂韩国国旗的车开上来，以为是全斗焕的座驾，就拉动了遥控爆炸装置。当时全斗焕的车还在山下，听到爆炸声，一看情况不对，立马掉头返回总统下榻的贵宾楼，随即全部封锁大楼，枪口对外，不准任何缅甸人进出。此次事件中，全斗焕得以侥幸逃脱，但包括副总理徐锡俊在内的一些韩国政府高级官员则不幸身亡，另有多名韩方和缅方的官员受伤。

事后，缅甸外交部派出官员出面道歉，但韩方不予接见。全斗焕也随即取消了原定对印度、斯里兰卡、澳大利亚和新西兰的访问，准备立刻回国。

出了这样震惊世界的大事，缅甸政府对外当然要有所交待。事情究竟是谁干的？是反政府武装？缅甸有关部门立即展开了全面调查。可是爆炸事件发生后，凶手就逃脱了，他们穿着缅甸服装，装成哑巴，以避免讲话暴露身份。后来警方在追捕时，一个被活捉，一个跳到水里，拔出一支炸弹式钢笔，自杀身亡。为了撬开那个活的爆破手的嘴巴，缅甸方面派了情报局局长丁吴，和他同吃同住1个月，进行“攻心战”。此人最终还是招供了，原来他是朝鲜人，而非缅甸人，是他身上所穿的“纱龙”露出了破绽：“纱龙”是缅甸人的日常服装，但凶手的“纱龙”只缝过一遍，而真正的“纱龙”要来回缝两遍，被称为“缅甸来去缝”。那炸药又是怎么放上去的呢？原来两人化装成缅甸人，去找烈士墓守夜的人交谈、喝酒，趁守墓人不注意时，把炸弹放到烈士墓的顶棚上。

调查结果出来后，缅甸政府在1983年11月4日宣布跟朝鲜断交，责令朝鲜驻缅使馆48小时内离境。当时我正担任中国驻缅大使黄明达的翻译，每天午后的1点钟例行收听缅文广播。听到消息后，我立即意识到，朝鲜大使李成浩定要约见黄大使了。几分钟过后，我就接到了朝鲜大使秘书的电话，说李成浩要紧急约见黄大使商量善后事宜，主要是如何妥善安排在48小时内撤出缅甸。中、朝使馆距离不远，大约5分钟后，朝鲜大使李成浩便到了，他请我们在他们撤走后，全权代理清理使馆等一些善后事宜。我们立即向国内汇报，请示同意后，承担了全部善后工作。据说，朝鲜使馆原先规定撤离时每名官员允许带一个行李箱，但后来又考虑到此次是断交，并不光彩，带行李多了不好看，于是决定每人只能带手提行李。这样，朝方使馆官员整理好的行李就只好存在我们这里了。行李中大都为水果、鱼肉之类，不久都发臭了，其他东西我们能卖的卖掉，能留的就留着。这件事给我最大的感触是：在外交问题上，信誉是放在首位的，在背后搞任何恐怖活动，结果都是得不偿失。

仰光烈士墓爆炸事件可能是迄今为止，他国在缅甸策划的最大事件了，直到2007年，缅甸才和朝鲜恢复建交，这件事影响了两国关系20多年，双方都付出了不少代价。2007年11月，76岁的全斗焕和夫人应中国人民外交学会邀请来华访问，全国政协主席贾庆林还会见了他们夫妇。当时我是外交学会主管亚非拉事务的副会长，全程陪同他们在中国访问。有一次我谈及上述爆炸事件，全斗焕知道我当时在缅甸的中国使馆，有点惊讶，但不愿展开详谈。

“佛牙外交”的历险风波

另一次震惊世界的爆炸事件和我的关系就更大了。1997年我在缅甸当大使，缅方提出希望中国政府同意再次奉迎佛牙到缅甸瞻仰。所谓“佛牙”，就是收藏于北京灵光寺的“佛牙舍利”，西安法门寺收藏的是“佛指舍利”。“佛牙舍利”和“佛指舍利”都是在中国发现的著名佛祖遗骨。根据《大般涅槃经》记载，释迦牟尼涅槃后留有4枚佛牙，1枚被帝释请往天上供养，1枚被捷疾罗刹请走，其余两枚留于人间。在人间的两枚佛牙，1枚现在斯里兰卡佛牙塔供奉，被称为“锡兰佛牙”；1枚现在北京西山灵光寺佛牙塔供奉，被称为“法献佛牙”。中国这枚佛牙是最好的，是“后牙”。佛牙在佛教徒眼里地位神圣，有幸朝拜佛牙，是佛教徒毕生最大的心愿和荣誉。约1000年前，在缅甸阿奴律陀皇朝时代，我国就曾将一个精致的佛牙模型送给缅甸，它被当作珍宝至今还深藏在曼德勒的瑞金英塔内。1955年10月时，佛牙曾去过缅甸一回，当时以缅甸联邦最高法院院长吴登貌为首的缅甸佛教代表团，在中国佛牙护送团的陪同下，将我国的佛牙从北京奉迎到仰光，供缅甸佛教徒作一个时期的朝拜。

我知道缅甸老百姓是虔诚的佛教徒，缅方提出这个要求后，我立即报告国内，建议佛牙再次来缅，以促进中缅关系的友好发展。国内很快同意了我们的建议。半年后，佛牙按双方商定的时间如期来缅，缅方奉迎佛牙的规格很高，我方也很重视，派专机送到缅甸，据说驾驶员是曾给周总理开专机的。飞机抵达仰光准备降落时，地面上大概已有数万名缅甸民众在等候。飞机落地后，民众及缅方所有官员全部虔诚下跪。当时我们使馆的人员还全都站着瞻仰，我想，入乡随俗，我们不能显得没有礼节，也让大家全部蹲下。

仪式结束后，佛牙用4头白象拖拉的象车护送，我们则先坐车去佛牙塔。佛牙塔是缅甸政府花费大量金钱专门为供奉佛牙兴建的，距离机场不远，大约只有15分钟车程。我们很快就到了，但象车走得较慢，几公里的路程大概走了两个多小时，两边路旁都有老百姓跪着朝拜。这时的天色阴暗下来，好像要下阵雨，但一直没下成。后来在佛牙塔外等我的司机说，他亲眼看到，佛牙一进入佛牙塔，倾盆大雨便从天而降。第二天，全缅的各家报纸惊呼：佛牙显灵！此后，每天都有成千上万的老百姓前来朝拜，捐献各种各样的首饰、金银珠宝等。

但不幸的事情发生了。一个月后的一个周末晚上，大约10点多，我正在使馆宴请各国大使，突然接到护守佛牙法师的急电。当时国内共有8位法师护送佛牙来仰光，他们的任务是每天24小时守着佛牙，颂经念佛，两人一拨，轮流值班，不能擅离岗位。法师要我马上赶到佛牙塔，说那里发生了爆炸。我一听脑袋都大了，如果佛牙真出点事情，无疑是犯下不可饶恕的罪孽。我答应立刻过去。但按规定，大使去前一定要跟缅方联系，我就直接打电话给缅甸外交部礼宾司司长吴昂泰。电话中，吴司长睡意朦胧地说："陈大使，你在开玩笑吧？"我说："我没开玩笑，不信你赶紧查一下，给我回话。"5分钟后，吴司长回电："陈大使，真出事了，你赶紧过去，我们的钦纽将军已经在那里等你了。"

我赶到佛牙塔时，死伤人员已经搬走，但地上还有血迹。我先跑去看佛牙，惊奇地发现佛牙竟安然无恙。佛牙的外面有一个防弹罩，罩上有几个子弹留下的痕迹，但都没有损伤佛牙。据现场的人员介绍，炸弹放在一个花篮里，一个老太太下午送来时对接收人员说，我是虔诚的佛教徒，希望把我的花篮放得离佛牙近一点。值班人员出于好心，就按她的要求做了。按常理，炸弹一爆炸，佛牙肯定会被炸得灰飞烟灭，但奇怪的是，起爆时好像有一只无形的“神手”把炸弹的方向拨动了一下，结果炸到的全是旁边的人员，而佛牙毫发无损——真是神奇！值班的两位法师也没有受伤，在爆炸前的几分钟，两位法师因口渴去附近喝水，才躲过了这场劫难。

事件发生后，佛牙是否继续留在缅甸瞻仰，成了中缅双方最关注的问题。缅甸政府一再向我方表示，可能是反政府武装干的，一定会负责调查清楚，给中国政府一个交代，请使馆代为向中国政府表示歉意。但在中方，特别是在中国驻缅使馆里，出现了两种截然相反的意见。一种意见认为，佛牙绝不能在仰光久留了，我们的责任重大，万一出事，谁都担当不起。另一种意见则认为，佛牙应该继续留在缅甸，因为既然来了，中途撤回对缅甸人民打击太大，对中缅关系也不利。我们应该想办法妥善安排，确保万无一失。我本人是支持后一种意见的，但还需将这两种意见同时报回国内。根据习惯做法，在报回不同意见时，一定要同时报回倾向性意见，当时我大胆地提出：考虑到佛牙如果现在就送回国内，对中缅关系不利，对缅甸人民也是很大的打击，他们都是虔诚的佛教徒，非常希望有机会瞻仰佛牙。所以我个人建议，佛牙还是继续留在缅甸，安全事务由我馆负责，责任由我个人承担，请国内授权我处理相关的一切事宜。

国内同意了我的建议，并授权我牵头与缅甸方面具体商谈今后的安保措施。为了确保佛牙的绝对安全，我在谈判时提出了几个严格的要求：第一，去曼德勒（缅甸第二大城市）瞻仰一事，要改变路程，以前安排是用车送过去，路途遥远，不安全。现在还是要去，但要改用飞机运送。第二，重新瞻仰时，所有来佛牙塔朝拜的人员随身不能携带任何物品，包括手表、钢笔，以防这些东西有可能被安放爆炸装置。第三，佛牙塔开放的时间只在白天，晚上不再开放。还有其他相关的安全措施也要做足。缅甸政府全部答应了这几个要求，他们表示，只要佛牙能够留下来，什么条件都应允。后来的事实证明，缅甸人民也真的非常配合，在瞻仰时排着长队，一个个接受检查，除了身上所穿衣服，不带任何东西进去。就这样，佛牙平平安安地继续在缅甸供瞻仰，最后安然回国。

在这期间还发生了很多“佛牙显灵”的事件，也不知道是真是假。在仰光时，佛牙存放在佛牙塔里，为了让老百姓看得更清楚，缅方在四周装了几个大电视机。据说，有一天电视里出现了缅甸人的佛祖——一位最受缅甸人民崇敬的老法师，有人还当场拍下了照片。另一件事情是，某日，一只鸟飞来停在佛牙罩上面不走了，第二天，这只鸟变成了金色。种种传说的场面，我没有亲眼看到，但虔诚的缅甸人确信无疑，可见佛牙在缅甸人心目中是至高无上的。

佛牙离开缅甸的场面也非常感人。当时，我们提前3天发布佛牙离缅的“安民告示”。由于要求瞻仰的人员太多，只好破例日夜开放了。络绎不绝的人们从四面八方赶来，没有车，只靠长途跋涉，天气又热，满身大汗，但他们仍十分执着，朝拜时把身上所有的东西，戒指、项链等都捐献给佛牙。

由此可见，“佛牙外交”在缅甸这样的佛教国家里是可以起大作用的。作为大使处理问题，如果从个人安危的角度考虑，多一事不如少一事，当时不必冒风险作出如此决定。但从中缅两国关系的角度考虑，为了国家利益，出于外交官的责任心，我觉得应该果断作这样的决定。说到底，外交工作就是做国家的工作、做人民的工作。

（作者系浙江财经学院中国外交人物研究所所长、研究员）

原载于《同舟共进》2013年第1期

“大闹怀仁堂”会议记录整理真相

阎长贵

“大闹怀仁堂”会议，即1967年2月16日周恩来主持召开的政治局常委碰头会（亦称中央碰头会）。这次会议原定是讨论“抓革命，促生产”的。会议还没有开始正式讨论，谭震林问张春桥为什么不让陈丕显（上海市委第一书记）到北京来，张说我们回去同群众商量一下。谭气愤地说：“什么群众，老是群众群众，还有党的领导哩！不要党的领导，一天到晚，老是群众自己解放自己，自己教育自己，自己闹革命。这是什么东西？这是形而上学。你们的目的，就是要整掉老干部，你们把老干部一个一个打光。”“这一次，是党的历史上斗争最残酷的一次，超过历史上任何一次。”他站起来要退出会场，周总理叫他回来。陈毅说：“不要走，要跟他们斗争。”

陈毅又说：延安整风时有些人拥护毛泽东思想最起劲，挨整的是我们这些人。“历史不是已经证明了到底谁是反对毛主席吗？以后还要看，还会证明。斯大林不是把班交给了赫鲁晓夫，搞修正主义吗？”李先念说：“就是从《红旗》十三期社论开始，那样大规模在群众中进行两条路线斗争，还有什么大串连，老干部统统打掉了。”这次会议的情况还有很多，但这些是主要的。（参见《毛泽东传》，中央文献出版社2003年版；《周恩来传》，中央文献出版社1998年版）

不难看出，这是一次十分重要的会议，在中国共产党的历史上也是阵线分明、斗争十分尖锐和激烈的会议，矛头直指正在轰轰烈烈进行的“文化大革命”及其领导机构中央文革小组。这次会议在当时和其后的一段时间里（“九一三”事件以前），被称为“二月逆流”，遭到完全否定，并进行了严厉批判；在“文革”后叫做“二月抗争”，即谭震林、陈毅、李先念等人（亦称“三老四帅”）所进行的完全否定和反对“文革”的正义斗争，其功勋彪炳千秋，名垂青史。

这样一次会议的记录是什么时候整理、怎样整理的？对这个问题，在政界和史学界存在着两种不同说法。究竟哪种意见和说法符合事实，这是应该辨别清楚的。

是否“当晚”江青指示整理？

先介绍一种流传较广的说法和意见。

《关于建国以来党的若干历史问题的决议注释本（修订）》（人民出版社1985年版），在“二月逆流”的条目中说：“二月十六日下午，继续开碰头会。这次会上，斗争更加激烈，即所谓‘大闹怀仁堂’。散会后，张春桥、王力、姚文元立即向江青汇报，并于当晚整理出《二月十六日怀仁堂会议》材料，由江青安排，向毛泽东作了汇报。”

《大雪压青松——“文革”中的陈毅》（世界知识出版社1997年版）中说：“会后，张春桥、王力、姚文元整理了一份《2月16日怀仁堂会议记录》，当晚向毛泽东作了汇报……”

《谭震林传奇——从印刷工到副总理》（中国文史出版社1994年版）中说：“……恶人先告状，就在16日的当天晚上，张春桥、姚文元、王力顾不得吃晚饭，根据康生的指使，驱车钓鱼台，直奔16号楼（应为11号楼——笔者注）江青住处。”“江青听完他们的汇报，简直暴跳如雷，镜片下的眼珠闪着逼人的凶光，歇斯底里地说：‘这是一个严重的事件，政治事件，我们要抓住，赶快把记录整理出来。’”“人民大会堂的一角，张春桥、姚文元、王力三人，在强烈的灯光下，面色灰白，鬼头鬼脑地‘集体整理和核对’中央碰头会的《记录》。”“三人各施心计，绞尽脑汁，添油加醋，无中生有，边核对各自的记录，边回忆补充，边无限上纲，一份歪曲、篡改、断章取义的《记录》稿匆匆出笼。”

“江青看罢《记录》，略露的门牙咬得咯咯作响，气恼地说：‘这是一场严重的路线斗争。陈毅、谭震林是错误路线的代表人物，徐向前、叶剑英、李先念、余秋里、聂荣臻是附和错误路线，周恩来在路线斗争中动摇，只有谢富治站在正确路线一边。'"

"江青一副太上皇的架势，指指点点。张、姚、王三人暗喜：若毛主席听了江青的亲自汇报，激怒起来，那才有好戏看哩！"

"可江青却要张春桥、姚文元、王力直接向毛泽东汇报，似乎这样更能达到预谋的目的，她挥笔给毛泽东写了张纸条：

主席：

张、姚有重要情况报告，盼速见。

江青

纸条密封后，派专人直送中南海。

三小时以后，毛泽东在人民大会堂北京厅召见张、姚、王。"

这几段话浮想联翩、绘声绘色，把"大闹怀仁堂"会议记录产生的时间、过程都描述（实际是演绎和编造）出来了。

《中国元帅聂荣臻》(中共中央党校出版社1994年版）中说："当天晚上，张春桥、姚文元、王力等人秘密整理了《二月十六日怀仁堂会议》材料……"

《陈丕显回忆录——在"一月风暴"的中心》(上海人民出版社2005年版）中说："怀仁堂会议的当晚，张春桥、姚文元、王力三人连夜整理了《二月十六日怀仁堂会议记录》……"

暂且引这些吧（无疑还有其他书籍和文章采用类似说法）。上述数书所说的，都是"大闹怀仁堂"会议的"当天晚上"，张春桥、姚文元、王力就整理了会议的记录。值得注意的是，新近出版的权威的党史书上也这样说。不仅如此，这种说法在学界、在网上，都传播开了，都采用了。《"四人帮"兴亡》(人民日报出版社2009年版）中说：当天（指"大闹怀仁堂"的2月16日）夜里，张春桥和姚文元、王力一起，驱车来到人民大会堂，在那里一起核对了笔记，由王力连夜写出了《2月16日怀仁堂会议》。

王力、王广宇的回忆

这些以讹传讹的说法（还有这份记录的真实性及其后来的用途等问题）需要澄清，以恢复历史本来面目。

“大闹怀仁堂”会议记录整理的时间和过程究竟是怎样的？应该说，有的著作已经做了如实的叙述。兹举几例——

《毛泽东传（1949—1976）下》（中央文献出版社2003年版）说：“会后（指2月16日怀仁堂会议），张春桥、姚文元、王力去找江青，江青说要立即报告主席。当晚他们向毛泽东汇报。”（这里根本没谈整理会议记录的问题，我想当晚如果确有整理会议记录的事，这里不可能不谈到——笔者注）

《叶剑英“文革”风云录》（中华文化出版社2001年版）中说：许多学者认为《2月16日怀仁堂会议》记录有“造谣”成分，不真实，王力说“没有造谣之处”。记录不是当天晚上整理的。是事后周恩来命王力整理，“清样由周恩来、康生审定修改，在2月下旬至3月下旬的‘政治局生活会’上，周恩来命他（指王力）在会上读过的”（此书说法根据王力《现场历史——文化大革命纪事》，笔者很抱歉没查到，但确信有这本书，并认为该书对这个问题的说法是对的——笔者注）

《晚年周恩来》（明镜出版社2003年版）中说：周恩来为了打消毛泽东对他的疑虑，表白自己在重大原则问题上与党内元老派的过激言行是有过斗争的，“他特意让王力整理了一份二月十六日怀仁堂会议记录，并在紧要之处作了若干修改，以供政治局生活会上批判之用（毛泽东听到张春桥、王力、姚文元关于这次会议的报告后，在18日深夜或19日凌晨，召集会议，大发脾气，认为这是要翻延安整风的案，是反对‘文化大革命’和中央文革小组，指示要开政治局生活会批评谭震林、陈毅、徐向前等。为此，周恩来主持，从2月25日到3月18日开了七次政治局生活会——笔者注）……当谭震林准备拂袖而去时，记录中原只注明‘总理要谭回来’，周本人添加了‘拍了桌子’四个字。又如，当陈毅提及周恩来曾在延安整风中挨整时，周……加上自己当时的对答：

‘应该检讨，整得对嘛！’”。

人们可以看到这两本书关于这个问题的说法是一致的，即2月16日怀仁堂会议记录整理的时间，不是2月16日当天晚上，而是事后。我们可以想想，当天晚上几个钟头的时间能够整理出一次会议的记录，并向江青和毛泽东汇报吗？要知道，整理会议记录，不是会议现场速记员作“速记”——“速记”除了专业人员谁能看得懂？

下面，再看看关于“大闹怀仁堂会议记录”的两位当事人的说法。

一个是王力的说法。王力是会议的参加者。他说：会议开到七点，总理说：“现在时间到了，以后再说吧！”就宣布散会，总理没当回事。刚一散会，姚文元就对我说：“王力，你要站稳立场，这是一场大的斗争。”张春桥约王力和姚文元到他的房间说：“今天这个问题很大，要将情况对一对。”我也赞成对情况，我说不能歪曲事实。我记下了要点，造谣是没有，当时认为是不对的话，都对上了，包括总理、康生、陈伯达的。（注意：他们说的是对情况，不是说整理记录——笔者注）接着张春桥去报告江青，姚文元和我是一起去的。张春桥向江青一条一条讲，江青暴跳如雷，说“这是一场新的路线斗争，陈毅、谭震林、徐向前是错误路线的代表，叶剑英、李先念、余秋里是附和错误路线，周恩来、康生、陈伯达在路线斗争中动摇。”江青说要立即报告主席，“你们三个人都要去”。江青马上打了电话……晚十时左右，我们到了主席那里。（参见《王力反思录》，北星出版社2001年版）

可以看到，王力根本没谈2月16日当晚整理会议记录的问题。按王力的说法，这次会议从七点散会，他们三人“对情况”，接着向江青汇报，十点左右到主席那里“告状”，其间不过三个小时，纵有三头六臂也整理不了会议记录啊。

另一个是经手印刷会议记录的王广宇的说法。王广宇时任中央文革小组办事组组长（即办公室主任），他写有一篇《我是“二月逆流”会议记录稿的唯一见证人》（收录在2009年由红旗出版社出版的《问史求信集》）。王广宇在文中说：

1967年2月中旬一个晚上，王力把我叫到他的办公室，在场的还有关锋……王力交代说，这是一份中央政治局碰头会议的记录稿，是我同春桥、姚文元回忆追记的，经伯达、总理修改后，现在准备印发有关同志。王力把记录稿和张春桥姚文元留给他的信一起给我看（此时张春桥、姚文元已回上海）。张春桥给王力的信中说，看了王力执笔的这份记录稿，觉得大致就是这样，没有什么补充修改。并嘱王力把这个记录送伯达、总理过目后再发（张春桥、姚文元18日已回上海——笔者注）。我翻看了一下王力执笔的这份二月十六日怀仁堂会议的发言记录。记录稿主要是按发言次序记录谭震林、陈毅、李先念、叶剑英、徐向前、李富春（王力说法，李富春在会上未发言，所以记录中没他的名字，这是否王广宇记忆有误——笔者注）和谢富治等的发言。会议还有另外参加人，他们是陈伯达、康生、张春桥、王力、姚文元。原记录稿只在开头说，“会议由周恩来同志主持”的字样，但正文中没见有周恩来的发言，我看的这份记录稿是经周总理、陈伯达看过修改后的稿子，不太记得陈伯达有修改的字迹，只是周总理亲笔在记录稿上作了几处补充。周总理的补充字数不多，都是加在发言中间的插话，我印象最深的一处是：当谭震林气呼呼地说：“我不干了，叫你们干吧！”时，拿起衣服和帽子就要退出会场，这时，周总理拍了桌子严厉地说：“回来！坐下开会。”这段话王力的原稿未记，周总理作了补充，还补充了几处字数不多的插话，内容记不清楚了，记录稿后边署名是张春桥、王力和姚文元追记。

王力向我交代，要我把他亲笔记录的，经总理补充过的原稿重抄一遍，把原稿还给他保存，用我抄的稿子去打印。他再次强调排字、校对、打印、发送全过程都由我亲自办……印十五份后，马上拆版。要排字工人严格保密，印好后按他给开的名单，由我登记发送。

……我找到一位从中联部调来的五十多岁的党员老工人，向他交代这份绝密文件要他亲自排。在排字车间只有他和我两个人……我将排印好的《二月十六日怀仁堂政治局碰头会记录》十五份带回后，向王力汇报。当晚，王力给了我一份他亲自开列的发送名单，大约十来位，有主席、林彪、总理和部分参加会的政治局委员、副总理，还有没参加那次会议的小组成员江青、戚本禹等。第二天他又补充了几个人的名单。我记得发完后，还剩下一两份。王力说，剩下的文件和记录稿（我抄的那份）一律销毁。我当时想，以后万一他再要这个文件就麻烦了，想暂时留一下，就没销毁。我把排印原稿和剩余几份文件以及发放的人名单一起装在一个保密袋中，放在我办公桌带锁的抽屉里。直到我8月31日离开中央文革办事组，这套材料都完好地保存在那里。如果后来没有毁灭，如果最后中央文革办事组移交人作为重要档案交给了中央办公厅，那么，这个记录稿应是完整的。

二月十六日政治局扩大会议的记录和相关内容，办事组的工作人员无一人知道，我是唯一的见证人。

按王广宇的说法，"大闹怀仁堂"会议记录更不可能是2月16日当晚整理的了。

这就是我经过一番书面调查掌握的"大闹怀仁堂"会议记录的整理情况。我想，读者是可以从中了解到这次会议记录整理有关真相的。

（作者系文史学者、《求是》杂志社老干部）

原载于《同舟共进》2013年第9期

红卫兵报刊幕后往事

胡楠仁

“文革”10年间，异乎寻常的现象迭出。其中之一，就是群众组织创办的报刊铺天盖地，这与全国官方报刊种数锐减恰恰相反。据初步估算，类似《红卫兵》、《东方红》、《造反者》这样的红卫兵报刊，竟有5000种之多。这些报刊是山头林立的各红卫兵组织的喉舌，是“群众自己解放自己”狂热浪潮下的变异文化现象。它虽然只存在了短短三年，然在其初创、发展、鼎盛、衰亡的过程中，留下了许多耐人寻味的轶闻。

红卫兵小报让人认识了“五大造反领袖”

1966年5月底，中国的政治气候比自然节律提前进入燥热期。一群青年学生秘密聚集在圆明园遗址，兴奋地议论着从父母那里听来的中共中央政治局扩大会议的内容，以“红卫兵”的名义，呼出了“造反有理”的口号。

8月1日，毛泽东写出致清华大学附中红卫兵的一封信，热烈支持孩子们的行动。红卫兵的名声迅速在北京各大中学传播。8月18日，红卫兵登上天安门，第一次正式出现在《人民日报》上，如同一场狂飙，席卷全国。在随后的“破四旧”和“大串联”运动中，红卫兵的传单、通令雪片般撒向街头。他们迫切需要代表自己心声的更强有力的宣传工具。于是，第一张红卫兵报应运而生。

我们目前能看到的最早的红卫兵报，是1966年9月1日由北京六中红卫兵创办的《红卫兵报》和同日“首都大专院校红卫兵司令部”创办的《红卫兵》，这两份报都是八开四版。

北京六中红卫兵，是北京第一批红卫兵之一，积极参加了“破四旧”运动。由于有严重的打砸抢行动，既而又流露出维护“走资派”的倾向，该组织仅生存了一个多月就被指责为执行“资产阶级反动路线”的“刽子手”而解体。它所办的报纸，也只出了十几期便告夭亡。“首都大专院校红卫兵司令部”又称“一司”，成立于8月27日。主要负责人由高干子女组成，政治态度与中学的老红卫兵相似，因而不久也被斥为“保皇司令部”，报纸销声匿迹前共出了二十几期。

9月中旬以后，随着对工作组和“资产阶级反动路线”的批判，一批造反派红卫兵起而代之。不久，北京地质学院“东方红”的《东方红》，北京航空学院“红旗”的《红旗》，北京师范大学“井冈山”、清华大学“井冈山”的《井冈山》报相继诞生。

由于这些组织得到中央“文革”的首肯，其报纸逐渐成为众多红卫兵报刊中的强有力者，发行量很大，地质学院《东方红》报销量曾多达10万份以上。北京大学的《新北大》报，虽然在8月22日就已经创刊，但最初以校刊的面孔出现，与红卫兵小报的模式不尽相同。该报因得到毛泽东亲笔题名而骤然显赫，后来成为“新北大公社”和聂元梓的独家代言人。

通过《东方红》、《红旗》、《井冈山》、《新北大》这些高校红卫兵的小报，人们认识了北京五大造反领袖（聂元梓、谭厚兰、王大宾、韩爱晶、蒯大富），也由此领略了他们煽惑鼓噪的“才华”。

为漏排一个“的”字，三番五次作检讨

1966年12月初，林彪、陈伯达通过下发关于工矿企业“文化大革命”的规定，把动乱之火吹向了经济建设战线。红卫兵的含义急剧膨胀，不再是青年学生的专利。红卫兵报刊队伍中，也涌进了大批工人、农民甚至军人主办的行业造反报纸。

令人吃惊的是，这些未受过新闻专业训练的人办的业余报纸，虽

然内容空泛，“最最最”一类语言充斥字里行间，但必须承认就整体来说，错别字极少，比起我们今天看到的街头小报，差错率小得多。为什么会这样？内中原因说出来既令人感到好笑，又觉得悲哀。在那个绝对政治化的时代，报刊版面上的任何错别字，都可能招致“反动”罪名，使本派陷于灭顶之灾。所以，办报者一面怀着极大的狂热搜索歌颂或咒骂的词汇，一面又战战兢兢地校对每一个字词，尤其是领袖人物言论的引文。

在翻阅昔日红卫兵小报时，笔者看到一家造反名气颇大的《东方红》的几期，因为此前刊登毛主席语录时漏排了一个“的”字，不得不三番五次地声明检讨，“从灵魂深处狠挖根源”；同时又板起脸来，呵斥对立派别不得借此“捞稻草”。诚惶诚恐之态，令人哭笑不得。有的老编辑至今感慨“文革”时的校对质量，盖出于此。

张春桥领导的《解放日报》也“犯下罪行”

红卫兵报刊的另一个来源，是1967年上海“一月风暴”后，各群众造反组织通过夺权，抢占上至省，下至地、县及本单位机关报。

1967年1月3日，面对各级党委已难以继续领导宣传工作的状态，中共中央发出《关于报纸问题的通知》，指出：省市报纸可以停刊闹革命，但不应停止代印《人民日报》、《解放军报》、《光明日报》的航空版。

就在中央发出“停刊闹革命”的当日，张春桥、姚文元在北京平安里三号——原《解放军》报社，召见了从上海前来的造反派头目王洪文、陈阿大、廖祖康，在座的还有聂元梓。张春桥神秘地布置说：“《文汇报》明天就要夺权，这是整个上海夺权的先声。”他要求王洪文等人立即赶回上海。

1月4日，《文汇报》“星火燎原”革命造反总部在当日报上发表《告读者书》，杀气腾腾地宣布“接管了《文汇报》”，“解放以来，《文汇报》罪恶滔天”，“《文汇报》对党对人民犯下的罪行是不可饶恕的。旧《文汇报》必须彻底革命，彻底改造”。对于《文汇报》的被造反，人们颇有几分惶惑：“文革”的导火索——姚文元的《评新编历史剧〈海瑞罢官〉》，最早就发表在《文汇报》，这家报纸如何又“罪恶滔天”了呢？未等人们思索出答案，更奇怪的事情接踵而来。

1月6日，上海市委机关报《解放日报》也发表了该报“革命造反联合司令部”的《告读者书》，宣布自1962年以来，“窃据《解放日报》社领导岗位的反革命修正主义分子，执行了一条修正主义的办报路线”，“这一时期的《解放日报》竭力为资本主义复辟做舆论准备，成了资产阶级的工具”，也“对党对人民犯下了不可饶恕的罪行”。世人皆知，身为上海市委分管宣传的书记兼宣传部长的张春桥，长期以来一直领导着《解放日报》，如果说这份报纸犯下“不可饶恕的罪行”，那么他这个领导又如何洗刷得干净呢？

报社的“笔墨之争”变成“枪杆子之争”

1967年1月8日，毛泽东在接见中央文革小组的谈话中，高度赞扬文汇报社、解放日报社的夺权和《告上海全市人民书》。此后，全国各省、市自治区的机关报都陷入了夺权、“新生”的混乱中。然而，并不是所有报纸的夺权都能找到张春桥这样的硬后台，因此在你争我夺中，爆发了一系列武斗流血事件。针对这种情况，中央决定由军队暂时控制报社，但情况并没有立即好转。

在中央发出这一决定时，青海省委机关报《青海日报》，已被西宁市“八一八红卫战斗队”占据，他们刁难阻挠军管，后又用暴力驱逐来社的解放军人员。当时青海驻军成立了联合支左办公室，省军区副司令员赵永夫任副组长，联合支左办公室经研究决定，对报社强行军管，并确定“敌人开枪，我还击”的原则。

2月23日，西宁驻军调动部队夺占《青海日报》时，群众组织与部队发生武装冲突，造成群众和部队伤亡377人的严重事件，这就是震惊全国的“《青海日报》事件”。事后，林彪、江青乘机把此事说成是“二月逆流”在地方的表现，指责赵永夫是国民党，是现行反革命分子，宣布予以逮捕。报社的“笔墨之争”变成了“枪杆子之争”。

在广州，1967年1月21日晚11时，几个红卫兵组织合并成的“省革联”，来到《广州日报》夺权，将报纸改为传播“省革联”声音的《新广州日报》。到了2月28日，“省革联”的夺权因未得到中央的承认而垮台，《广州日报》被军管。

3月14日，北京大学“新北大公社”驻广州联络站，在其编印的《新北大》广州版发表文章《把颠倒了的历史再颠倒过来》，重新掀起夺权的轩然大波。4月10日晚，广州市红卫兵造反派组织冲击广州日报社，要求转载《新北大》的文章。就这样闹到了5月15日，广州一个学院的红卫兵强行封闭了报社，《广州日报》因此停刊，直到1972年才以小报的形式复刊出版。其他如《云南日报》、《长江日报》、《广西日报》、《福建日报》、《北京日报》等，也都经历了类似的过程，

在“全面内战”的局势下，控制省报攫为一个组织私有的现象，并不多见。被造反派或红卫兵组织改造为红卫兵小报的，多是省以下的地、市级单位的机关报。但这些报纸因为占有天时地利的优势，在印刷发行方面得天独厚，往往在红卫兵报刊中影响很大。

1967年夏季，全国红卫兵报刊数达到了顶峰。据不完全统计，北京有200多种，江苏、辽宁、四川等省都在300种以上。当年周恩来曾询问过四川重庆的支左负责人，重庆市仅“反到底”派有多少种报纸?得到的答案是30多种。全国红卫兵小报最少的地区是西藏，仅有10几种。但西藏有藏文红卫兵小报《红色造反报》，堪称全国一绝。

从办报人的职业看，学生、干部、工人最多，农民其次，甚至还出现了聋哑人造反组织办的《聋人风暴》，平反出狱的囚犯办的《红囚徒》报。如此五花八门，称之为“乱世奇观”，当不虚妄。

“走资派”街头售卖红卫兵小报

红卫兵报刊开始发行时，一部分自行发售，一部分通过邮局订阅。但后来因种类骤增，邮局也分裂为几派，通过邮发的只剩下影响大的几家报纸——多数都改为上街叫卖了。

1966年11月27日，上海“红革会”的人员来到上海市邮电局报刊发行处，要求该处代为发行其批判中共上海市委“资产阶级反动路线”

的第九期《红卫战报》，并要求此后要将他们主办的《红卫战报》与上海市委的《解放日报》一道发行。他们称之为"《解放日报》放毒到哪里，我们就消毒到哪里。"发行处根据上海市委的指示，理所当然地拒绝了这一要求。3天后，"红革会"红卫兵进驻解放日报社，不准《解放日报》发行。12月2日，王洪文等人见有机可乘，也派"工总司"的工人造反队进驻解放日报社。

上海人民和反对"工总司"的另一派群众组织，迅速聚集了50万人，把解放日报社围了个水泄不通，他们在报社外高呼："我们要看《解放日报》！"

迫于内外压力，上海市委只得同意了"红革会"和"工总司"的要求。于是后来一段日子里，便出现了每一份《解放日报》伴随一份《红卫战报》"押解而出"的"奇观"。

北京的红卫兵造反派则另有高招，他们直接驱赶"走资派"上街卖报。1967年夏，北京外语学院等单位的红卫兵组织，勒令外交部副部长乔冠华及姬鹏飞等人，到王府井街头叫卖红卫兵小报。一时间，"乔老爷卖报"的消息风闻全国，外国报刊还刊登了乔冠华等人街头卖报的照片，给我国的外事工作造成了相当恶劣的影响。

"中央文革小组的铁拳头"

在全国红卫兵小报中影响最大的，当属《首都红卫兵》。说它影响大，和它创办者的名声有直接关系　它的创办者是"首都大专院校红卫兵革命造反总司令部"，简称"三司"，自诩"中央文革的铁拳头"。

1966年8月28日，北京地质学院、林业学院、清华大学等20多所院校的红卫兵开始酝酿成立"三司"。9月6日，"三司"正式成立，由19个院校红卫兵组成。9月13日，"三司"报纸《首都红卫兵》正式出版。

《首都红卫兵》创办之初，编辑部只有三四个人。初创时举步维艰，编报人几乎跑遍了北京各家报社，跑了六家印刷厂，最后才在《前进报》排版，由北京市印刷二厂印出。当然，随着"三司"的名声日益显赫，情况有所改观。由于"三司"的主要领导者都是"文革"初期受工作组压制的造反派学生，因此，“三司”一诞生，便把矛头对准了所谓“资产阶级反动路线”。在形形色色的小报中，《首都红卫兵》第一个在9月份刊出了批判工作组的文章；第一个在10月份提出了“一切权力归左派”的“夺权”口号；第一个在11月份发表《打垮新的反扑》文章，充当中央文革小组的捍卫力量。

那段时间里，《首都红卫兵》的文章时不时被《人民日报》、《红旗》杂志等党报党刊转载。各地红卫兵报刊的转载更是频繁，有些言论甚至被当作各地“造反”和“支左”的依据。于是乎凡是“三司”支持的，就是中央文革支持的，谁与之看齐，谁便成为“响当当的左派”。

1967年1月25日，《首都红卫兵》发表社论——《打倒“私”字，实行革命造反派大联合》。几天后，毛泽东看到了这份送到案头的小报。此刻他正在思考一个问题：怎样使越来越失去控制的造反烈火回到秩序的轨道上来。几天前，他作出了要求人民解放军支持“左派”的批示，试图用军队的干预控制全国局面。但谁是“左派”？在几十天内揭竿而起的林立山头中，全都“唯我独左”。于是他想到了大联合。

毛泽东在《首都红卫兵》这篇社论标题上划了铅笔红圈，要求各大报刊立即转载。《人民日报》、《解放军报》、《红旗》杂志立即响应。被“两报一刊”转载，在当时是最高的殊荣，《首都红卫兵》报从此声名鹊起。该文的执笔者被调到了《人民日报》工作。

令人遗憾的是，“三司”自身就是一个制造分裂的能手。因此，全国的形势并未像毛泽东所期望的那样走向“大联合”，而是迅速滑向了“全面内战”的深谷。

红卫兵小报如何由盛转衰

说《首都红卫兵》的影响大，还有一个原因，就是这份报纸的发行面之广，数量之多，是其他报纸望尘莫及的。

由于“三司”向全国各地派出了众多的联络站，煽动造反，《首都红卫兵》报也就有了各地分店。据不完全统计，截至1967年1月底，“三司”联络站覆盖了沈阳、重庆、长沙、南京、上海等40多个城市。《首都红卫兵》还在各地办分刊，在北京还有中学中专版。这些分店和总店共同发行报纸的数量，难以统计，据粗略估算，鼎盛时期当不少于50万份。有意思的是，这么多分店，各自为战，难免与总店有不谐之调，以致在“内战”最酣之际，因支持地方的派别不同，互相声明攻击，分刊批本刊，本刊宣布分刊为非法的“热闹”场景屡屡上演。

1967年10月14日，中共中央发出了关于大、中、小学复课闹革命的通知。10月17日，中共中央又发出了关于按系统实行革命大联合的通知。这两个通知起了釜底抽薪的作用，多如牛毛的红卫兵群众组织有的合并，有的解体，红卫兵报刊的数量、种类开始减少。

但是，在蒯大富、聂元梓等五大造反领袖控制的单位，情况并没有好转，武斗仍在继续，煽动武斗的红卫兵报刊仍在出版。

1968年7月27日，工农毛泽东思想宣传队进驻清华大学，却遭到了武力抵抗。毛泽东闻讯震怒，连夜召见“五大领袖”，对他们进行了严厉斥责。次日，工、军宣传队进驻各大学，结束了红卫兵造反派横冲直撞的时代，也结束了红卫兵报刊“指点江山”的状况。

此后，随着“清理阶级队伍”和毕业分配、上山下乡，红卫兵们离开了学校，大学红代会停止了活动，《首都红卫兵》也理所当然停刊。全国大多数红卫兵报刊都在1968年底至1969年初停止出版，只有少数改为革命委员会机关报，易名出版。

毛泽东笑看小报，兴致盎然

作为“文化大革命”的发动者，毛泽东对与日俱增的红卫兵小报的关注，不亚于此前对红卫兵这一新生事物的兴趣。

1967年7月12日，毛泽东青年时代的同学、湖南省副省长周世钊从长沙专程到北京，向毛泽东汇报“文革”中出现的混乱情况，两人进行了长达三个小时的谈话。毛泽东曾问周世钊：“你到北京后到了什么地方，看了些什么东西啊？”

周世钊回答：“我每天就是看书看报，有时也上街走走看看。我是住在北京饭店，北京饭店大门东侧就是王府井大街的南口，在那里每天有很多全国各地的各种小报，有时我也乐意买几张看看……那些小报大都是报道全国各地进行‘文革’的情况，特别是以报道各地进行武斗情况的消息为多。他们报道武斗的消息大都采用战争年代打仗发急电的方法，就是‘某某地告急、急急急、十万火急’。”

毛泽东听后笑了起来:“让他们告急去，急不了好久，总会要想个法子解决问题的。”

那天，周世钊向毛泽东汇报了“六六”事件，即6月6日发生在长沙的“工联”派与“长高司”派的武斗。没想到毛泽东对武斗的情况了解详细，如东塘是如何打的，河西又是如何打的，都一一道来。周世钊吃惊地问:“主席，你怎么了解得比我们还清楚些啊！”

“我是党中央的主席嘛！”毛泽东说:“他们会时常向我汇报情况的。再说你看我的办公桌上，不是放着一大堆小报吗，有些情况我是从小报上看到的。”

那一堆摊在毛泽东办公桌上的小报，有些是地方上送来的，有些是毛泽东嘱咐工作人员从街上买来的。他对此看得很仔细，各不同派别办的小报都要看。

两天后的7月14日，毛泽东乘专列到了武汉。这是他“文革”中的第一次“南巡”，目的是要找出解决“全面内战”局势的办法来。所到之处，他仍然要收集、阅读大量的当地红卫兵小报。这成为他当时调研的一种方法。

然而，由于突如其来的武汉“七二”事件，毛泽东被迫中断了在武汉的实验，转赴上海。在上海，毛泽东每天工作10小时以上，依然阅读大量的红卫兵小报。

在上海“工总司”的报上，毛泽东批下了那段名言:“在工人阶级内部，没有根本的利害冲突。在无产阶级专政下的工人阶级内部，更没有理由一定要分裂成为势不两立的两大派组织。”这段指示不久即被传布，反映了毛泽东由“乱”到“治”的思考，开始扭转“全面内战”的局势，使之逐步走向有所控制。

9月1日，毛泽东来到江西南昌，在和江西革命委员会筹备小组的谈话中，他依旧兴致盎然地引用着从红卫兵小报上得到的见闻。当筹备小组汇报到南昌附近发生武斗时，毛泽东说:《火线战报》登的“南钢失守，庐山失守”，已经收复了吗？接着，他又总结说：我看《火线战报》什么南昌告急，南钢、庐山失守，白色恐怖，宜春农管，什么农村包围城市，6、7、8月间最紧张……紧张的时候，我看出问题揭开来了，事情好解决了。

对此次南巡未到的四川，毛泽东也通过阅看那里的红卫兵小报了解情况。1968年3月，周恩来在讲话中提到：四川问题，主席看得比我们多，主席是看了小报给我们讲的。主席许多小报都看了，比如重庆“八一五”、“反到底”派的，还有什么“嘉陵江上烟云滚滚”，主席都看了。

攻击中央领导人的“群丑图”

在与外宾的交谈中，毛泽东也会说到中国的红卫兵小报。

1967年6月初，毛泽东在会见东南亚一位共产党领导人时，曾这样问道：我们的地质学院有个《东方红》报，你看到了吗？外宾说：我见到了。它的销量达10万，有时甚至超过10万。在上海时，我曾向上海的同志说，最好把中国的报纸销售量统计一下，我想这个数字可能要比所有资本主义国家的报纸销售总数还多。毛泽东点头说：这些报纸何止几百种，有几千种。我就收到两百多种，看不完。

在阅看红卫兵五花八门的小报的过程中，毛泽东看出了不少问题，并采取措施制止了一些极端的错误做法。特别典型的例子是在1967年初夏，北京卫戍区司令员傅崇碧向毛泽东汇报工作。毛泽东突然发现傅崇碧手里拿着一卷报纸，就问道：“你手里是什么？”

傅崇碧说：“是刚出的小报，今天下午他们才送给我的……”

“我看看行吗？”傅马上递给毛泽东。

毛泽东翻开，看到一份载有“群丑图”的红卫兵小报。在这幅图中，画着两顶轿子，刘少奇、邓小平一人坐一顶，下面抬轿子的，都是被诬陷打倒的老一代无产阶级革命家，共一百人。画面上，谭震林双手沾满了鲜血，罗瑞卿嘴里叼着一把刀子，陶铸鸣锣开道……傅崇碧心情十分沉重，他知道，这是在中央文革小组示意下，红卫兵们搞出来的。

毛泽东认真地把“群丑图”展平，看着看着，他把烟按灭，气愤地说：“胡来！这是丑化我们党的！”他侧过身子，对秘书说：“你马上打电话给陈伯达，告诉他，这个‘群丑图’是骂我们的，不能搞，不能让这种丑化我们的东西满天飞！”

然而，那份“群丑图”已随着清华《井冈山》等红卫兵小报撒向了全国，造成了恶劣影响。在那段失控的状态下，已经无力制止和改变红卫兵小报的泛滥和狂热言论的传播。

“鬼见愁”对联激起千重浪

在浩如烟海的红卫兵小报中，有一份用年轻的生命写下耐人寻味文字的《中学文革报》，它浸透了编者和作者的血和泪。让这份报纸名闻遐迩的，就是该报创刊号上的《出身论》，以及作者后来的悲惨下场。

《出身论》的作者是失学青年遇罗克。他的父亲原是水利电力部的工程师，1957年被错划为右派分子。从那以后，遇罗克陷入了苦恼的深思中。1960年，门门功课考试成绩都在90分以上的他，却没有任何大学录取，问题就在家庭出身的阴影。

当时十二三岁以上的人，都不会忘记1966年七八月间掀起的一阵“血统论”狂潮。7月底，北京石油学院附中等校的学生贴出一幅对联“老子英雄儿好汉，老子反动儿混蛋”，随即风靡全国。围绕这幅“鬼见愁”对联，在北京芭蕾舞学校、天桥剧场等地，召开了名为辩论实则一边倒的大会。与红卫兵挥舞的皮带相伴随的，是社会上迅速分出了“红五类”（革命干部、革命军人、革命烈士、工人、农民）、“黑五类”（地主、富农、反革命、坏分子、右派）及“红外围”（其他劳动人民）等家庭出身不同的阵营。不要说参加红卫兵须严格审查出身，就连买一些紧俏商品，售货员也会问一句：“什么出身？”若是“红五类”，可优先供给，若是“黑五类”就没份了。

面对狂热的浪潮，遇罗克经过深思，写出了《出身论》一文。遇罗克写道：“非红五类出身”的青年，是一个庞大的数字，“出身几乎决定一切”，“多少无辜者，死于非命，溺死于唯出身论的深渊之中。面对这样严重的问题，任何一个关心国家命运的人，不能不正视，不能不研究。”“究竟一个人所受的影响是好是坏，只能从实践中检验……娘胎里决定不了。任何通过人努力所达不到的权利，我们一概不承认。”“依照他们的观点，老子反动，儿子就混蛋，一代一代混蛋下去，人类永远不能解放，共产主义就永远不能成功，所以他们不是共产主义者。”最后，文章大声疾呼：“同志们，难道还能允许这种现象继续存在下去吗？我们不应当起来彻底肃清这一切污泥浊水吗？不应当填平这人为的鸿沟吗？”“彻底的唯物主义者是无所畏惧的！”

仲秋10月，《出身论》被油印成传单，在人们手中传阅、抄录，引起了更多人的议论和思索。北京四中的学生牟志京、王建复等人对《出身论》深表赞同。他们找到遇罗克和他的弟弟，商议筹办《中学文革报》。不久，创刊号面世，《出身论》赫然刊于头版，文章署名为“北京家庭出身问题研究小组”。

创刊号开印3万份，刚拿到街上就被一抢而光。重开机又印了6万份，几天内又销售告罄。《中学文革报》从一问世，就成为当时最热销的报纸。有的人还能忆起当年人们争购《中学文革报》的盛况：在北京王府井大街原人民日报社的铁栅栏外，拥挤的人群把手伸进去，极力想买到一份，一张报纸被两个人抢作两截，仍互不相让地争吵着。持不同观点的一些红卫兵赶来，撕毁了一些报纸，立即引起人们的愤怒：“为什么撕报，不同意可以写文章辩论嘛！”在斥责声中，《中学文革报》继续出售，更加抢手。

但这篇文章招来了激烈的反对和咒骂。《兵团战报》等多数红卫兵小报，都以《中学文革报》为靶子，开展了大批判。1967年4月4日，中央文革小组成员戚本禹宣布：《出身论》“代表了反动的社会思潮”。面对强大的压力，遇罗克没有屈服，他五次上书毛泽东，汇报自己的观点，希望得到理解。当然，这些信都没有能寄到毛泽东手中。《中学文革报》被迫停刊了。不久，遇罗克被逮捕。

经过几十次审讯，戴上重镣和背铐的遇罗克，仍然坚持自己的观点。1970年3月5日，在北京工人体育场的一片狂热口号中，遇罗克被

“宣判死刑，立即执行”。被剃光头发、身挂大牌的他，仍然昂首挺立。这年，他才27岁。

《中学文革报》还有一个殉葬者，即北京地质学院附中的女学生郑小丹。她因参加该报文章的撰写，并公开向中央文革小组提出18个质问，被红卫兵用铁丝网捆住全身，从四层楼顶扔下来，摔死了。

如今30多年过去了，但“文革”中出现的一些现象，它产生的背景和基础，仍值得我们深入地反思和检讨。

（作者系文史学者）

原载于《同舟共进》2012年第1期

“清队”杂忆

苏双碧

苏双碧，曾任北京市历史学会秘书，北京大学历史系教师，《光明日报》理论部主任、高级编辑。原任《求是》杂志副总编辑、编审。兼任中国史学会理事，中国孔子基金会理事，中国炎黄文化研究会理事等。1978年11月，在《光明日报》发表《评姚文元的〈评新编历史剧“海瑞罢官”〉》，首起为吴晗冤案平反；接着又撰文为“文革”中被错杀的遇罗克平反，在国内外产生了较大影响。

1967年初秋，北京市委、市人委以及中共中央宣传部等单位的全体干部，都被集中到北京市委党校，总数近万人，准备“清理阶级队伍”。这些单位都是上面下令解散、被视为队伍严重不纯的单位。由于人数太多，睡觉多是打通铺或地铺，一个大屋子住了几十号人，不管有没有问题，都得接受审查，限制自由。人员集中后，正赶上国庆节放假三天，上面命令，所有被集中人员国庆节期间一律不得离开党校。因为这些人都属于政治历史严重不纯的，放出去怕别生事端，影响国庆期间的社会安全。其实，这近万人里，绝大部分是虔诚的共产党员，有不少还是在战争年代出生入死的干部，但在那特殊年代，统统成了“清队”的对象。当局采取这个措施，许多人都意想不到，家里的亲人更是意想不到。国庆节当天上午，党校门前来了许多家属“探监”，大多没有见到亲人，失望而归。我当时还没有孩子，爱人住她母亲家。不知为什么，我总认为当时什么也干得出来，便提前给她写信说，过节可能会以集中学习文件为由，不会放假。有这个“前提”，集体被关之后倒也心安理得了。

在旧市委、旧中宣部集中的同时，军宣队和工宣队也进驻大院，他们把这些机关人员按班排编制，集中管理。每个班排的被清理对象有40人左右，配有军、工宣队员10人左右。北京历史学会和北京市委党校的幼儿园、医务室、膳食科联合编队，据说这样安排是让文化低的帮文化高的，因为文化低的觉悟较高，军宣队指向哪里就打向哪里。通常情况下，班排长由军、工宣传队人员担任，军宣队任正职，工宣队任副职。总领队是北京卫戍区一位姓潘的副司令员；直接领导我们排的是一位姓陈的“活学活用毛泽东著作积极分子”，他出身贫苦，很会讲话，但对知识分子有一种天生的戒备情绪。大概他认同了“书读得越多越蠢”的说教，把“封资修”甚至社会上的罪恶根源都和读书联系在一起。进驻党校后，他采取“四清”中扎根串联的办法，深入到每一个人的办公室和住处谈话、了解情况。大约他从花名册上看到我出身贫苦，靠自学上了大学，把我划到历史学会的第一个扎根串联对象。一天晚饭后，他来到我的住处，闲聊间多次为我的两大书架书而皱眉头，他说，这么多书可以把你的骨子熏黑了，“封资修”不就是从书上来的吗？我实在无以对答，谈话自然不投机，没坐几分钟他就走了。我当时想，这位陈同志一定很后悔到我这里来串联。果然，几天后的第一次全排大会上，他讲话中不点名地批评了我：“有的人出身很苦，上了大学脱离工农兵了，那么多书，把骨头都熏黑了，哪能不变修。”我第一次明白了读书的坏处，书本成了我“变修”的见证，真有点让我哭笑不得。可我还是有点不服气，我的书都是正正规规的历史书，况且还有许多马列主义著作。

由于上述原因，加上我在“文化大革命”前的特殊经历（即和“三家村”关系比较密切，在北京市委曾被打成“反党急先锋”），“清队”一开始就对我实行威压。在老陈的第二次讲话中，他说：有的人搞修正主义，当了“旧市委的大红人。现在还没有人敢碰他。我就是冲着这种人来的，碰碰看，是石头还是鸡蛋？”显然，他是听到有人对我的指控了。两天后，便有同事揭发我和吴晗、邓拓的关系，以及和彭真秘书一起搞“四清”，整贫下中农；说我在学生时代参加《一二·九运动史》、《安源矿史》的编写是为刘少奇树碑立传；还说我攻击林彪的关于历史上政变的谈话不科学。一共列了八条，都是可以上纲上线的，而且有具体时间和地点。这位同事揭发的都是事实，且都是从笔记本上抄下来的，可见早就为打小报告作了资料积累。更让我伤心的是，这位同事平时和我关系很好，我未成家前，星期六经常一起在外面小饭铺吃饭喝酒，不分彼此，谁知他却暗中不断记录我的“黑材料”。

在随后的一次全排会议上，老陈问我对革命群众揭发的材料怎么看。我说：“他们所写的都是事实，从刘少奇、彭真、邓拓、吴晗的关系到林副统帅都在其中，问题是怎样看、怎么分析，属于什么性质。”老陈反问我：“你说属于什么性质？”我说：“前面七条不能算严重政治问题，搞‘四清’也好，写矿史也好，都是组织上派我去的，至于有关林副统帅一条应属于认识问题。”老陈很生气，说我乱弹琴，下令资料组将这份经我承认是事实的大字报送军宣队总部，作为批判我的重磅炸弹。接下来几天，我总有点坐卧不安，感到随时都有可能大难临头，比如对我进行批斗或隔离审查。可一晃一个星期过去了，一点动静也没有。后来有人给我透点风，说军宣队总部并不把这些问题看得那么严重，根本不想追究。这事使我对军宣队总部产生一种信任感，觉得这里的领导还是比较实事求是的。

但班排的军宣队情况就不一样了。大约由于领导的态度，班排的军宣队不好对我动手，但整我的念头是不会自行消失的，有机会总想敲敲我。在一个批斗联合办公秘书长的会上，老陈要秘书长交代和“三家村”的黑关系，秘书长支支吾吾说不清楚。其实，这位秘书长是从报社调来的，和“三家村”根本没什么联系，可老陈不信，说他不老实，居然还动手打了他，打得牙齿流血。我和另外一个同事向老陈提出抗议，说他违法。老陈一怒之下，指责我为什么要替秘书长说话，并说这位秘书长曾检举我是市委的大红人。老陈当然知道打人违法，他说这番话，是想挑拨我和秘书长的关系。因此我反驳时，特意指出“你打人和他检举我是两回事”，戳穿了那番话的用意。当天晚上，秘书长找到我，一是向我表示感谢，二是说他要去自首，承认自己有生活作风问题。我让他先私下找老陈说说，听听他的意见再说，但秘书长不置可否就走了。

第二天全排开大会，秘书长扛着行李走进会场，坦白了两件事，一是他老婆下乡搞“四清”时，他和为他看孩子的保姆有过性行为；二是对一个女理发员有过非礼行为。中午吃饭时，他又凑到我们桌上来，可能是想听听我们对他表演的看法。我说，你想拿生活问题来搪塞政治问题，可那点政治问题根本够不上给你任何处分，而你今天的坦白，老陈是绝不会放过的。果然，几天后，队里就以坏分子的名义对秘书长实行专政，后来在整党时还给他开除党籍处分。

“清队”进入紧张阶段，就是要动真格的，要抓出一批“敌人”来，“敌人”的标准就有“旧市委的大红人”一条。老陈一开始就想将这一条套在我头上，我虽曾有被打成“反党急先锋”的经历，但有新市委的平反决定，再简单地抓我所谓“旧市委的大红人”，自然不足以定我的性。那张检举我的大字报，上面又偏偏不当回事。但老陈这个人报复心很强，不抓我点什么是不会罢休的。他暗地里下令让班长偷拆检查我的信，这个班长也粗心，看过的信未封好口就交给我了。我借题发挥，说要告这个班长违反宪法，班长害怕了，就说是老陈叫他看的。我去找老陈，他说看看而已，也不只看我一人的。我提出抗议，说他违反宪法，他没想到我会搬出宪法，只好保证以后不看了，但也不承认错误。这事也只好暂时搁下来。

“清队”是清理阶级敌人，所在大院里的几十个单位还在不时举行批斗会。一天，中宣部住处门前聚集了一批人在斗“黑帮”，我赶去看“热闹”。其中一位“黑帮”很顽强，造反派叫他低头，他却把头抬得高高的；造反派把他的头按下去，他马上又把头抬起来。我有点佩服他，当我打听到他是中宣部理论处处长洪禹时，便暗暗记在心里。中午吃饭的路上遇见，我主动和他搭讪，互报了姓名籍贯后，知道都是福建南安人，我们都很高兴，我还把办公室地点告诉了他。当时只有大“黑帮”不能随便走动，一般“黑帮”不可出大门，院里还是可以走动的。当天晚上，洪禹找上门来，我赞扬他傲骨铿锵，他说“共产党员怎么能随便低下高贵的头”。我说好汉不吃眼前亏，群众运动不必看得那么认真，他接着道：“如果将来翻出这段历史，问个是非，追究向谁低过头，如何交代。”这一席话，透露了他真实的想法，他从来也不认为这场“文化大革命”是正确的。那天晚上，我们谈得很投机，我想乘星期天还能请假外出，去探望探望洪禹的家。他很高兴，本想写个详细地址给我，但转而爽然一笑，问：你知道沙滩吗？我说知道，他说到了沙滩你就会看到到处都是“砸烂叶茵的狗头”的大标语，然后顺着那些大标语一直走，走到那个也写有“砸烂叶茵的狗头”的门就是我的家。叶茵是洪禹的夫人，当时是中国音乐学院的党委书记，被造反派打成“黑帮”，正在被揪斗。周日我骑着自行车来到沙滩，按照他的指点走，果然连路也不用问就找到他家了。见面时，他告诉我揪他的历史问题没有道理，延安整风时他曾因历史问题受过审查，查不出问题就晾着，后来还是毛主席过问才有了结论。我说，你可以用最高指示压他们。洪禹道，这当然有用，正因为毛主席过问，现在他们不敢对我做得太过头了。“不过，话说回来，他老人家事太多，说过的事也常忘，我的这点事，说不定他早忘了。”这天我们谈得很晚，从此成为至交。

整党进入最后阶段，据说“清理阶级队伍”已经基本结束了，整党实际上是让党员重新登记，采取人人过关的办法——但这已经都是“同志”，用军工宣队的话说，接下来便是提高认识、提高觉悟的问题了。经研究，我们这个班排的军工宣队产生了一个由老陈提出的整党领导小组成员名单，其中军宣队2人，工宣队2人，本单位党员3人，并报军工宣队领导小组批准。可这个名单并没有被顺利通过，好几天后才批下来，本单位党员3人换了2人，把原来的一个护士、一个托儿所的阿姨换成研究所的一位年轻党员，把我也列入了领导小组成员名单。说实话，我真有点受宠若惊，觉得从“文革”开始就一直被动，几经周折，这下日子可能会好过了。名单在全排公布后，就开始履行职责。

我当了三天整党领导小组成员，开过两次会，主要是对党员排队，排出整党的重点，也排出整党的骨干。到了第三天晚上，老陈突然召开全排大会，把我排除在外，“文革”中这种事见多了，我也不大在意。于是这一天晚上，全排39个人一个也没有回来睡觉，我睡睡醒醒，心里一直在打鼓：到底他们都干什么去了？天亮时班上的人才一个个懒洋洋地走回来，见到我，他们脸上都没有什么表情，好像有点内疚，又好像有意在回避。我索性提前吃早饭去。好家伙，一进大院，铺天盖地的大字报扑面而来，通栏大标语写的是“把苏双碧揪出来示众”、“苏双碧不投降就叫他灭亡”、“强烈要求撤消苏双碧整党领导小组成员的职务”。大字报是刚刚贴上去的，浆糊还没干，原来全排的人昨晚干的就是在炮制整我的大字报。我当时也为之一震，不得不一张张大字报挨着看，除了大标语外，大字报一共有四五十份。我平心静气地把这些大字报按内容分成几组：一、说我冒充贫下中农子弟招摇撞骗，必须悬崖勒马，回头是岸；二、说我大哥是三青团骨干，地主的干儿子；三、说我叔叔是保民代表，伪保长；四、说我是旧市委的大红人，修正主义的苗子。归纳之后，我心中有数了，但这些材料来自何方却使我纳闷。我怀疑是他们派人去对我的历史进行调查，但内容尽是子虚乌有，太不负责任了。

上午9时，老陈带着一位工宣队队员到宿舍找我，一见面就说，群众贴了你那么多大字报，你总得有所交代吧。我们决定召开全排大会，给你一个机会，自己向群众说清楚。既然是来押送我进会场的，我什么话都没说，就跟着他们走了。一进会场，一位托儿所阿姨便带头喊口号，连“坦白从宽，抗拒从严”都抬出来了。宣布材料后，老陈说：“群众揭发的许多问题、材料，我们都作了核对，有当地政府的盖章。希望不要存侥幸心理，蒙混过关更不行，自己向群众说清楚，争取从宽处理。”几位群众又喊：“坦白交代！”我站起来，把我考虑过的话讲出来：“我的历史都在我的档案中，我没有对组织有丝毫的隐瞒，至于档案之外的材料，我不能承认，也不能作任何说明。”这个回答是老陈所没有想到的，他暴跳如雷，吼道：“你简直不像话，对群众是什么态度，难道你们当地政府、当地群众，还有全排群众、工宣队、军宣队都错了，都是在故意整你？！”我一点也不作让步：“是不是故意整我我不知道，至于态度，态度是建立在事实基础上的，我刚才的发言是对党负责，对群众负责。”会场又是一阵喧嚣。这时，经济学会的秘书老李站了起来，他瞪大了眼睛对老陈大声道：“我昨晚就说，担心材料有出入，应和本人先见面然后公布，你们不同意。现在他本人提出异议，应当允许，应该让人家讲话。”接着研究所的小冉也站了起来：“这些材料就算都是真的，有什么了不起，他哥哥就算是三青团员，和他有什么关系。这样对待一个刚任命的整党领导小组成员，合适吗？”这两个发言是大家意想不到的，会场突然变得哑然无声。老陈竟然也不知所措——居然有人起来公开帮有问题的人讲话，这是他万万想不到的。他在无可奈何之际咆哮起来：“乱弹琴，你们的立场到哪儿去了，关键时刻掉转枪口，是什么问题！”迁怒到两位发言者。这样就更热闹了，会场议论开了，莫衷一是。老陈站起来对我进行威胁：“态度极端恶劣，一切后果由你自己负责！”然后，他宣布散会。显然，他认为要批斗我必须重新部署，重新组织力量，否则就会丧失战斗力，就会失去他的权威和尊严。

散会后，我到原来的办公室想找点材料。一位天津来的客人正等在那边，她见到我显得又高兴又有点尴尬。她是我学生时代下放劳动时认识的朋友，出差到北京顺便看我，没想到一进门就碰上我受大字报挞伐的事。她说，看到我理直气壮，料到不会有大问题。正说着，洪禹也敲门进来了，他说看了大字报担心我吃苦头，特地来看看。晚上，研究所的两三个青年和排里其他两位同志来找我串门，都想来问个究竟。其中还是那位姓冉的青年最激烈，他主张反击，采取大字报形式，公开说明材料是捏造的，并把自己的历史真相公布。还提出可借这个机会，把老陈赶走，他认为此人政策水平低，违法乱纪的事很多，有损于军宣队的形象。其实，这些想法我也有过，但我不想采取集体行动，只同意把我在全排会议上的回答抄成大字报贴出去。几位青年立即动手，当晚就以本排“革命群众”的名义贴了出去。

也是在当天晚上，老陈找了几位所谓立场坚定的人，到图书馆去查我的文章。他们辛辛苦苦找了一个晚上，老陈还亲自督阵，结果得出一个不伦不类的结论：“查到的文章都是没有问题的，反动文章还没有找到，不足以定罪。”消息传出，排里又哗然了，不少人觉得老陈是在整人，扳倒老陈成了越来越多人的想法。

正在这时，家乡出席中共第九次代表大会的代表来党校看我。知道我正在受大字报围攻后，他们认为这些材料一定是来自家乡打派仗，表示会立即打电话回去，对材料逐一核对，然后报送军宣队。几天后，军宣队收到一封由县委书记、九大代表签署的材料，上面加盖了县革委会的公章，证明大字报的内容无一条是事实，将群众座谈会记录附在材料之中；并说明原材料是家乡打派仗为攻击对方捏造出来的，甚至连谁捏造的、贴在什么地方都写得清清楚楚，材料搞得很扎实。

这样一来，我认为时机成熟了，必须和老陈正面摊牌，至少让他离开本排；否则，整党工作无法进行。我把老陈的所作所为写成两三百字的短信，亲自送到潘副司令办公室。一个钟头后，潘副司令派一位政工处长找我谈话。这位处长转达潘副司令的话说，我的信他很重视，要我相信党相信群众，并说："有人想把你打成反革命，想打也不见得打得成。要多看到自己还有缺点，多做自我批评。"这几句话含义很清楚，分量也很重，看来，军宣队领导对我们及对老陈的思想和工作情况还是了解的。几天后，老陈以部队工作需要为名，奉调回了部队。临走前一天，他找到我，保证他没有对我进行打击报复，但承认水平不高，工作简单化，由于相互交流不够，彼此造成误会，希望我能谅解他。

整党由另外一位军宣队成员接管领导，工作进行得较顺利。本排除了那位秘书长被老陈定为坏分子外，没有其他人受到较重的处分。对自首的秘书长定案时，排里也发生过争论，我和经济学会的老李认为定性太重，不宜定为坏分子，可以留党察看。但因为此人人缘太坏，加上自首动机和内容都不得人心，我和老李成了少数派。两种意见如实报到上面，上面认为这种人没有太大用处，不必替他说话，以排里多数人的意见定案。据说，这位自首的秘书长当了十多年"坏分子"，到1980年才重新定案，改为留党察看一年。

1969年10月，中央决定原市委、市人委干部一律下放劳动，接受贫下中农再教育。"清队"宣布结束。

2011年4月写于北京沙滩

原载于《同舟共进》2011年第7期

蔡旭："学堂小麦王"的苦恼

陈徒手

一

上世纪50年代初，知名小麦育种专家蔡旭出任北京农业大学农学系主任。他为人低调，忠于职守，长年出没在小麦试验田里。北京市高校党委会1953年4月的一份内部工作报告中，曾客观评价他"埋头苦干，踏踏实实。"凭着出众的选种专业能力，他选育的优良品种直接让广大麦农受益，让土质情况并不良好的华北地区的小麦收成有了保障。据1957年3月北京市高校党委会评估，他培育的品种已经推广到1700万亩以上。但农业大学党委一直把蔡旭视为"和党有距离"的思想落后教授，使用时暗地里控制，有一任党委书记曾极为蔑视地说，蔡旭能育出好种，就是碰运气。

1953年掀起学习苏联教学大纲的热潮，学校里的团员教师认为，在学习苏联教材后教授们同样有很多地方不懂，也需要从头学起，在苏联教学大纲面前，大家一律平等。他们提出："有了苏联专家，我们是否还要向旧教授学习？"蔡旭在那段时日颇为孤零，内心的失落感是强烈的。

自从米丘林派和摩尔根派（遗传学的两个学派，摩尔根学派认为生物体中存在决定遗传的特殊物质基因，米丘林派则予以否认。后者获苏联官方尤其是斯大林的支持）相争抹上政治色彩后，蔡旭和另一位知名玉米选种教授李竞雄被校方列入摩尔根派，认定他们虽然不敢公开反对米丘林学派，暗中却十分抗拒。有趣的是，蔡旭反而说自己这一套就是米丘林派。校方不认可蔡的表态，采取了变相封杀的一系列措施。农学系掌握实权的党员副主任姜某跟系里青年团员教师说："他们改造起来很难，就是改造了也没有什么用，因为他们除了错误的观点外，就没有什么技术。批判后说是从头学起，和一个学生差不多，改造他们又费劲，不如培养新的。"姜某不愿让蔡旭教书，让讲师刘中宣去教蔡旭所开课程，而刘中宣过去因故被管制，刚解除半年，就因为刘向系总支高调表示学习苏联而被姜秉权选中。（1953年4月18日市高校党委《高等学校党团员在执行知识分子政策中的一些问题》）在当时还不算严厉的政治环境中，蔡旭在政治、业务上竟然不如一个曾被管制的年轻讲师，此举招致系里不少教员的不满和非议。

1950年初春，著名遗传专家、蔡旭的前任李竞钧不堪重压悄然去国不归，此事波及海外学界，议论多为负面，令中共高层震怒。在毛泽东、周恩来的直接过问下，把领导方法粗暴的农业大学党政一把手、延安时期的农业领导者乐天宇调离。"乐天宇事件"本是纠左性质，情理上学校后任领导应引以为戒，但后任几届领导都带有天然的极左倾向，对高级知识分子多采取高压管控的措施，有的做法甚至比乐天宇还过激。

1953年，文化人出身的华东局施平从上海调来北京，出任农业大学副校长，后任党委书记。他做事平稳，形象相对谦和，一到校便颇受教授们的认同。蔡旭、李竞雄、沈其益三位校内著名教授到施平家中诉苦，一一细说党总支压制打击的具体事例。谈到深夜12点，三位教授都流了眼泪。1959年11月"反右倾"运动中，已不获上级信任的施平被迫做检查报告，回忆当时情景："我一到校，受了资产阶级教授的包围、哭诉……他们三人在我家谈到深夜，三人都哭了，把我的心都哭软了。我认为办学校靠教授，把这些人搞翻了，我很恼火，要整党总支这些同志。这场斗争使进步力量受到很大打击，得到教授喝彩。"（1959年11月29日《市委大学部简报》第14期）

施平让农学系总支姜某向教授们承认错误，党总支要请求处分，公开检讨。但系总支始终不愿向教授们承认犯了原则性错误，施平也很无奈。

二

上世纪五六十年代，北京高校存在着一个长久现象，就是凡对教授有诚意、有相助之心的党委书记，往往被视为“右倾”而落难，政治结局都不太好。农业大学在北京是一个“左祸”厉害得出名的单位，施平做了几年书记就难以为继，逐渐控制不了学校大局。他与知识分子交好的温和举动也不被上级喜欢。1959年底挨批时，他自己检讨说：“在学术上帮资产阶级教授吹嘘，替他们争地位、争待遇，使他们改造受影响。”

施平的到任及带有温和性质的施政，改善了蔡旭原本的困难处境，党委宣布从学术上给他摘掉了“反动”帽子，肯定了他的科研成绩，安排他任市人大代表和系主任，使他解除了多年的困扰和顾虑，工作热情一度很高，并且提出入党的要求。

可这种思想性的“进步”只能是短暂的，一逢剧烈的外在运动就根本无法持久。1958年“大跃进”运动深入之后，蔡旭就吃力地跟不上了，从迷糊到怀疑，行动消极，再次被校党委树为“思想落后”的典型。此时发生了闻名全国的“小麦王会师”事件：在一次交流会上，作为“学堂小麦王”的蔡旭对会上推介的丰产经验再三挑剔，气得河南固城县被称“农民小麦王”的一位劳模要他去那儿种五亩试验田比个高低。蔡旭不愿去打“擂台赛”，对此昂然回答：“我只管总结经验，不管种试验田。”有记录者在现场报告中认为，这与哲学教授冯友兰所谓自己是足球教练，不管踢只管教，以维持自己的臭架子是一样的思想。

“小麦王会师”事件影响颇大，康生、陈伯达多少有怂恿、鼓动蔡旭去应战之意，连毛泽东都来打听此事的来由和结果。高层领导经常拿此做话题发议论，有的甚至编排小故事、小场景，多有浓烈的嘲笑之意。

蔡旭对报上登载小麦亩产3530斤的记录是不相信的。当别人征求他意见时，他明确地表态：“对这点我尚有怀疑。”6月17日，他接到一个毕业生徐宗贤的来信，说自己在河南看到所谓双千斤的丰产记录是假的，只有800多斤，他看后更相信自己的判断。蔡旭从湖北谷城参观回来后，悄悄地对助教说："在外面看了半天，千斤还是在我们这儿。"这让农学系党总支书记、后任学校党委副书记的吕某颇为恼火，在1958年7月市委教育会议发言中，指名批判蔡旭"狂妄无人"，高调指出："总之资产阶级教授是不相信劳动人民的智慧的，反过来自己则很骄傲的。"（1958年7月吕恒甲发言稿《坚决贯彻中央的教育方针，彻底改变农业教学严重脱离实际的倾向》）

在搞丰产田制定指标和措施时，催促报小麦丰产田指标，蔡旭起初只提每亩750斤，后来参观了外面"大跃进"的火热场面，回来后只是提高到1000斤。再让报第二年指标，蔡旭只肯提每亩1600斤，再不肯往上提了。后来中国农业科学院公开向他挑战亩产8000斤，他吓了一跳，无奈之下被迫应战，只好跟着说搞8100斤，仅仅比别人多一百斤。这让校方大为不快，在党总支的再三逼迫下，又涨到8500斤。紧接着青年教师出马高喊要搞万斤，目标直指名教授。蔡旭万般棘手，只能极为勉强、配合式地表态说也要搞万斤。蔡旭等一些教授知道这种"放卫星"的方法不讲理，背地里忧心忡忡地议论道："现在农民及青年教师提出的许多指标不过是说大话，没有根据。"

蔡旭行事这样不合拍，自然招致学校党委的强烈不满，把蔡旭怀疑高产卫星田与俞大绂怀疑水稻高粱杂交品种成功、李竞雄认为丰产田没有研究价值，同列为农业大学"大跃进"运动中，"思想落后反动"教授最为典型的三大宗罪。

三

中央文教领导小组副组长康生1958年7月1日和3日晚两次参观北京高校跃进展览会，几次针对农业大学发表意见。他说，农业大学学生应该做到亩产3000斤，达不到就不能毕业。教授级别也应该这样评，亩产5000斤的一级，4000斤的二级，1000斤的五级。他特别点了蔡旭的名字："现在农民对农业学校将了一军，农民亩产5000斤，农大赶不上，就坐不住。蔡旭不变，教授就不好当了。有人将军，有对立面就好。”（1958年7月4日北京市高校党委《高校动态简报》第3期）康生在这里暗示，蔡旭如再不跟上火热的形势，可以以落伍者相待或自然淘汰。

蔡旭等很快就成了运动的对立面，收集他们的材料多半带着“看笑话”的成分。已升任学校党委副书记的吕某，在市委教育会议上描述了蔡旭灌浆的故事，抓住一点失误，刻意突出资产阶级教授“愚蠢”、“可笑”的特征，博得与会者的一阵阵哄笑：农学系主任蔡旭种了两亩小麦丰产田，在6月初正值小麦灌浆之际，需要浇硫酸铵和过磷酸石灰的混合液。蔡旭教授让助教浇灌20%的浓度，助教当即提出是否太浓了，蔡说：“没有问题，苏联有这样做的。”助教仍感到太浓，用14%浇了，结果三天后很多麦子枯死，有的麦穗上出现硫铵的结晶。后来赶快灌水补救，但仍然造成减产10%至20%。事后助教问蔡旭有什么根据，蔡旭即找出一本苏联书来，但书上写的是在一公顷土地上喷20斤硫铵，而且是用飞机喷洒的。这些非常重要的条件都被忽略掉了，最后蔡旭也不得不承认是自己搞错了。（1958年8月6日市委编印《北京工作》第242期）

吕某还说，以蔡旭为代表的农学系教师实际生产经验非常贫乏，出了不少笑话，只会讲理论，不会农业栽培耕作上的一些基本操作，反而要农场工人来教。同学请教先生如何追肥，教师自己也不懂。如因为讲义印错了，栽培教研组讲师廉平湖告诉同学棉花应该10月打顶，实际上每个农民都知道是8月打顶。

在严酷的政治运动中，这种挖苦、嘲讽还算是轻微的，更惨烈的是大动炮火、伤筋动骨的批判阵势。“大跃进”后的四年里，农业大学沿用反右派斗争的方法，在全校55名教授中共批判了33人，蔡旭首当其冲。校方给他们随意戴上“帝国主义分子的孝子贤孙”等政治帽子，动辄就开全校大会进行斗争，还以画漫画、演活报剧等形式极尽丑化之能事。同时把师生大部分下放到农村，逼迫教授们在条件不好的乡村接受劳动锻炼，彻底改造思想和教学体系。同时学校党委借此审查过去全部的教科书和讲义，发动师生重新编写教材，聘请有经验的农民出任顾问。此举意在割绝教授们与过去的学术联系，了断他们旧的学术心思，迫使他们在险恶的农村环境中“自我革命”。

教授们陷入思想挣扎的泥沼，而学校则愈发落入低劣、粗糙的教学环境。由于参加政治运动过多，学生学习时间过少，考试制度松弛，教学质量一泻千里，不堪收拾。学校最后只在意于毕业生对活的生产知识、田间操作熟练与否，甚至提出一个简单的毕业标准：“一般毕业生掌握两三种主要作物丰产的理论和实际经验，初步学会了根据天、地、苗的情况决定栽培措施的本领，出去搞生产不胆怯。”（1961年8月《农业大学农学专业今年毕业生和解放以来历届毕业生质量的比较》）只是让学生在简单的耕作栽培方面不胆怯，这让一生重视基础学问的蔡旭万分悲凉，只能长久默然不语。

“大跃进”后期，整个农业大学人人自危，气氛异常压抑。1958年12月8日，农业大学党委就下放工作向中央汇报，最后一段也承认了学校局势的复杂性和微妙性：

> 我们对资产阶级知识分子的尖锐斗争已有一年多，他们现在心里的话深藏不露，情绪波动，顾虑很多，和我们的关系很紧张。根据市委指示，目前我们对这场斗争在策略上“松一松”，在缓和的空气下让他们讲话。

在斗争绷紧的时节，学校有意制造“缓和”空气，实际上是无济于事的。北京市高校党委1959年4月召开科学研究工作会议，与会者归纳后认为，现在各高校老教师“是惊弓之鸟，只看风头讲话”。有人举例说：“蔡旭研究防止小麦倒伏实验，害怕青年人在他做错以后批判他，宁肯自己单干。”（见1959年4月20日高校党委办公室《科学研究工作会议各小组讨论情况》）从这个细节可以体会出蔡旭的防范和冷峻，也可看出他内心深深的恐惧和不安。

写作本文时，笔者特意去北京市档案馆调出1962年北京市人大会议的录音带，难得地听到当年蔡旭教授的发言原声。时间过去了50年，他的江浙口音特别清晰，讲得缓慢而有激情。他似乎把市人大会议当作课堂，细细讲解优良品种推广的优势，讲到一个品种是“经过人工方法创造出来，有很多优点，枝干硬，不容易倒，可以抗若干种病害”，他还如实讲到现有品种的四个缺点和克服的办法。只有敬业、诚实的科学家，才会在那样客套的政治场合说出这样久违、不虚饰的专业性话语。发言开始时按惯例都要对市长报告表示赞同，他照例说了之后补充道：“（市长报告）揭发了我们工作中的缺点和错误，暴露的，没有暴露的，经过分析，找出了原因，给每项工作指出正确的方向，引导我们各行工作从胜利走向胜利。”我听到他停顿一下，用真切的语气说：“我是一个种地的，很想搞好种植工作。”听了这些复杂意义构成的言语，我呆呆地凝想了许久，想象蔡旭先生经历“大跃进”之后酸楚不堪的五味心境。

（作者系资深媒体人）

原载于《同舟共进》2012年第6期

大饥荒年代的城乡时滞

杨继绳

上世纪六十年代，中国发生了一场大饥荒，非正常死亡人数达3600万（杨继绳:《墓碑——中国六十年代大饥荒纪实》)。按各省官方提供的人口数据计算，1958年，全国就有172万人非正常死亡，1959年非正常死亡人数为475万，至1960年达到顶点，非正常死亡为1109万人。随着落实救荒措施，以后非正常死亡人数迅速减少，1961年为300万人，至1962年，全国绝大多数省份已基本走出饥荒，但个别省份如四川还在饿死人，全国总计仍有42万人非正常死亡（同上)。用官方的数据计算的非正常死亡人数比实际要少，但反映的各年非正常死亡人数的变化趋势是可信的。

由于城乡分割，大饥荒从农村到城市有一个时间滞后；农村形势好转到城市形势好转也有一个时间滞后。我将前者称为“顺向时滞”，后者称为“逆向时滞”。

除个别地方外，农村的饥荒最早发生在1958年冬天。而城市的饥饿发生在1959年的下半年，时差大约10个月。农村情况好转大约在1961年秋后，城市生活好转在1962年下半年，时差大约1年。1960年9月我从县城中学考进了清华大学。到北京前，我已经饿了22个月了。入校后，比我高一个年级的同学说，1959年刚入校时伙食还很好，饭能吃饱，菜的质量也很好，有鱼有肉。而当我们进校时，就只能半饥半饱了。1962年初，我回湖北，在汉口火车站附近一条小街上，有卖小吃的自由市场，虽然食品质量不好却不要粮票。这种情况在北京是没有的，我们高兴地饱餐了一顿。1962年春，农村自由市场可以不用粮票买到价格较高的食品，在北京这样的大城市就不行。一般人经历的大饥荒是三年，而我们这些1960年从农村考入大学的人，却经历了四五年。

“顺向时滞”约十个月

粮食在农村下场到国家征购，再由国家粮库进入城市居民的厨房，需要一段时间。更为重要的是，政策是由在城市的人制定的，农村出现了饥荒，城市制定政策的人，总是要千方百计地防止农村饥荒向城市蔓延。在高度集中的计划经济条件下，城市和农村的经济本来是一体的，想防止农村饥荒向城市蔓延是不可能的。但是，城市人的种种努力，可以延迟城市饥荒的到来。所以，相对农村而言，城市的饥荒有一个时间滞后。大多数城市的饥饿晚来10个月左右，而首都北京时滞更长一些，大约有一年。农村大饥荒来临时，由于时滞效应，城市还保持原来的状态。这时，大批农民流入城市寻找食品充饥。四川作家东夫先生在他的纪实著作《麦苗儿青菜花黄——川西大跃进纪实》中，记录了当时成都市周围的农民涌入成都的一幕：

> 1959年7月，成都市的大街小巷、旅馆车站、餐馆、糖果铺挤满了农民，每日少则数万人，多则十数万人……他们想来吃一顿饭或买点可吃的东西回去。入夜，大批人蜷缩街头露宿。据温江地委和成都市委“动员农民回乡联合办公室”统计，7月20日在西城区饭馆吃饭的农民达53428人次，挤购糖果的7850人次。7月20日，香雪海饭店进餐人数3528人次，竹林小餐2706人次，东华饭馆进餐人数2100人次，7月21日，香雪海饭店3331人次，竟成园4658人次。华阳胜利、桂溪、石羊等乡“挡获”进城购食品农民，查出饼干1400斤，糖果400斤，面包800多个，蔬菜2000斤，煤油20斤……

北京也发生过类似的情况。首都是全国保证的重点，到不得已的时候才会出现饥饿的情况。所以，北京的“时滞”到1959年底，比它周围的天津、保定、石家庄还要晚两个月。据记载：“1959年底，北京周边城市在大小饭馆已经实行了就餐收粮票制度，许多外地居民集中涌到北京，专程觅食就餐。一时间京城大小餐馆门前出现了前所未有的排长龙景观，人流云集，彻夜不散。从晚上开始排次日的早餐队，早餐后又排午餐队，午餐后又排晚餐队，晚餐后又排次日早餐队……循环往复。”（高智勇:《北京困难时期商品供应追记》）

到1959年底，农村和城市的饥荒“时滞”消失，城市粮食和副食品供应紧张起来，再没有农民大批进入城市了。从此以后，农村和城市的饥饿同步，但饥饿程度农村甚于城市。

农村比城市好转得早

由于1958年冬开始饿死人，1959年5月中共中央颁布了几项对农村放松控制的政策，有些地方实行变相的包产到户。1959年秋反右倾时，中共中央5月颁布的几项政策受到批判，包产到户受到打击。1960年大量饿死人，各地又自发搞起变相包产到户。为了缓解饥饿，1961年开始，各地又自发搞起包产到户。1962年年中，全国包产到户的生产队已超过总数的20%，安徽达80%，甘肃、浙江、四川一带地、县超过70%。（黄峥主编:《共和国主席刘少奇》下，中共党史出版社1998年版）

农民称包产到户是“救命田”。有了“救命田”，农民自己千方百计增产粮食，农村粮食多了起来。1961年秋冬，多数省份的农村情况开始好转，1962年更加好转，由于开放了自由市场，农村有粮食上市。

据1962年8月20日粮食部办公厅编《粮食工作简报》第28期报道，不少地方粮食市场上市量由少到多，成交量由多到少，出现“剩市”。河南省鲁山县每天平均上市2000多斤，长葛县每天上市5000多斤，叶县和商丘每天上市1万多斤。四川温江县双流镇每场上市3千至5千斤，成交70%至80%。各地副食品、代食品上市量也大，而且花色全，品种多。河北省粮食工作座谈会分析，卖粮的80%是社员，10%是生产队，10%是商贩；买粮的50%是缺粮户和灾民，15%是城镇非农业人口，20%是买生卖熟的，10%是商贩。四川金堂县调查，卖粮的60%是生产队，40%是社员；买粮的70%是农村人口，30%是城镇人口。

为什么要卖粮？这期《粮食工作简报》上说，四川温江调查，社员卖粮的原因是：购买猪仔，购买农具，家有病人或其他急用钱，有的户分到超产油或奖励工业券需要钱买。生产队为什么卖粮食？江苏省兴化县的调查结果是：修理农船、买农具、化肥、农药。不管是农户还是生产队，卖粮不是粮食富裕，而是挤出来的。但不管怎么说，能挤出点粮食卖，说明情况比前两年好。

农村粮食市场是1960年以后才开放的，当时是作为解决饥荒问题的一个暂时措施。这与开放自留地是配套的政策。那时自由市场上农产品的价格很高。城市里流传民谣："城里一个八级工，顶不上农村一捆葱"。

1961年冬到1962年，情况发生了新的变化，出现了与1959年上半年方向相反的"时滞"。

自1953年12月实行统购统销以来，城镇居民的口粮按人口定量供应。进入大饥荒年代，城市居民的粮食定量一压再压。1960年9月7日，中央向各省发出了《中共中央关于压低农村和城市口粮标准的指示》。9月10日晚，中共中央专门召开"关于压低农村和城市口粮标准问题电话会议"，李先念在会议上说："1.3亿城市人口上一年度销售了590亿斤粮食。今年七月北戴河会议上经各省要求确定今年销售620亿斤，为此总理作了检讨。现在看来只能销售540亿斤。为了实现这个目标，地不分南北，人不分老幼，都要压低口粮标准。在上年度全国平均每人29.5斤标准的基础上，再压2斤。毛主席讲：为什么不压3斤？为什么不压4斤？如果按全国平均29.5斤，再压3斤也对，再压4斤也对。当然，主席讲的是问题的精神。这一措施如果搞好了，按10个月算，就可以节约15.6亿斤粮食。"［李先念同志9月10日晚在中央召开的关于压低农村和城市口粮标准问题电话会议上的讲话（记录）］

1963年，农村粮食形势开始好转，但城市居民粮食定量水平还是很低，详见下表。

1963年8月份40个城市居民口粮定量（斤/月）

平均定量水平	26.55	大中学生	31.83
特重体力劳动	50.46	10岁以上	26.52
重体力劳动	39.98	6－10岁	22.59
轻体力劳动	32.47	3－6岁	16.09
职工及脑力劳动者	29.03	3岁以下	8.91

资料来源：《粮食部计划司粮食资料提要》，1962年8月25日。

在今天看来，每月26.55斤粮食，应当是够吃的。但在当年每人每月2两油，一年吃不到两次肉，没有蛋，没有其他副食品的情况下，这点粮食是城市居民的全部热量来源。下表是粮食部公布的数字，实际上，各级政府为了“留有余地”，都相应减少了一部分。如鞍山钢铁公司重体力劳动者的口粮定量只有27．5斤。（中共鞍山市委：《关于在职工家属中进行以粮食为中心的教育运动和安排好群众生活的情况报告》，1961年1月19日，吉林省档案馆，1961，全宗1，案卷233）

“逆向时滞”的效应

城市和农村的逆向时滞，引诱不少工人私自离厂，希望到农村去吃得更饱一些。1961年4月，时任国家经委副主任的谷牧和经委的几个干部到石钢、京西煤矿、龙烟钢铁公司考察时发现了这一情况。龙烟钢铁公司在1960年一年共跑了2800多名工人，1961年1月到4月上旬跑了1700多人。石钢1961年1到4月上旬跑了845个工人。工人们对自留地、自由市场兴趣很大。在生产时间，只要组长不在，工人就聚在一起议论纷纷，说某某回家后既有了自留地，还可以搞自由市场活动。工人说，在厂里干一个月挣的钱，不如在自由市场上卖几条鱼、几十斤萝卜、几十个鸡蛋。谷牧向中央写了一个报告，并作为中央文件转发。（《中央转发谷牧同志“关于迅速克服工人私自离厂现象和巩固工人队伍的意见”和贾步彬同志的信》1961年4月30日，中共中央文件，中发[61]338号）

无独有偶，1961年5月16日，中共中央东北局也向东三省发了《东北局关于稳定工人队伍的通知》，通知说，“最近，据各地反映，厂矿企业特别是煤矿工人自动离厂离矿的情况十分严重，对生产影响很大”。

在逆向“时滞”面前，城里的机关、学校、厂矿、部队在农村大搞副食品基地，即在农村建立小型农场，在这些基地上获得农副产品，以补食品的不足。这种情况一直持续到“文革”之前。

以吉林省为例，1960年以来，有些厂不仅粮食短缺，还因原料和燃料不足处于半停产状态；虽然精简了一批工人到农村，还有一些闲置劳动力。根据中共中央有关指示，一些大企业开始建立农副业生产基地。据12个大企业的初步统计，到1961年底，已办起了30个农副业生产基地，共有耕地21705亩，收获饲料、粮食127.4万斤，蔬菜253.4万斤，养猪4632头、牛659头（其中奶牛492头）、羊1066只、鸡38600多只。吉林化学工业公司过去职工保健牛奶全靠市里供应，经常得不到满足，此时已能自给。公司还组织有职业病和体弱的职工到农副业基地边劳动、边休养，对于恢复健康效果很好。（中共吉林省委：《关于厂矿企业建立农副业生产基地情况的报告》，1962年1月20日）当然，在建基地时，无偿地或以很少报酬调用公社的土地、车马、劳动力，又刮起一股新的“共产风”：靠粮食定量吃饭的强势群体，“共”弱势群体农民的“产”。由于这些基地有侵占农民利益的倾向，有些地方政府不得不下令制止。

森林工业、矿山、铁路等系统，有的组织职工家属进行自给性农副业生产，以弥补国家供应的不足，改善职工生活。1962年6月，周恩来到吉林视察时，要求吉林省委对这件事进行一次调查。1962年11月9日，吉林省委向“中央、东北局、并总理”提供了调查报告。（中共吉林省委：《关于职工家属参加自给性农副业生产的调查报告》，1962年11月9日）报告说，在职工家属中，能够参加农业劳动的只占家属总人口的6%—10%。这两年职工家庭小片荒地80%是职工本人耕种的。有的因耕地过多，已严重影响工业生产。据通化矿务局反映，在农忙时，井下工人工时利用率仅达四个半小时，春耕时期，因工人种地，出勤率一度由85%降到75%。工人说：“上班留点劲，下班好种地”，“星期五心长草，星期六往家跑，星期天大突击，一干干到星期一”。

上述报告说，森林工业搞农副业生产最大的问题是与林争地。开荒种粮也破坏水土保持，开荒的小片地不少是在河岸两旁30—50米内的土地。职工开荒种粮与农民争地的情况也比较普遍。

对城市居民来说，除了吃不饱，精简下放是对不少家庭的另一种威胁。有些本来就来自农村，因吃不饱是自愿回乡的，但相当多的家庭还是不愿离开祖祖辈辈居住的城市。1961年5月到1962年6月，城市下乡人口共1800万人，减少职工1700万人。城乡吃商品粮的人口减少了2000万人。当然，精简下放的对象主要是1958年招工的农民。但是，城镇里出身不好的，受到种种处分的，没有固定工作的，也随之下放到农村。1962年，流传着一首民谣：“嫁军官，怕打仗；嫁干部，怕下放；嫁工人，怕定量；嫁个农民吃得胖。”当时中印边界战争刚打不久，怕打仗是部分军人家属的一种思想状况。

（作者系文史学者、新华社原高级记者）

原载于《同舟共进》2012年第6期

粒米如金忆当年

马龙闪

1961年6月，我还是北大的大二学生，当时一次下乡麦收我被指派搞后勤工作，具体管伙食。在一些人看来，在那个饥饿难耐的年代，管伙食是个肥差，起码可以接触食品，个人是不大会饿肚的；但对稍有良心的人来说，大饥荒时期，怎样把定量的这一丁点儿口粮一点不差、一两不流失地让每个人都吃到嘴里，是相当困难、琐细的工作。再加上我们下乡收麦的特殊情况、特殊境遇，就使这一工作难上加难。我常把这次管伙食说成是“困难时期最困难的一件事”。

一提1961年这个年份，上岁数的人都知道是怎样的情景。这正是“三年困难时期”最艰困的一年。如果说1960年下半年，在北京这个“首善之区”才真正品尝到“困难”、饥饿的滋味，那么1961年则是全面饥荒，在普通民众中，几乎人人都品尝到了饥饿的味道。虽然从这年起，在大学开始了当时所说的“劳逸结合”，减少了下乡劳动，但遇到麦收季节，北大师生照旧要下乡收麦。那年6月中旬，我们北大俄语系一队师生70来人，被派往北京南郊黄村地区参加人民公社的麦收。负责后勤的是系工会的袁良骏老师，我是他的助手，具体工作就是管理伙食。

那年月，农村是饥荒最严重的地区，麦收前又正当青黄不接，不少人家揭不开锅，依靠稀汤加野菜度日。京郊虽离“首善之区”不远，同样被严重的饥荒笼罩着，一片萧索、荒凉。黄村在我的印象里到处是黄色的沙土地，长着一片片尺把高的麦子，麦秆纤细得像发丝，带着常说的“一脚踢不倒”的样子；穗头像小拇指，有的只有蝇头儿那么大，在夏日刮起的一阵阵黄风中，没精打采地摇曳着。街头巷尾几乎看不到一个人；那年头是不养狗的，也听不到汪汪的吠叫声；间或看到几只觅食的鸡，也有一两头瘦骨嶙峋的牛，躺卧在树荫下，闭着双目，一动不动。我们被带进生产队一座空闲的院落里，围墙有几处坍塌。前院两间草房被指定安置我们的伙房，后院几间房是我们师生的住处。

这次下乡，首先面临的是粮食定量极端严格，不像1960年上半年以前，可视劳动量大小和消耗体力情况适度宽松掌握。队伍中全是十八九岁、二十岁出头的大学生和年轻教师，干的都是拔麦子这种在农村最重最累的活儿，体力消耗极大，饭量会猛然增加，但上级三令五申，口粮定额一两都不能增加。按照当时的定量标准，男同学一般是每月31—32斤，女同学是27—28斤，教师27—29斤。这一定量，纯粹用在主食上，用今天的标准看并不算少；但在那年头，食油和肉类供应很少，人们常年累月肚里没油水，用这点定量，支持在学校正常的学习生活已是饥肠辘辘，更何况在如此繁重的劳动中维持体力。特别困难之处还在于，我们只去劳动一周，这70人的伙食安排，只能限定在这7天之内，无法在一个相对较长时段里进行调剂性安排。也就是说，在这7天之内，这70人总计不到500斤的粮食定量，绝对不能突破，要一顿不能多、一顿不能少地一直吃到劳动完毕。这就要求必须均衡用粮，既不能前紧后松，也不能前松后紧，更要绝对避免缺粮断顿。我们最担心的是前几天把粮食吃过了头，让后头绝粮断炊。

另外，粮食的安全保卫也是让人揪心的问题。伙房被安置在一个残垣断壁的院落里，我们的粮食再少，也是白米净面的正经货色，而这在社员家里是难得看到的；加上当时强调阶级斗争，弄得草木皆兵，生怕这点粮食被盗窃了去。怎样保护这点粮食？我们商量了半天，提出一个办法：让我住在伙房，把被褥铺在粮食口袋上，夜间就躺在上面睡觉。即使这样，我夜里随时都提心吊胆，稍有风吹草动就一惊而醒。

京郊农民的习惯是用手拔麦子，不使用镰刀割。别看那年月的麦子长得像幼儿的头发一样，黄黄的，又稀又短，但小麦的根须扎得很深，拔起来还是很吃力的。我们这批师生干一天活儿下来，大多数的手都起了黑紫的血泡，有的一扎破鲜血淋漓，疼痛难忍；更主要的是，干活儿后饭量激增，但回来开饭时面对的却是两个二两重的小馒头，加上一小勺没什么油水的菜。我们这些正长身体的同学，在以往没有严格定量时每逢下乡劳动，有的一顿就吃六七个这样的馒头，而现在仅是那时的三分之一甚至更少。面对这种情况，我们管伙食的看在眼里，疼在心里，但又有什么办法。

在那个提倡"在艰苦劳动中炼红心"的年代里，我们收麦是不怕苦不怕累的，不少人紧勒着裤带争先恐后地干。在麦收田里，大家虽然忍着难耐的饥饿，但不时还有说笑声。可一收工回到伙房前的饭场上，面对那两个小小的馒头，几乎个个都收敛起笑容，变得阴沉起来。遇到馒头大小不均时更是如此，分到个头大的不会说什么；分到个头小的，有的人就忍不住，脸马上沉了下来。还有个别人甚至嘟囔着，说出很难听的话来。遇到这种情况，我们管伙食的，包括炊事员师傅在内，就尤其难堪。

为解决伙食中的问题，保证用粮既不落下亏空，又能让每个人都吃足定量，我同袁老师商定了一个解决办法：一是，要大家做到顿顿饭前报表登记，吃多少登多少，严格按登记发饭，以便伙房往锅里下粮有数；二是，每逢吃馒头或窝头时，个个用称称量，严格做到个头大小均等。事先登记倒比较好办，可要做到馒头窝头个个称量，却在炊事员小王师傅那里遇到了障碍。小王师傅20多岁，是大饭厅派来的，年轻气盛，一听说要个个用称杆子称，马上跳了起来："这饭没办法做，我干不了！"我和袁老师好劝慢劝，答应主要由我称量，小王师傅这才勉强答应下来："试试看吧，只要时间来得及！"

我们从生产队借来了一杆老式木杆称，从第二天起，每逢做饭，就由我掌称，小王师傅掐团儿，在秤盘中一个个称了起来。按老经验，是二两出锅的馒头得下二两半湿面，二两蒸熟的窝头用三两湿面。我们按照这一比例，用称一一来称。经过一番努力，总算做匀了馒头和窝头的个头，平息了因此引起的不快。

这当中，我们还遇到一个很棘手的问题，就是同帮伙社员的关系。农村是吃井水，生产队特意派来了一个管挑水的社员。这个社员40多岁，胡须罩着满脸皱纹，看起来有五六十岁的样子，挑起两个水桶，步履蹒跚，显得很艰难的样子。我们真不忍心让他挑水，但这是村里派来的，对他本人也是挣工分的事儿，与生产队其他活儿相比，给我们伙房供这点水并不算重，因此也不好拒绝。但他挑着水，在我们蒸好的馒头前过来过去，我们真感到十分为难。既没办法说出“请您吃个馒头”这样的话来，因为我们是严格按数量做出来的，可瞧着他看着馒头的眼神儿，两眼直勾勾、馋涎欲滴的样子，我和小王师傅的心真要被撕裂了。在他们社员家里，已长久见不到这种真米真面的东西了。我和小王师傅，也和袁老师不止一次地商量过该怎么办，但最后还是袁老师决断：“不能开这口子！”我们心痛啊！但在这个年代，粒米如金，何法之有！我们不是斤斤计较，而是实实在在地在“两两计较”、“钱钱计较”，颗粒入账，视粮如金，心有余而力不足啊。

就是在这样一个饥荒、定量、饿肚的年代，我们这一队北大师生度过了艰苦难耐、难忘的一周。时隔整整半个世纪，我回忆这段往事，写出这点琐碎的文字，是想让我们当代的年轻人，了解一下曾经的艰难岁月，冀望他们能懂得比较，珍惜今日的幸福。

（作者系中国社会科学院世界历史研究所研究员）

原载于《同舟共进》2012年第6期

佟麟阁：抗日将领的生前身后事

佟　兵/口述　周海滨/整理

佟麟阁（1892—1937），中国国民党爱国将领。原名凌阁，字捷三，直隶高阳（今属河北）人。曾任冯玉祥部师长兼陇南镇守使。1931年起任国民党第二十九军教导团团长兼张家口警备司令、察哈尔省政府代主席兼抗日同盟军第一军军长、第二十九军副军长。七七事变爆发时，在北平南苑率部抗击日本侵略军，7月28日遭敌伏击殉国。1979年8月被正式追认为"抗日阵亡革命烈士"。

佟兵，佟麟阁之子，1925年生，曾任北京市西城区政协副主席、北京市政协委员。

1937年7月7日，周六，隆隆炮声从郊外传来，日军的战斗机群不断掠过城市。佟兵记得，往常每个周六中午，父亲都会回来与家人共进午餐。如果父亲不能回来，母亲就带着佟兵去看望父亲。

这次，佟麟阁没有回来，却也不让妻子和儿子去南苑。苦等了21天后，家人等来的却是佟麟阁殉国的消息。

7月29日，12岁的佟兵再次见到了父亲。父亲躺在一张木板床上，头上有几个洞，浑身血肉模糊，左臂没有了。"看着钉子落在棺材上，就像一下下钉在我心上"。不久，北平柏林寺的荒草中多了一个一尺多高、没有墓碑的土池子。只有佟家人和寺院方丈知道，这是二十九军副军长佟麟阁的寄柩之地。"此后每年祭日，被迫隐姓埋名的家人都来偷祭父亲，不敢出声，只能默默饮泣"。

佟兵说："那会儿父亲明明知道抵抗是90%要死，兵力不够，武器不行，有些人又不支持，他明知道死，他为什么要这么做？”“如敌来犯，我等决以死赴之。”佟麟阁曾这样说。

战争的描述几乎是千篇一律的：1937年7月28日，日军调集数以万计的军队在飞机和坦克掩护下，分别向北平、天津及邻近各战略要地大举进攻。北平城外的南苑，佟麟阁所在的第二十九军司令部遭受40余架敌机轮番轰炸，并有敌军3000人的机械化部队从地面发动猛烈攻击。日军依仗武器装备的优势，将第二十九军切成数段，分割包围。中国军队处于各自孤军作战的境地。

部队在敌人炮火和飞机的狂轰滥炸下损失惨重。佟麟阁与第一三二师师长赵登禹坚守阵地，指挥第二十九军拼死抗击。后奉命向大红门转移，途中再遭日军包围，在组织部队突击时，佟麟阁被机枪射中腿部。部下劝其退下，他不肯，说“个人安危事小，抗敌事大”，仍率部激战。后头部再受重伤，失血殉国。

1937年7月31日，南京国民政府发布命令，追赠佟麟阁为陆军上将。意外的是，身后哀荣却改变不了家人的处境，佟麟阁死后，厄运一直缠绕着他的家人。读高中时，佟兵是“满洲国留学生”经常欺负的对象。“文革”期间，佟家遭受冲击，所有遗物毁坏殆尽。

佟兵总会想起与父亲在一起的细节。“那时汽车很少，每星期六听到胡同里的汽车喇叭声，我们就知道父亲回来了，飞扑出去，争着拿父亲的皮包、相机，握他的手或牵他的衣袖，父亲则微笑地看着我们……”佟麟阁没把六个子女带在身边，但会让他们定期寄上作业和习字，亲自评判后寄回。殉国前一天，佟麟阁还托人把佟兵的大楷作业从战场捎回家。

2005年，佟兵祭父，他告诉父亲：终于找到了阵亡的准确地址——北京市丰台区南苑时村。现在，佟兵和其他殉国将领遗属呼吁：把7月7日、8月15日或9月3日定为法定的国家纪念日，而不是每隔十年或五年在9月3日举行一次大型的全民纪念活动。

从抗日英雄到“反动军阀”

1950年，佟兵考入中国人民银行，工作一年后考入北京医学院药学院。5年后佟兵大学毕业，分配到北京第二人民医院，成为一名药剂师。“医院每年评两个先进，其中一个肯定有我。”平静的日子总是很短暂，“文革”来了。佟麟阁成了“双手沾满人民鲜血的反动军阀”。佟兵的家庭成分也变更了三次，从“地主”到“国民党旧军人”，“文革”中又演变为“国民党反动军阀”。

“因为我的出身不好，每逢国庆、元旦等重大节日，上头对我们这些‘国民党家属’不放心，我和一部分人被派到南苑劳动。当时我想，父亲为挽救民族危亡牺牲在这儿，他的儿子又是为什么会被送到这里劳动？”佟兵的两个儿子，在学校申请入团，因为祖父是佟麟阁，不被批准。佟兵的妻子在银行工作也受到冲击，被迫去了一家电视机厂工作。

“母亲彭静智和长子佟荣萱被遣返回原籍河北高阳县边家坞村当农民”。“1966年左右，我给周总理写信，诉说心中不平，虽然很快得到了回复，但政策迟迟没有落实。1968年7月1日，母亲在边家坞村的茅草屋里病逝”。

在“破四旧”活动中，“佟麟阁路”被更名为“四新路”。“红卫兵上门抄家，父亲留下来的遗物、照片、文件等都被抄走，最让我们痛心的，是父亲遗物被抄走，金十字架以及高鸿锡带回来的那块金表，母亲都视若生命。父亲的坟墓也差点遭到破坏”。“我家没有别的照片了，都被‘文革’给毁了。只有一张全家福。我父亲最喜欢照相，全抄了，什么都没有了”。佟兵从各处搜集有父亲的照片，只找到三张，那还是抗战前报纸上登的照片。

远在重庆的三姐佟亦非夫妇俩被监视。绝望中，三姐曾两次自杀，被丈夫熊先煜及时救起。因为父亲，佟家的生活跌入谷底。

“1976年邓小平复出后，我又重新开始奔走。三姐夫熊先煜的弟弟熊先觉是史良的秘书。通过他，我找到史良。史良很同情我家的遭遇，她让我写一份材料，说肯定会帮助我送到小平那里。十一届三中全会后，逐步给我家落实了政策”。时光转至1980年代，医院来到佟家通知佟兵，他当选为西城区第五届政协委员。听到这个消息，佟兵心里很平静。他很明白，医院推荐他当政协委员，是因为他父亲是佟麟阁，佟麟阁是抗日殉国将领。佟兵曾连任八届北京市西城区政协委员，还连任过三届北京市西城区政协副主席。不过，佟兵说：“我不喜欢人家喊我佟主席。人家称呼我药师，那是我的专业。”

佟兵说，他一直记得父亲挂在家中墙上的警语：“诚恳态度做人，负责态度做事。”还有一条是：“见权贵献谄容者，最可耻；遇贫困持骄态者，贱莫甚。”

“麟阁若不身先士卒，君等可挖我双目……”

佟兵说，父亲原名凌阁，殉国后发文误作“麟阁”，此后就沿用了下来。佟麟阁少年就读于舅父胡光门下。九岁那年，舅父胡光为他找来八极拳师林舜唐传授武艺。早年入伍于冯玉祥麾下，冯玉祥在《模范军人问答》中这样评价佟麟阁：“他是一个极诚笃的基督徒。能克己，能耐苦，从来不说谎话。别人都称他为正人君子。平素敬爱长官，爱护部下，除了爱读书，没有任何嗜好。”

佟麟阁治军时为不识字的士兵扫盲，保持训练的同时，还会组织教授士兵学习一些生产技能。对高一级的军官，他要求指挥训练务必亲力亲为，切不可把日常操课委于下级。佟麟阁的旧部佟泽光曾回忆：“佟将军动作示范准确迅速，要领讲解深入浅出。他曾说，只有平时把部队训练好，战时才能杀敌制胜。一个优良的射手，遇到10个敌人在距离他200米处向他猛扑过来，他能够毫不畏惧。因为在战地跑步，200米的距离需要1分钟。1分钟时间内可以射击10发子弹。这10发子弹弹无虚发，10个敌人就可以全部被消灭，还怕什么呢？”

佟麟阁的抗日轨迹从第二十九军开始。

第二十九军是一支备受冷遇的军队，全军只有野炮十余门，重机枪不过百挺，步枪多为土制。“喜峰口一战第二十九军将士坚守了7天7夜，打退日军数次强攻，毙敌3000多人，但那支由五百精兵组成的大刀队，虽然砍杀了大量日寇，最后只有20人生还。”

1933年5月24日，下野的冯玉祥发表通电，组建“察哈尔民众抗日同盟军”。佟麟阁被委任为察哈尔省代主席、抗日同盟军第一军军长，收复了察东四县。“在察省时，有一个暑假父亲带我们几个孩子骑马到赐儿山。他高兴地为我们拍照，又看着我们在山上尽情地奔跑。累了，我们偎着父亲席地而坐，这是我难得享受到的天伦之乐。在我们的要求下，他讲了岳飞精忠报国抗击金兵的故事。他对我们说：要做岳飞这样有民族气节的人。如果这样的人多了，中国强盛了，小日本哪敢侵占我们的东北三省？东北的父老乡亲也不会遭受帝国主义的蹂躏而流离失所了”。

察哈尔抗日同盟军只坚持了三四个月就被解散。“父亲觉得抗日无门，心里非常不高兴，从那以后就辞职了，从张家口隐居到香山”。佟麟阁每日寄情于研读《圣经》《周易》，写字、摄影、打猎。

“那会儿他没工作，我从资料里看到宋先生给他二十九军中将参议的衔，没去上班，每月给他送八百块钱，对他还是挺照顾的。”“宋先生”即喜峰口抗日的第二十九军军长宋哲元。他一直等待时机请佟麟阁再次出山。而对隐居香山的佟麟阁来说，虽然看上去醉情于波澜不惊的生活，但是华北的局势并未置身事外。“1935年，中日之间摩擦特别厉害，宋哲元、张自忠、赵登禹、冯治安，这些将军几次上香山请我父亲，让他协助宋哲元办理军务”。于是，佟麟阁回任第二十九军副军长兼军事训练团团长，兼大学生军训班主任，住南苑二十九军军部。

1937年，佟麟阁曾对驻守北平南苑的大学生训练班慨然陈辞：“中央如下令抗日，麟阁若不身先士卒，君等可执往天安门前，挖我双目、割我双耳。”全国有志抗日青年、抗日同盟军干部和共产党员，闻讯前来参加第二十九军，进入军事训练团受训者不在少数。

卢沟桥位于北平西南广安门外30里的永定河上，第二十九军在此几乎天天都能看到日军的军事演练。宛平民众都觉得战争不会太远了，但二十九军一直隐忍不发。“老百姓希望抗日，低级军官要抗日，而真正不愿意抗日的是那些亲日政客和少数人。二十九军连保安队都算差不多将近10万人，日本人刚一挑衅时才1万多人，谈谈打打从关里调，最后调了那么多人来。若非如此，佟、赵两人身经百战，哪能一天作战就牺牲了？”

当时宋哲元负责维持冀察政局，借为父亲修墓和养病为名，于1937年5月底回了山东老家。在各方纠葛中，7月24日终于决心抗击日寇。“宋先生也是非常爱国的人，正是因为他爱国才有喜峰口那一战，以那么低劣的装备，领导着二十九军两个旅，能把日本人打败，扬名世界，他是爱国的。他生活在蒋介石跟日本人的夹缝里，佟、赵死后他心里感到窝囊，总想上前线打仗，最后没去成，到绵阳那儿病死了。”

《大刀进行曲》的来历

佟麟阁认为：“中日战争是不可避免的。”他说：“日寇进犯，我军首当其冲。战死者光荣，偷生者耻辱；荣辱系于一人者轻，而系于国家民族者重。”

“当时父亲坐镇南苑，每星期六才回家团聚。但是，已经过去了两个星期，我们都没有把他盼回来。我们去问母亲，她焦虑不安地看着我们说：‘爸爸很忙，不要多问了。’停了一会儿，她又说：‘千万不要去问爷爷、奶奶。’我们好像意识到问题的严重，这使我们想起近日有时听到炮声和日本飞机在北平上空掠过的事。”

七七事变爆发后，佟麟阁以军部名义向全军官兵发出命令，凡是日军进犯，坚决抵抗，誓与卢沟桥共存亡，不得后退一步。

7月12日，《世界日报》以《日贼侵犯宛芦，被我军击退；廿九军之大刀队大杀日贼》为标题，报道二十九军战果如下：

（一）11日，日军二百多名，进攻大王庙，被宋部大刀队迎头痛击，血肉相搏，此队日军被砍断头颅者三分之一，人心大快。

（二）日军新开到之援军，昨日图攻南苑。二十九军大刀队急向日军冲锋，相与肉搏，白刃下处，日军头颅即落，遂获大胜，日军向丰台退却。

（三）日军前锋，昨拟沿铁路桥攻过永定河。华军对河隐伏，不发一枪，迨日军行近，大刀队突起，挥刀大杀，日军头颅随刀而下。后路日军大乱，纷纷溃退，华军即用机关枪扫，日军伤亡无数，两军肉搏，历二小时之久。

二十九军大刀队，从喜峰口战役到卢沟桥抗战，屡建奇功。消息传开，正在上海进行抗日活动的著名作曲家麦新受到鼓舞，乃创作著名战歌《大刀进行曲》，副题为“献给二十九军大刀队”，其原词是：

大刀向鬼子们的头上砍去，
二十九军的弟兄们！
抗战的一天来到了，
抗战的一天来到了！
……

1937年7月下旬的一天，少校军械官王慎之来到佟麟阁面前，拿着一个存有50元的存折说：“先生，大战就要开始了，您如回城，请把它交给我的家属……”佟麟阁没有接，摘下了自己的金项链。“王慎之要进城领军械，临行问父亲有什么吩咐，父亲低头沉思片刻说：请替我回家看看，见了荣他妈（我母亲）把项链交给她，就说我一切都好。军人是打仗的，过去打的不是仗，那叫内战，现在才真正是打仗，因为打的是侵略咱们的外国人。见了老太爷和老太太，就请他们二老放心，千万别惦记，等把鬼子打跑了，我就回来了！谁料，这就是父亲殉国前的最后遗言。”“这王慎之就回北平了。说先生的项链叫我拿回来了，当时母亲一看这情况，马上就流眼泪了，知道他有了赴死之心了。”

那时，军队中充斥着大量汉奸，战争刚一打响，“副军长佟麟阁驻守南苑”的情报很快被汉奸潘毓贵泄露给了日本人。7月28日凌晨，日军集结5个师团，10万以上兵力，在几十辆坦克掩护下，突然从东、南、西三面向南苑发起空中和地面进攻。南苑城一片火海，情势十分惨烈：炮弹落在马厩里，上百匹马被炸死。通讯设备被炸，各部队失去联络，只好各自为战。部队接到军部命令，令南苑军队一律撤退进城。佟将军立即决定，分散撤出南苑。据时任二十九军军事训练团教育长张寿龄回忆：佟麟阁当时率领的是军事训练团的学员，都是18岁左右的年轻人，携带武器不多。佟麟阁在撤退途中不断收容伤兵，以图回到北平重新整编。由于卢沟桥事变后日军已经控制要塞道路，故佟将军率部穿越青纱帐，掩蔽部队。当撤退部队跨过凉水河，到达大红门东北时，在大红门与红寺之间的南顶路与日军遭遇并发生激战。佟只得率部由南顶路向北，进入时村，不料在时村又遭遇日军的阻击，在时村路和周围的青纱帐里，佟率部与日军激战一个多小时，身上多处负伤。

佟麟阁腿部受了重伤，部下都劝说他尽快撤离。"说你赶紧下去裹伤，骑着马把你送走，我父亲说不行，战斗这么厉害，我怎么能走呢？有那么多学生。最后，在撤退的路上遇到伏击，一颗炸弹落下来，伤了头部，牺牲了。那几个卫士也死了。"

将军灵柩：寺院里的秘密

侥幸生还的贴身卫士高鸿锡当天来到佟麟阁家，起初他只是告诉彭静智，说佟麟阁受了重伤，正在医院里，然后把佟麟阁随身带的手表、怀表和相机交给其夫人彭静智。佟兵回忆说，那不是一块普通怀表，会打点报时，母亲一看，立即意识到发生了什么：如果只是受伤的话，怎么把父亲的这些东西都带回来？

佟兵说，回到家看到父亲时，他安静地躺在西院的一架木板床上，头上有几个洞，左臂没有了，浑身血肉模糊……高鸿锡实在背不动佟麟阁的遗体，就只带回了遗物。

佟兵听说，父亲殉国后，部队就打光了，是他的老部下，中国红十字会、冀察政委会外交委员会秘书欧秋夫，率十余人开中国红十字会的救护车，寻找了一夜。7月29日黎明，在村民的帮助下用排子车将佟麟阁遗体由时村小路运到南顶大道，再由汽车运回北平城里。

"我母亲一看，当时就晕过去了。一家子失去顶梁柱了，家里突然发生这样的变化，精神上哪受得了。7月底那天多热，28号牺牲的，29号把他拉回来已经面目全非。当时去救护的人一看，也是号啕痛哭。遗体拉回来以后，放在东四十条我们那个花园，有几间房。买来冰块，大冰块搁到床底下，一看伤口都长蛆了，家里拿水给洗干净给穿衣服，最后把我父亲装殓在给我爷爷买的那棺材里了。装殓起来，大家说这怎么办？日本人就要进城了，遗体叫日本人发现不得了啊”。

当晚22时左右，佟兵跟着母亲和家人，提着箱子和包裹，扶着父亲的灵柩离开了东四十条40号。第二天，北平沦陷，佟麟阁的灵柩无法安葬。佟兵说，母亲再三考虑，决定暂放雍和宫以东的柏林寺，因为笃信佛祖的祖父母常去那里烧香，寺里的老方丈仰慕佟麟阁，冒着风险把他的灵柩埋入柏林寺东跨院的地下，砌了一个花池。老方丈保守寄柩的秘密一直到抗战结束。为掩人耳目，佟麟阁的灵位写着“先府君胡先生之灵位”，“胡”是佟麟阁母亲的姓。

从那天起，12岁的佟兵把原来的名字佟荣芳改为胡荣芳。“安排好父亲的灵柩后，我们一家先是躲进了东交民巷法国医院。几天后，悄悄搬到东裱褙胡同自家原来的空房子。我后来和姐姐佟亦非偷偷跑到东四十条，见家门口不时有日本汽车和日本人进进出出，一打听，家已经被日军头目南本公使霸占。”

在这个开始辗转生活的家庭里，佟麟阁的父母并不知道儿子阵亡的消息。佟兵说：“母亲一直瞒着他们。开始几年，祖父和祖母还经常问：‘我儿子去哪儿了，什么时候回来？’母亲总瞒着说：‘去后方打仗了。’实在逼急了，母亲就拿出一封假信，念给他们听，说是丈夫写的平安家信。”仗打完了，儿子还没有回家，祖母又问，佟兵的母亲说：“他在南方！他在南方！”

佟兵的祖父、祖母1952、1953年相继去世，佟麟阁殉国之事，两位老人至死未知。

家属的流离与烈士身份的追认

安置好父亲的遗体，母亲带着一家人躲进了美国教会开办的汇文小学（现北京丁香胡同小学），“校长尚文锦掩护了全家”。

次年7月28日，佟麟阁殉国忌日。“那天清晨，母亲买好酒和点心，和我们合计好分头出门的时间、路线，来到了柏林寺。与散居城内的忠实部下在寺内东跨院会合，对着一个水池焚香烧纸，磕头祭拜父亲亡灵。母亲为了一家人，也想尽办法谋生。”佟兵回忆说：“在火药局三条一个三米宽、十几米长的小院里，母亲买来机器，把买来的白线织成袜子拿到街上卖，再买回来配给的棒子面，维持着20多人的口粮。”

在这八年间，佟家搬了若干次家，住过史家胡同、火药局胡同、皇城根胡同……佟兵回忆说，那段时间家里日子过得很苦，但在亲戚、朋友、同学、共产党员等的帮助下，他们熬到了抗战胜利。在火药局胡同，有个邻居是拉胡琴的师傅，他知道佟家的身份后，内心非常敬重。这位师傅每当做了好菜、炖了肉，都会给佟兵的母亲盛上一份送过来。

抗战八年间，佟兵亲眼目睹了日伪军在北平的暴行。有一次，佟兵看到一个中国人无意挡了日本兵开的汽车，日本兵就直接开车把人撞死了。

1946年，为纪念佟麟阁、赵登禹殉国九周年，举行了移灵、追悼大会等公祭活动。李宗仁、冯玉祥等66人联袂行文，向海内人士征文。1946年7月28日，国民政府为佟麟阁、赵登禹举行国葬，由李宗仁主祭，从北新桥柏林寺到香山兰涧沟，沿途设了六处公祭点，民众自发摆设供桌、祭品。“抗战胜利后，我们才第一次能扶着父亲的灵柩痛哭一场”。

29日，国葬赵登禹时，赵的家人都已逃难到山东老家，没人在北京，于是佟兵和姐姐替赵登禹后人打幡，从存柩处的龙泉寺出发到宛平城外的墓地。

佟兵说，国民政府是1937年7月31日发布的褒奖令，追认佟麟阁为陆军上将。上海《大公报》1937年8月1日原文刊载了这一褒奖令，上面有“生平事迹存备宣付史馆，以彰忠烈，而励来兹”的字样。而第一个“以彰忠烈”的是宋哲元，他在佟麟阁殉国一周年时，在衡山观音桥修建了“双忠亭”。

中共最早纪念佟麟阁的是毛泽东。他在1938年3月12日追悼抗战阵亡将士大会上，称佟麟阁“给了全中国人以崇高伟大的模范”。然而，自1952年毛泽东亲自签发的烈士证作废后，直到1979年8月1日，“因战因公牺牲人员家属光荣证书”才补发到佟家。“1979年8月，十一届三中全会后，我给邓小平写信，经邓小平批示后，北京市委正式追认我父亲为抗日阵亡革命烈士，并在香山重新修葺佟麟阁墓地，竖立起汉白玉石碑。1980年7月28日，我们才被重新允许给爸爸扫墓。1992年墓地被列为北京市重点文物保护单位”。

佟麟阁路，1948年命名后，于1966年更名，又于1984年10月恢复，1995年9月竖立了中英文路牌，成为历史文物。

跌宕沉浮身后事，都与将军无关了。他停留在当年手书的王昌龄诗句里——“但使龙城飞将在，不教胡马度阴山”……

（作者系文史学者）

原载于《同舟共进》2013年第8期

张伯驹:“此情欲诉少人知”

张传彩/口述　周海滨/整理

戏曲界最早的“右派”

北京后海南沿26号院，张伯驹与潘素的故居，朱门灰墙，静谧怡人。在院子里一棵已有百年的丁香树下，张伯驹与潘素的独女、79岁的画家张传彩老人，对与父亲在一起的日子娓娓道来。

张传彩展示了一张1956年的“褒奖状”，上写“张伯驹潘素先生将所藏晋陆机平复帖卷……黄庭坚草书卷等珍贵法书等共八件捐献国家化私为公……”“褒奖状”的书写及签发者为时任文化部部长沈雁冰。文化部为此举行捐献仪式，并奖励3万元。对这3万元奖金，张伯驹坚持不受，怕沾上了“卖画”之嫌。郑振铎劝说，这不是卖画款，只是一种鼓励。张伯驹夫妇收下钱后，拿去买了公债。

实际上，这次捐献因公债而起。

1956年，中共建政后首次发行公债，文化部动员张伯驹等文化人士购买公债，支援社会主义建设。饭后，在文化部机关大会议室又继续开小会。参加会的，除了几位部领导外，还有一批文化界知名人士。会议由副部长郑振铎主持，不再谈买公债的意义，而是抓落实。当然，这个时候购买的金额也反映了态度。但在1955年以前，中共实行供给制，大部分东西都是统一发的，现金津贴很少，干部手中并没有多少现金。部长沈雁冰自报买5000元公债，副部长夏衍买4000元，作为党外人士的郑振铎报了8000元。接着，会场便沉默了。

郑振铎环顾会场，最后把目光落在了张伯驹身上。在与会的几十个人中，他是公认最有钱的。但张伯驹已不是昔日的巨富公子了。

“父亲母亲将珍藏的八件国宝级的法书捐给国家的消息，在中国文化界引起震动。文化部为此举行捐献仪式，并奖励三万元人民币，国内各大报都发了消息”。

在捐献国宝不到一年的时间里，一顶“右派分子”的帽子戴在了张伯驹的头上。

1957年8月30日、31日，连续两天举行了张伯驹批判会。“被打成右派的时候，单位里头还让我们划清界线呢，我都有点不服。可是我父亲说，哎，这个没什么，人嘛，犯错误都有的。父亲会原谅别人。他觉得只要自己没有亏待党，没有反过它、说一句它不好，心里就可以坦然。”

批判会源于张伯驹对戏剧艺术的纯真热爱。

1957年4月10日，文化部组织召开了第二届全国戏曲剧目工作会议，文化部副部长刘芝明就贯彻“双百”精神，在开幕式上提出：“今后戏曲节目要大胆地放，要放手，还要放心，越放越灿烂，使鲜花更多地出现。”从“双百”方针的提出到全国戏曲剧目工作会议，张伯驹的确兴奋起来了。在“发扬国粹，保护遗产”的大旗下，他将老人们组织起来，成立了“老艺人演出委员会”，策划每周演出一次，推出老戏《宁武关》《祥梅寺》。他对老人们说：“这两出戏演出来，叫他们看看。”

张伯驹女婿楼宇栋撰文解释说：“《宁武关》里有声泪俱下的唱腔，有繁重的武功，有唱念做打的妥帖铺排。不具备相当技术水准的文武老生，是过不了《宁武关》的。而《祥梅寺》则是京剧打基础的武行戏，其中的舞蹈性动作，没有功力的演员也无法登台演出。这个时候的张伯驹满脑子是纯艺术，他根本不去想：这两出戏里的反面角色李自成、黄巢是何等人？是……推崇的农民革命领袖，是犯忌的。”

此外，张伯驹尤其关注《马思远》的解禁复演。

《马思远》一剧是老演员于连泉（1900—1967，花旦演员，艺名筱翠花）的拿手戏。据《文汇报》驻北京记者谢蔚明回忆：“内部公演的那天晚上，文艺界人士都请到了，中央和北京市的邓小平、聂荣臻、彭真等领导人也入座观摩。开幕前，张伯驹以晚会组织者的身份站在大幕前致词，讲话内容和记者招待会上讲的差不多。戏开场后，扮演马思远老婆赵玉的筱翠花，在这出戏中完全是个淫荡妇人的形象，杀夫情节又给人恐怖感，从开戏到散场，邓小平等中央领导人始终表情严肃，直至退席。当时我预感到《马思远》正式公演不可能。”

很快，“反右”开始。梅兰芳、周信芳、程砚秋联名发表文章，倡议戏曲界不演“坏戏”，因《海慧寺》剧中有淫杀恐怖成分，“北京京剧基本艺术研究社”被指为始作俑者。张伯驹等几个人被牵连进去，成为戏曲界最早的“右派”。《马思远》作为“坏戏”也开始受到批判，积极为《马思远》宣传的谢蔚明，《北京日报》记者曹尔泗及一位新华社记者，也都成了右派。谢蔚明被判刑10年，被送往北大荒劳动教养。

“右派”张伯驹的“北京市民盟委员”资格被取消。“其他的这个协会、那个学会的兼职虽然没听说取消，不过人家也不找他了”。在批判会上，批判他挖掘整理的《宁武关》《祥梅寺》，无一不是站在封建王朝的立场上，歪曲伟大的农民起义。

一天，荀慧生奉命参加批判张伯驹的大会。会前，荀慧生和张伯驹邂逅，两人行“道路以目”之礼。回去后，荀慧生对夫人张伟君说：“看来张先生禁受得住，不要紧。”

据楼宇栋分析，给张伯驹戴上右派分子帽子不完全是《马思远》，还有他的“右派言论”：

“1956年10月5日。中午，在部机关外篮球场，张对秘书处的赵文中说：既然讲了民主党派和共产党要长期共存、互相监督，就要有个‘互相’的样子，不能只走形式，伸手算一票。从法律上，便要有保证。否则，干脆取消，反倒痛痛快快，直截了当。”

“1956年11月18日，下午，在机关会议室，讨论现代戏的创作问题。张发言说：文艺不一定都要为政治服务，也可欣赏，陶冶性情。从这一点来说，对社会主义建设也是有好处的。换句话说，炒一盘好菜，能表明政治观点有什么毛病吗？吃好了，吃饱了，工作有精神了，也就是政治了。”

“1956年12月31日，在部机关新年茶话会上，张发言说：每逢佳节倍思亲，这是古话了。我有一些朋友去了台湾，应当说，其中也有一些是好人，艰苦朴素、两袖清风。他们只是走错了路，跟错了人，从人品上说，并不是坏人。如果强调阶级性，便把别的都一笔勾销，是不对的。”

“1957年4月，在部举行的整风工作会上，张说：共产党早该清一清了，不能拨拉脑袋算一个，什么人都是共产党。一个字不识的党员，能懂马列主义么？”

“1957年9月，在整风小组会后，张对我说：丁玲、陈企霞她们那样讲，也是无可厚非。提意见，就有可能对，有可能不对，用心是好的就行。”

“1957年10月1日，有人亲眼看见，张同黄绍竑在一起，谈了足有一个小时。黄是极右分子，旧官僚，曾经任国民党政府的内政部长、监察院副院长，同张很谈得来。”

楼宇栋在《张伯驹》一书中推测：据说，这个材料曾送到康生手上，是康生在上面批了“极右”两个字。还有一说，张伯驹捐献十多件国宝，康生看后极为恼火，认为张伯驹“玩”了他，这么多晋唐名迹不给看，只给看几件明清的东西，这不是明显对自己的蔑视吗？此说的真实性如何，不得而知。

在被批判的时候，张伯驹很恼火，曾说：“我把这样多书画捐给国家，你们这样做，怕对共产党的影响不好吧。”但这招致更严厉的批判：“你的财产本来就是官僚资本，是早就该没收为国有的。”

张伯驹质问批判者：“我们今天不是也讲忠吗？那么我们统战是统战周遇吉（在山西宁武关誓死抵抗李自成的明末名将——编者注）呢？还是统战开城迎李自成的太监呢？”

由于回击很犀利，张伯驹的发言权被剥夺了。京剧界的老艺人开始上阵：“你算什么名票，唱戏的声音像蚊子叫！”

张伯驹被打成右派的消息传到陈毅那里，陈毅很不高兴，说：“乱弹琴，张伯驹把那样的珍宝捐给国家，就是砍了我的脑壳，也不会相信他反党、反社会主义！”1960年，吉林省委书记于毅夫赴京开会，陈毅和于毅夫谈起张伯驹：“我有一个好朋友，叫张伯驹，目前境遇不太好，吉林省能否给安排一下工作？”于毅夫当即答应下来。于毅夫遂与省委宣传部长宋振庭谈及此事，而宋振庭原是陈毅的部下。

1961年，“摘帽右派”张伯驹接到来自吉林的一封信：

伯驹先生并慧素女士：

吉林地处东北腹地，物阜民丰，百业待举。现省博物馆急需要有经验的人才。若伯驹先生身体允许，可否考虑来吉林工作。

翘盼赐复。

又：慧素女士可一同调来吉林，在省艺术专科学校任职。

中共吉林省委宣传部宋振庭

张伯驹并不知道这是陈毅的安排。来信虽然诚恳热情，但他顾虑重重地回了一封信：

宋先生振庭足下台鉴：

捧读来书，不胜惶恐。我因齿落唇钝，多有舛错，名列右派，实非所志。若能为国家工作，赎过万一，自荣幸万分，若有不便，亦盼函告。

张伯驹

几天后，宋振庭复函：

伯驹先生并慧素女士：

关于聘请二位来吉林任职事，已经有关部门批复。若无不妥，希能尽速来吉。一应调转手续，以后再办。

中共吉林省委宣传部宋振庭

张伯驹自此开始了在吉林的生活。此后那么长时间里，人们几乎忘却了这位“民国公子”曾经的传奇与风度。

“民国公子”的民国往事

张伯驹与张学良、溥侗、袁克文并称“民国四公子”。有人评价说，张伯驹30岁开始学书法、诗词，却能诗词歌赋无所不晓，琴棋书画无所不通。已近而立之年开始收藏法书名画，却存有李白的真迹，收有杜牧的字，藏有范仲淹的手卷。他散尽家财，收藏号称天下第一山水画的《游春图》和天下第一法书《平复帖》，为的是避免国宝流失海外。

张伯驹集收藏家、书画家、诗词家、戏剧家于一身。因而，他的府中常常高朋满座。常来常往者有词人夏仁虎（枝巢）、寇梦碧、黄君坦；画家叶恭绰、陈半丁、陶心如、刘海粟；书法家萧仲美；戏坛泰斗梅兰芳、余叔岩等，张大千也常临其家。他们赋诗论画，唱和填词，追忆往事，同桌共饮。

女儿张传彩说："父亲是个奇人，老家在河南项城，是个旧官僚家庭，兄弟姐妹唯独他不抽大烟不喝酒，他的弟弟张家驹就因为吃喝嫖赌，把家里的地都卖了。父亲在袁世凯的模范团呆过一段时间，20岁毕业后，在吴佩孚、张作霖部任职，升至旅长。直到第二次直奉战争后，他对军阀混战的局面彻底失望，从此放弃行伍仕途，协助爷爷打理银行，任盐业银行常务董事。"

1916年，袁世凯称帝，张伯驹在《续洪宪纪事诗补注》中写道："人生短促，世事渺茫。痴者为权势名利相争夺杀伐，一部《资治通鉴》，不过成王败寇。皇帝也，总统也，执政也，大元帅也，沐猴冠带，等而视之可矣，固不止袁氏有假皇也。"

张伯驹说："克定本无雄才大略，洪宪时以太子自居，见人对其行跪拜礼则喜。"袁世凯称帝失败，张伯驹这样解读原因："项城子无李世民，弟无赵光义，亦失败之一因。"

1927年，张伯驹正值而立之年。一次，他从北京西河沿的盐业银行拐到了琉璃厂，在出售古玩字画的小摊边散步。一件康熙皇帝的御笔书法引起了他的注意，只见上面的四个大字"丛碧山房"结构严谨、气势恢宏。有评论说，清代十帝中只有康熙帝的书法可入行家的法眼，张伯驹以一千大洋将其买下。回去后，将自己的表字改为"丛碧"，并把弓弦胡同的宅院命名为"丛碧山房"。张伯驹收藏生涯由此开端。

从此，张伯驹为了收藏文物，大把地花钱。可是，在其母看来，他是个不成器的叛逆："家里什么事情都不管，出去做官也不干，只知道花钱买字画，唉，随他去吧。"所以家里的人都不喜欢他。

女儿回忆："父亲并非铁石心肠，何尝不爱自己的母亲？他为此曾十分苦恼。既然自己过继到这一房来，理应继承父业和财产，中兴家业，光宗耀祖，可自己的性格却与此格格不入，不仅厌倦仕途，对经商同样没有兴趣。很多亲友规劝他，不要使年迈多病的奶奶母亲过分伤心。父亲无奈，最后答应任盐业银行董事兼总稽核之职。"但张伯驹只是挂了个常务董事之名，很少问津银行之事，每年要到上海查账两次。说是查账，实则游玩，查账之事由他的助手杨西铭办。因为常在青楼走动，撞上潘素。

潘素，原称潘妃，出身名门，能挥毫作画，弹得一手好琵琶。不幸家道中落，后被继母卖入青楼。张伯驹初见潘素，提笔就是一幅嵌字联："潘步掌中轻，十里香尘生罗袜；妃弹塞上曲，千秋胡语入琵琶。"不仅把"潘妃"两字嵌入其中，而且把她比作赵飞燕和王昭君，将善弹琵琶的特点也概括其中。"父亲自比明末四公子之一的冒辟疆，他要把母亲培养成董小宛式的人物。所以母亲嫁给父亲后，改名潘素，父亲给她一个爱称——慧素。"

张伯驹的书法在青年时代已小有名气，他早年师法二王，中年学习钟繇，练就了深厚的功底。1940年，他斥4.5万大洋巨资，购得《蔡忠惠君谟自书诗册》。从此，他手摹神追，书风为之大变。蔡忠惠即蔡襄，为宋代四大书法家之一。

京剧方面，张伯驹经历成熟到鼎盛阶段。1928年，张伯驹与余叔岩相识，此后交往频繁。余叔岩是京剧史上公认为继承长庚、谭鑫培之后的第三个里程碑式的人物之一，以醇厚的韵味和典雅的风格享誉当时。除京剧之外，两人在文物、书画、金石、收藏等方面，也有共同爱好，与张伯驹十余年的交往中，余叔岩传授张伯驹整出的戏就有四五十部，后来张伯驹成为余派艺术传承的重要人物。

张伯驹票友生涯中，最得意的有三件事：一是与余叔岩合作，编写了一部《近代剧韵》，总结京剧发展实践，系统介绍京剧十三韵；二是召集银行界同仁筹集5万元基金，约同梅兰芳、余叔岩等人，于1931年创立"北平国剧协会"；三是40岁生日时，为了庆寿，并为河南旱灾筹集捐款，他出演《空城计》中的诸葛亮。

“要我的命可以，就是不能动我的字画”

张传彩说：“父亲的性格本来就有些孤傲，加之愤世嫉俗，更加落落寡合。即使高朋满座，众人谈笑甚欢，他若是觉得话不投机，便一个人坐在那里，谁也不理，只是自己用手摸着下巴，一根根地拔胡子。有时去找人，碰巧人家不在，他也不急，坐在那里能等上两三个小时，也不叫人去找，还是摸下巴，拔胡子。生人见了他，往往有望而生畏的感觉。一次，有个他不喜欢的人来找他，父亲在下棋，人家叫他‘张大爷’，他就是不理。我只能招呼客人说，您请坐，请喝茶。我还问父亲，爸爸您怎么不理人家啊，他还是不吭声，也不理我。对于不是与他志同道合的人，他就是这样。谁的品德高尚，谁的品德低劣，父亲心里有数，但他什么都不说。”天长日久，朋友们给了张伯驹一个雅号“张大怪”。

大怪的怪处何止于此。虽然家产富可敌国，但他本人朴素得令人难以想象。他不吸烟，不喝酒，不穿绫罗绸缎，长年布衫一袭；他饮食平淡，偶尔一个大葱炒鸡蛋即算是上等佳肴。他绝不和时下公子们计较谁的吃穿住行更豪华。另外，他身上有许多令人无法理解的矛盾性格，例如，他坚决反对袁世凯搞洪宪帝制，把那个一心想做大太子的袁克定称为“赖家伙”，可他和袁克定的私交甚笃，袁克定后来落魄一直由他照顾，1958年袁克定去世还是张伯驹料理的丧事。张传彩回忆：“父亲不会理财，银行的业务大权旁落，但有时却显出超人的精明。例如，一年清室小朝廷因为经济拮据，拿出一批宫里的地毯到盐业银行求售。别人看地毯已旧，花色暗淡，都说不要。他却令人全部收下。原来他看出地毯中夹有金线。那时教他京剧的师傅余叔岩因病久不登台，手头拮据，父亲叫余叔岩买下，结果把金线抽出就赚了三万元，地毯倒手卖出又赚了三万元。还有，他出身官宦，却远离政治，与各派政治势力都保持一定距离，认识而已，却不深交。盐业银行经理吴鼎昌后来到蒋介石那里去当实业部长，他不但不去套近乎，反而和他疏远了。”

“父亲是个慷慨的人，只要有困难的人找到他，总肯帮忙。我们钱不够的话也会想办法和别人借了给他。京昆名票包丹庭家有困难，找到父亲，但没有直接说借钱。父亲为了帮助包丹庭，就和他互换了房子，由于包丹庭的房子比我们的好一些，父亲还贴给他一些钱。”

张伯驹喜欢字画，看什么东西都过目不忘，老先生们家里书架上的书，只要他看过，放在哪个架子上、第几行、第几本，他都能记住。历代的包括帝王在内的大收藏家，都在《平复帖》上留下了自己的印迹，只有张伯驹不留丝毫痕迹。

红学家周汝昌曾回忆：“我到张先生那里去，熟了以后，我不理张先生，张先生也不理我。我就坐在大客厅的外间，那都有案子，我愿意干什么干什么。我要回校了，我也不告辞，我出了门走……一丝没有俗气，一丝没有那个富贵气，一丝没有看不起人，说几句狂话，摆几副狂态，我就从来没见过。那个人那个气质、气味，那个温文尔雅，是这样一个人。”

对于流失的珍贵文物，张伯驹想办法借钱也要买回中国。当时《游春图》流到琉璃厂的一个老板手上。张伯驹认为，这样珍贵的书画，不宜私人收藏，应归故宫博物院。他找到故宫博物院，建议将此卷买下，还要求院方致函古玩商会，告知此卷不准出境。然而故宫博物院既不答应将此卷买下，也不愿致函古玩商会。最后，张伯驹决定自己出钱购买。由于钱不够，只得忍痛将大拐棒胡同的房子，也就是原属李莲英的一处占地15亩的房院出售，换得220两黄金，夫人潘素又当卖首饰换来20两黄金，凑在一起，才将《游春图》收下。真乃倾家荡产。

1941年初春，张伯驹上班之时突然遭人绑架，绑匪索价300万元(伪币)。知绑匪的目的是要敲诈他的名墨字画，张伯驹说，要我的命可以，就是不能动我的字画。如是僵持了近8个月，后来，潘素四处筹措了40根金条，才将张伯驹赎出，书画则一张未动。

现在，《平复帖》和《游春图》都成了故宫博物院的镇院之宝。

张传彩说：“在解放军到北平之前，谣言很多，社会上有些人对共产党的到来有点恐惧。我们全家也曾打算去美国，父亲为此找好了翻译，做好了衣服。最后要去的时候，父亲想，‘我是中国人，为何要到国外去，他们让我去，但我一个中国人在国外能干什么？’那时候父亲50岁了，他其实怀疑人们对共产党不信任的说法。最后，父亲决定，‘我不能走，我是中国人，死也要死在中国’。”

“父亲觉得干脆把收藏的东西捐给国家，如果不捐，也不安全，画被偷、被卖了，流落国外，这些中华民族的伟大遗产，子孙后代还要跑到国外去看吗？母亲很赞同父亲这样的想法。当时共产党对民主人士、对文化人很尊重，父亲觉得得到了应有的尊重，什么都可以做。所以，总共拿出100多件收藏品，捐给了国家。”

在“文革”还没有开始的时候，康生向张伯驹借了好多字画，但再没归还，“父亲又不好说什么，父亲和陈毅经常下围棋，不经意提到过此事。陈毅便向毛主席汇报，主席就和康生谈话。1957年，康生就把父亲打成了右派”。

被打成右派后，张家就没有那么多人来了。运动后期，街道上的人挤住进张家，房钱则被房管局收了，张伯驹一家人也要交房钱。张伯驹的很多书也被抄走了，比如《二十四史》。

“反右”结束后，陈毅还替党向张伯驹道歉，说没想到他那么大度，把这些珍贵的东西都捐出来。后来也有人问张伯驹，被打成右派后有何感想。张伯驹则回答：“此事太出我意料……不过我告诉自己，国家大，人多，个人受点委屈不仅难免，也算不了什么，自己看古画也有过差错，为什么不许别人错给我一顶帽子呢？”

“你们医院知道张伯驹是谁吗？”

张伯驹时常教育女儿：“一个人要热爱自己的国家，这是大事，不能马虎；除此之外都是小事，不必斤斤计较。”

钱财被视为身外之物，张伯驹的一生聚散大都用于收购文物。他在西安曾创建“秦陇实业公司”，1949年后即献给国家。公司代表曾特地向他报告公司的发展和赢利情况，他一概不感兴趣，只说：“我不管了，厂子我不要了。”

张伯驹虽然是个交际广泛的社会活动家，因爱好多，曾组织或参加了许多社团，如“北京京剧基本艺术研究社”、“北京中国书法研究社”、

“北京棋艺研究社”、“北京古琴会”等，他在里面大都是担任副职。“反右”时，有人说他有野心，他说：“我从不想要权势地位，要想当官的话，别说先父在时，就是‘八一五’之后，孙连仲让我在唐山和石家庄两市长中挑一个，我都没干。我没有那才干，我只能自比侯方域而已。”

张伯驹胸襟坦荡，虽处逆境，安之若素，既不顾影自怜，也不嫉恨别人。在“反右”运动中，京剧演员钱宝森批判他的时候，有些过火言辞——其实这也怪不得钱，那时人人自危，也只好自伪以求自保。后来，钱宝森去世，张伯驹托人带去一百元的赙仪，这在当时是个不小的数目，一个月的伙食费只不过十多元左右。有人劝他不必给这么多，意思意思就行了。但父亲坚持送一百，说，当初他帮我打把子练武功，我们的交情还在。

张传彩回忆：

有一次，父亲要到沈裕君(中央文史馆馆员，章太炎夫人汤国黎的表兄)家中去下围棋，刚要出门，碰到一位香港来客买了一幅母亲的画，想请父亲题字，并表示愿意多加五百元。不料，父亲不听钱犹可，一听要多付五百，便气冲冲地回答说：“不写，我现在要去下棋！”

1973年，袁世凯之孙袁家骝来华探亲，预定日程中有看望父亲的一项。国务院办公室因为他的家里早已破败不堪，准备给他另外安排一处比较像样的住处，以壮门面。父亲却答道：“我是这个样子，就是这个样子，何必换地方？”

还有一次，父亲在天津勾留，一位文史馆的老先生受其上级委托，请父亲吃饭。这位老先生关请张牧石，转请父亲为他在其上级面前美言几句。张牧石不好拒绝，便将这个意思转达给了父亲。父亲却冷冷地说：“你看我是这样的人吗？”弄得张牧石惭愧不已。

父亲作为一代高士，时时感到了落寞，王世襄曾在他的画上题诗道：

银锭桥西宅不宽，黄花红叶耐霜寒。
分明自写双清影，寄与词人作画看。

生命中的最后一年，画家黄永玉在北京西郊莫斯科餐厅偶见张伯驹，“只见父亲点了一客红菜汤，几片面包，草草食毕，将剩余的面包、黄油用小毛巾裹好，带走”。一生热爱美食的张伯驹，千金散尽捐出藏品，晚年自品清贫。

1982年2月初，张伯驹患了感冒，高烧不退，只好于2月9日住进“北大医院”。他住的病房是八人间的，夫人潘素见这里的几个病人病情都比较严重，遂向院方请求，能不能换个单人间或双人间的病房。院方的答复是：“张伯驹不够级别，不能换。”两天以后，同房的一个病人死了，张伯驹的病情不见好转，反而比进来时重了。他情绪更坏，闹着要回家。潘素再跟医院的人请求换病房，医院还是说张伯驹不够格。过了两天，又死了一个。这时张伯驹想闹也闹不动了，他从感冒发展成肺炎。

这之后，张伯驹六七天不思饮食，仅靠输液维持生命。2月15日是他的生日，忽然神清气爽，想要吃东西。恰逢张大千的孙子张晓鹰在出国前来探望。“病榻上的父亲零星地知道了张大千的一些情况之后，泣不成声，挣扎坐起，与张晓鹰合影留下最后一幅照片。下午，父亲请人录下他作的一首《七律》和一阕《鹧鸪天》：

病居医院，张大千兄令孙张晓鹰赴美，来视并拍照，因寄怀大千兄。

别后瞬经四十年，沧波急注换桑田。画图常看江山好，风物空过岁月圆。

一病翻知思万事，余情未可了前缘。还期早息阋墙梦，莫负人生大自然。

《鹧鸪天·病居医院至诞辰敢赋》

以将干支斗指寅，回头应自省吾身；莫辜出处人民义，可负生教父母恩？

儒释道，任天真；聪明正直即为神。长希一往升平世，物我同春共万旬。”

张伯驹去世后，有人跑到北大医院，站在大门口叫骂：“你们医院知道张伯驹是谁吗？他是国宝！你们说他不够级别住高干病房？呸，我告诉你们——他一个捐献给国家的东西，足够买下你们这座医院……”

名士张伯驹除了收藏，也爱诗词，在一首《浣溪沙》中，他曾抒怀：

……

不是天生故与痴，秋痕春梦总成悲，此情欲诉少人知。
心痛有时非病酒，愁来无处可吟诗，南鸿却更到来迟。
似醉如醒过一春，残莺归去雁离群，浮云白日乱山昏。
味尽始知甘是苦，情真宁视耽如醇，待含眼泪问谁人？

若能活到如今这个年代，张伯驹恐怕更是“此情欲诉少人知”了。但他“富不骄，贫能安，临危不惧，见辱不惊”（黄永玉语），即使面对种种怪象，又有什么他不能淡然处之的呢。

（作者系文史学者）

原载于《同舟共进》2013年第10期

我和周信芳相处的日子

蒋星煜

青年时期的我极少接触京剧，1940年冬天，我因孤岛形势日益恶化，决定离开上海去大后方。动身前，中学同学王南群、过振东为我送行，请我在卡尔登大戏院观看了周信芳演出的《文素臣》。周信芳、高百岁等著名艺术家的表演精彩纷呈，给我留下了深刻印象。从那时起，我整整九年没再观看过京剧。

1949年，我参加了上海市军管会文艺处的工作，那时天天看戏，工作往来中也常能见到周信芳，却没有个人间的交往。1950年5月，华东文化部成立，我调到戏改处，不久就建立了华东戏曲研究院，周信芳出任院长。于是，我和周信芳打交道的机会逐渐多了起来。

1951年，中国戏曲学校在全国范围内招生，各级领导十分重视。吕君樵、张震和我负责初试，录取了生行的钱浩梁（浩亮）和旦行的马晨曦。复试时，校方请到梅兰芳、周信芳做主持，我作为行政人员也到了场。对周信芳这样的名表演艺术家而言，这确是小事一桩，他推说事情忙，不来是完全说得过去的，但考试那天，他还是如约到达，而且来得很早——他平日就常来衡山路10号。开考后，有考生唱《追韩信》，我怕作为考官的他会有想法，便解释道："考生们事先根本不知道谁来对他们进行复试。"周信芳笑了笑，不以为然："他们不一定要唱我的戏啊！"听了钱浩梁的唱段后，周信芳表示基本满意，只是认为他嗓子不太好，这是青春期常有的现象，很快会好转的。钱退场后，他表示可以录取，又对我说："原来这是钱麟童的儿子，他父亲我熟悉。"这次的复试工作，在我和周信芳相处的短短两小时里，他办事的认真细致，对青年的爱护有加，都出乎我的意料。当然，梅兰芳也准时到达了，对于旦角的考试，也极其认真细致。

1953年，华东文化部改组为华东文化局，我到华东戏曲研究院从事资料研究工作。时任院长的周信芳每次来到院部，如果不是有会要开，总是毫不例外地先到资料研究组兼作图书室的大厅，或与大家攀谈，或翻阅图书。关于京剧唱、念、做、打诸问题，他基本上找徐筱汀（著名戏剧理论家、戏曲教育家徐慕云之弟）聊，关于历史事件和历史人物，则喜欢与我探讨。我们常在一起谈论中国古代历史、中国传统剧目，发现彼此都对《史记》《汉书》《后汉书》和《三国志》有浓厚的兴趣，共同语言很多。周信芳没有受过正规的学校教育，七岁时便以"七龄童"的艺名而蜚声京剧舞台，对文史学术有这样的基础，使我倍感意外，也颇为钦佩，没有对真知孜孜以求的恒心和毅力，是不可能做到这一步的。在旧社会成长起来的一批戏剧艺术表演家，有如此才华和底蕴的，真可谓凤毛麟角。

那时中央文化部、中国京剧院、中国戏剧出版社都忙着剧目审订工作，决定先把梅兰芳、周信芳两位大师的代表作予以整理出版和推广，也是对所有戏曲表演艺术界剧目审订工作的推动和示范。北京经常来文来电催促，不仅如此，有时还派戴不凡（曾任文化部文学艺术研究院戏曲研究所研究员）到上海，工作抓得很细、很具体。有一天，周信芳约我单独谈话，说的是《萧何月下追韩信》的定稿问题。他拿出亲笔写下的手稿，实际就是当时的演出本，还有一份田汉对三四句唱词的修改意见。周信芳说："这些现在都交给你，请你替我拿个主意，把本子定下来。"我心下忐忑：这个本子在舞台上演出多年，已成为经典，岂是我这样一个门外汉可以轻举妄动的？至于田汉，他是文化部戏曲改进局的局长，既是戏曲权威，也极在行。因此我一再推辞，但周信芳却不肯改变决定。我又说："也许院里编审室的京剧组更适合做这件事。"他严肃认真地说："在京剧业务方面，他们比你熟悉，但是对《史记》《汉书》等，你比他们熟。这是历史剧，还是请你拿主意比较合适。"就这样，我有点诚惶诚恐地把任务接了下来，用心钻研了相当一段时间，才交还了本子。最终是否采用了田汉的意见已记不清，但这对我确是一次很好的学习机会。

在华东戏曲研究院先后两年多，我和周信芳的相处是非常愉快的。他主演的戏，我印象颇深的除了《四进士》、《萧何月下追韩信》、《打严嵩》、《清风亭》、《坐楼杀惜》外，还有《秦香莲》。其中《秦》的本子集中了各剧种本子之精华，执笔者为严朴，但其实也可以说是周信芳亲自改编的，因为其中的字句均出于他的口述，严朴仅为“执笔”而已。《秦香莲》演出时，周信芳一人饰两角，前为丞相王延龄，后为开封府尹包拯。王延龄为一熟悉世故人情近乎圆滑之老官僚，但尚存一些正义感，可又怕担风险，人物多面，性格复杂。周信芳塑造的王延龄恰到好处，与《四进士》中的宋士杰有异曲同工之妙。相形之下，包拯反倒显得较为一般，唱腔并未向净角靠拢，但尽可能淡化了迷信色彩，加重了人情味。该剧的彩排、公演与华东会演，我看了三次。后来，我向周信芳提了个问题：王延龄身为丞相，他解决不了这个案子，却让秦香莲去向开封府告状，于情于理似乎说不通——开封府尹的官固然不小，但总也比不过丞相啊。周信芳听后也笑了：“你这个问题提得好，老戏就是这个样子，不是我首先这样处理的。你的疑问我也早想到了。戏这样编，不能说明它荒唐离谱，实际多少也是有一点依据和由来的。我查阅了《宋史》，原来宋太宗赵光义、宋真宗赵恒没做皇帝之前都做过开封府尹。因此，在当时人们的心目中，这开封府尹的职权实际上已超越了法律文本所规定的范围，而仅次于皇帝了。”我去翻阅了《宋史》，果然如此，内心暗暗叹服，对他更为钦佩。1961年，北京、上海都为“周信芳舞台生活60周年”开展庆祝活动，我应《光明日报》之约写了《略谈周信芳的史学修养》，也谈到了他关于《秦香莲》、关于包拯的谈话。

十分遗憾的是，周信芳的《秦香莲》后来极少有人谈起，这一版本的演出更成了绝响。能够前面化身王延龄，后面化身包拯这样一人饰两角的表演艺术家，恐怕也难找了。那时，我还和周信芳一起在台下看过金素雯、陈正薇、沈金波诸人合演的《皇帝和妓女》，记得看后他发表了感慨：“像范琼这种类型的坏人，肯定现在也会有，当然不多。只是他们隐藏得很深，不容易让人发现罢了！”也许他话中有话，“坏人”也另有所指，但我没有追问。

1955年时，随着华东大区的撤销，华东戏曲研究院也不存在了，同时分别成立了上海京剧院、上海越剧院、上海戏曲学校等机构。从1955年春天开始，周信芳出任上海京剧院院长，而我到了上海市文化局艺术一处，不久被指定联系京剧院，我和周信芳又有了较多晤谈的机会。当时昆剧《十五贯》在全国广为传播，周信芳一向以演清官戏（如《打严嵩》《四进士》等剧）而负盛名，自然也想要编一出新的清官戏。但至于选择什么题材，他拿不定主意。闲谈时，我说起文化局领导李太成也叮嘱我要多关心清官戏的题材，已初步提出可选用的海瑞及至蔡襄等历史人物。周信芳说，他从前演过传统的连台本戏《德政坊》和《五彩舆》，都是以海瑞为主角，但故事则各不相同，问我这两个本子哪个好些。我说这两种本子我都看过，故事都曲折有趣，但和历史上的海瑞却是两回事，《五彩舆》写鄢懋卿的妻子被别人抢去，情节比较庸俗。周信芳听后，放弃了改编《德政坊》或《五彩舆》的想法。

我收集有关海瑞的历史资料的工作得到了李太成的肯定，周信芳又对海瑞戏流露出浓厚的兴趣，我更加快了工作进度。1957年初，我已把上海图书馆所藏明、清两代的各种海瑞文集读完，整理出了一本简要的历史人物传记《海瑞》，送交上海人民出版社。书目通过了审查，很快便出版问世了。

1959年4月9日，周扬在上海传达中宣部宣传海瑞精神的决定，希望上海文艺界能创作、上演宣传海瑞刚正不阿精神的各种形式的文艺作品。因为我写过《海瑞》传记，一时间成了许多报纸、刊物、文艺单位以及电影厂访问、约稿的对象。《解放日报》约我写稿，因为是党报，我也就没向李太成汇报，径自为其副刊写了一篇约5000字的《南包公海瑞》。周信芳及上海京剧院根据权威方面的意见，就以《南包公海瑞》的故事框架开始酝酿写京剧，并约我到院部艺术室作了一次小规模的学术报告。

上海京剧院的《海瑞上疏》（初名《海瑞上本》）由周院长亲自在抓，而且名义上还请到了《文汇报》社长陈虞孙“挂帅”。当时的文化局干部经常调动，因有数千万字的传统剧目要校勘，急等着以内部发行形式出版，上级临时组织了一个十几人的班子，调我协助宗政文一起负责。

于是，从此我与《海瑞上疏》不再有联系。

转眼到了1965年11月10日，姚文元的《评新编历史剧〈海瑞罢官〉》在张春桥的周密安排下，发表于《文汇报》，随之吴晗作了自我批评。《文汇报》就此直接由张春桥控制了，报纸出面组织了两次讨论，出席者都是学术界的人物，我也去了，不过未见到周信芳。联想到上海市委宣传部召开的几次大规模会议，周信芳都去了，我觉得有点诧异。但杨永直部长强调讨论不必和《海瑞上疏》联系，我们才稍放心一些。

很快，1966年2月12日，徐景贤受张春桥的指派在《解放日报》发表了署名丁学雷的《〈海瑞上疏〉为谁服务?》，"黑文"咬定我和吴晗是"同声相应，同气相求"。虽然还未点周信芳的名，但此文咬定《海瑞上疏》是为《海瑞罢官》打先锋，为资本主义复辟打先锋，我们感到一场弥天大祸就要降临了。

上海剧协也召开了一系列规模较小的座谈会，基本上由姚时晓主持，周信芳和我每次都参加了。会上，虽然复旦大学赵景深教授仍是从戏曲史的角度谈问题，心平气和，但上海戏剧学院的某青年教师每次发言都无限上纲上线，有时比丁学雷那篇"黑文"更杀气腾腾。周信芳每次听了都气得脸色发白，甚至身体打哆嗦。我的发言也毫不例外地被批得体无完肤。主持人姚时晓竭力想把讨论会的批斗倾向扭转过来，可毫无作用，最后成了道地的批斗会，只是还没发展到打人而已。4月间，我被宣布"靠边"，据说是第一个"靠边"的。两周后，有了第二个"靠边"的，那就是周信芳。紧接着是一浪高过一浪的批斗会，有时接连着好几天，在单位，在工厂，在剧场各地开的都有。《海瑞上疏》是周扬指定、指导的剧目，我们都认为是完成党所布置的任务，当造反派"揭露"周扬是"反革命修正主义分子"时，我们当然已没有任何申辩的余地。在这些批斗会中，一连三四个小时不准抬头，不准喝水，尤其顶着大热天，其情形可谓惨无人道。

《海瑞罢官》的批判也好,《海瑞上疏》的批判也罢，原是"四人帮"反党夺权的开锣戏，后来他们忙于别的重大政治阴谋，这种批斗会就少开了。彼此不在一处"隔离"，我和周信芳见面的机会随之减少。我被解除"隔离"不久，又到了五七干校。在监督劳动中，我又怎敢打听周信芳的下落呢？

1975年3月8日，周信芳终因受长期残酷迫害而死于华山医院。我于1978年回到市文化局后，才知道他的死讯。当年8月16日，周信芳骨灰安放仪式在龙华革命公墓举行，一位科级干部指派我用楷书写了所有通知的信封，有些曾是“造反派”的同志也参加了，但我仍不在应准的行列。

11月，上海市文化局与剧协联合召开了座谈会，为周信芳，也为与《海瑞上疏》有关的受诽谤、迫害的一批同志恢复名誉。与此同时，上海市社会科学联合会也召开了大规模的座谈会，为受迫害而死的李平心、周信芳等平反昭雪。社科联负责人罗竹风派副秘书长郑心永事先来看望我，问我对出席人员有何意见。我认为周信芳之子周少麟及其夫人在“文革”遭遇甚惨，目前精神上仍痛苦不堪，请组织考虑邀请他们出席。罗竹风采纳了我的建议。在讨论会上，时任市委副书记的夏征农也作了发言，我冒昧地对夏老说，周信芳家属也在会场，希望他能接见。夏老随即与周少麟夫妇进行了单独的会晤，并作了亲切慰问。但我总觉得还有许多事情要做，总觉得愧对这位成就卓越、含冤而死的大艺术家。

多年后记录下这些文字，篇幅虽不长，却较全面地回忆了我和周信芳相处的旧事，聊以寄托我的哀思。

（作者系戏曲史家、中国戏曲学会常务理事、华东师范大学兼职教授）

原载于《同舟共进》2013年第1期

耀邦同志为什么要改革

胡德平/口述　周海滨/撰文

胡德平　中共中央原总书记胡耀邦长子，1942年11月生于延安。1962年考入北京大学历史系，1968年下放北京军区农场劳动，1971年到北京第二通用机械厂工作。1998年起任中共中央统战部副部长，全国工商联党组书记、第一副主席，第十届全国人大常委会委员、内务司法委员会委员。2008年3月起任第十一届全国政协常委、经济委员会副主任。

父亲认为全民所有制企业必须要改

“文革”之前，党内外一些同志就已看到了苏联经济体制、我国计划经济、农业合作化、对资本主义工商业改造、“大跃进”中的问题与弊端。刘少奇、张闻天、邓子恢、孙冶方、卓炯、戴浩天、李云河、杨伟名等同志，均以各种方式表达了对当时经济体制的批评和改进的要求，就是毛泽东本人对苏联经济模式也有不满。

父亲把苏联的经济模式称为“斯大林时代的计划经济”。他认为这种经济没有“实在的可行性”，中国共产党人这样勉强坚持下去，“共产主义”只会“遥遥无期”。他看准了一条“亦农亦工、农工结合”的发展道路，这条道路符合我国经济体制改革的方向。

1968年党的八届十二中全会以“莫须有”的罪名永远开除了刘少奇的党籍，1969年党的九大又在党章上钦定林彪为毛泽东的接班人，轰轰烈烈的“文革”至此发展到了顶峰。九大召开前夕，父亲给毛主席写了一封长信，用他的话来说："虽然我对主席千万不要忘记阶级斗争的反复教导，仍然一直顽固的不理解"，但他还是要向毛主席进言。这里姑且把这封信称为《耀邦同志给毛泽东主席的建言信》。原信已于1969年3月5日寄送毛主席。

父亲在建言信中反对中国经济的发展照搬当时还有巨大影响力的苏联模式，他说："完全缩回到或者基本上缩回到斯大林时代的计划经济的老框框中去，这是很可悲的。"他还把苏联的经济模式总结为"斯大林时代的计划经济"。

要走出一条中国式的建设之路，这时已成为他思想中的一个明确观念。13年后的1982年5月，耀邦在和国务院有关部委同志谈消费问题时指出，苏联高积累，加重群众负担的老框框我们不学；追逐高额利润，巧妙剥夺人民财富的资本主义游戏规则更不能学；我国要走出一条中国社会主义经济的改革新路。

父亲认为，必须走一条与苏联"产品交换"完全不同的创新道路，那就是"亦农亦工，农工结合"的新路。他在论述"亦农亦工、农工结合"的农村经济发展道路时，把劳动力、劳动时间、资金、技术、生活需要、公社集体所有制下各种资源和生产组织形式都考虑到了。从今天改革的实践看，他提出的建议多数已成为现实，而且更加实际、细化。我国农村的企业，先以社队企业的面目出现，以后变为乡镇企业，最后又分化出多种所有制企业。和今天相比，他的建言只有不足，并没有过分之处。在九大期间，他给毛主席写这样的信，可不是儿戏，因为这是一条与"以粮为纲"、"以阶级斗争为纲"完全相反的经济发展路线。

父亲在上世纪改革初期，就积极呼吁过，在农村家庭联产承包责任制的基础上办企业，要社办、队办、联户办、户办四个轮子一齐转，国家、集体、个人一齐上。当乡镇企业蓬勃发展期间，他又情不自禁地称赞这是"异军突起"、"方兴未艾"，希望它占据经济总量三分天下有其一的地位。

改革之前，政府直属的国有企业即全民所有制企业，占有全民巨大资源，但和全国人民的利益没有直接挂钩，全民既不知对企业的权益何在，企业也不知对全民有何义务。

父亲向毛主席大胆直言，全民所有制企业必须要改，全民所有制要有实际内容。他说：“害怕破除那个实际上并不存在的全民所有，反而落得个全民皆无，或者全民皆困；丢掉那个把人们头脑缚得死死的空空洞洞的全民所有，倒反而能够实实在在地比较迅速地使全民皆有，全民皆富。”他认为要把“全民所无”、“全民皆困”变为“全民皆有”、“全民皆富”，就应给地方、集体共享全民所有的资源，发展地方经济，发展社队企业，以壮大全民所有制经济的基础。

父亲说我们是社会主义国家，我们的资源是全民的，国家可以开矿，地方政府可以开矿，社队企业可以开矿。也就是说，他主张“地尽其利，资源共享，人尽其才”。1969年，他被打倒了，毛泽东让他来参加党的代表大会和中央委员会。在当时，只要不发表任何言论，拥护“文革”，就可以做中央委员。但他说，除关系到整个国民经济的轻重工业和交通运输事业之外，原则上公社可以通过上级规划，通过协商联合起来，地尽其利地有计划地兴办一切可能兴办的工业。

后来父亲进入中央领导集体以后，就没有任何偏见地支持工商个体户、个体经济，并把从事这一自谋生路的职业和事业称为“光彩事业”。

“治国之道，必先富民”

我们改革的目的是什么？很早以前，父亲对这个问题的答案就是很明确的：“藏富于民，让人民富起来。”一直以来，他既不认可苏联和东欧那种加重群众负担的高积累模式，也不赞成高度竞争追求高额利润的资本主义模式，而是希望中国走出一条以人民不断增长的物质文化需要来推动农、轻、重生产为序的社会主义新模式。记得1982年5月19日，父亲召集了一次研读马克思的《政治经济学批判导言》的讨论会。在这次讨论会上，对消费问题的意见虽不能完全一致，但已引起党内高层的注意，并产生积极影响。

父亲主张在新形势下，既要刺激消费，又要引导消费，这是改革开放面临的一个新课题，他不主张城乡居民的收入过分集中在储蓄方面，不同意过分地强调积累。

我记得上小学时，一位女同学写过一篇作文，描写她在夏天穿了一件花色鲜艳的布拉吉，立即遭到周围同学的讥笑和讽刺，说她爱美，爱打扮，但她内心充满了一种少年女生的愉悦。她的内心独白是："今天我穿花衣服，明天你们就会穿上更美的连衣裙！"语文老师向全班同学朗诵了她的作文。长大以后，我才知道，当时穿花衣服的号召，就是团中央发起的。父亲当然是最积极的策划人，并得到财政部的大力支持，国家为此增加了税收，时为财政部部长的李先念为此喜上眉梢。这是我记忆中父亲第一次倡导消费。改革开放后，耀邦率先穿起西装。为此，一些民主党派的老同志给他写信：中央提倡的都好，就是穿西装不好，因为西装不是我们的，应该穿中山装……他在大会上解释：中山装也不是我们国家的传统服装，是孙中山先生引进后改装的。

古人讲，"修身、齐家、治国、平天下"，对出身于湖湘文化之地的父亲来说，故乡文化对他的影响也是巨大的。我上初中时，父亲就说过：以后几个孩子，谁上初中，家里可以给他买辆自行车；上高中，可以给一块手表；上大学，可以给一架照相机。他对家人如此，对全国的青少年也有此"梦想"。改革之初，他就和身边的人讨论，要让青年人学些什么技艺呢？他提出应该训练青年人开汽车。据李汉平回忆：1984年我们家从富强胡同6号搬到现在的住址，中央警卫局也给他分了一套居室，汉平同志想把原来的住房留下。父亲对他说，富强胡同我家的房子要还给团中央，一间也不要留。你的房子也要还给机关。以后总有一天我们的老百姓可以用自己的钱买汽车、买房子。

父亲提倡消费，同时也提倡艰苦奋斗精神，他反对不合乎生产力水平和豪华奢侈的高消费，他更痛心疾首地反对生产领域中的浪费。对浪费资源、盲目投资、不计成本、没有效益、不惜民力、长官意志的经济增长模式，他有着天然的恶感，并把它归于体制问题。碰到一些反反复复、劳民伤财的胡子工程，他总爱说一句话："张书记挖，李书记埋，王书记上台又重来！"

1983年12月22日，父亲主持中央书记处会议，讨论审议《中共中央关于一九八四年农村工作的通知》时，提到管子讲"治国之道，必先富民"，后来司马迁的《史记》把这句话改为"治国之道，富民为始"，对此，他做了认真比较，认为这种古典的经济思想是对的，需要我们很好地借鉴发挥。

他说，苏联为什么几十年富不起来？就是苏联领导脑子里没有老百姓，光搞钢铁，扩充军备，争霸世界。他认为，要想办法使人民用智慧和劳动的双手富裕起来，国家就强大了，就能抵御一切风浪，立于不败之地。

不久前，我遇到一个对父亲充满思念的人，他是黑龙江农垦局的局长，一位当年支援北大荒的知青，叫隋凤富。他很激动地告诉我说，“现在黑龙江农垦区已经种植水稻1000万亩，而韩国全国的稻田才700万亩，我们产的全部粮食可以供四个直辖市、香港、澳门，还有西北几省吃几年。我们当年从来没有想到会这样啊！”

原来在1984年8月，我曾陪同父亲休假，到黑龙江北大荒农垦区。虽然垦区群众辛勤奋斗几十年了，但与内地的生活差别依然很大。父亲对当时遇到困难的垦区人说：“你们必须要自负盈亏，要有盈亏的思想；这么大的面积和资源，你们要能一统天下；现在遇到了困难，旱路不通走水路嘛，可以种稻米。”隋凤富说，这几句话对他们的发展帮助很大，影响也很大。

在川西北，父亲给马尔康人出主意：“林区的人民要富起来，只有四条出路：一是营林；二是加工；三是采矿；四是修建。什么修公路、建水电站，都让老百姓去搞。还有商业、运输、旅馆、饭店，也让群众去办。总之，东方不亮西方亮嘛！”

在云南省中缅边境的德宏，他和傣族、景颇族人合计：“群众家家户户房前屋后都可以种些木瓜、香蕉、菠萝、芒果等热带作物”；在云南文山壮族苗族自治州，当州长说由于当地搞不了大的工业，所以人均收入还不到240元时，他说：“不要老是盯着大工业，哪里来那么多的投资？要搞乡镇工业，特别是家庭工业、联户工业，几户人家联合起来搞，来得最快。”在推动改革开放过程中，父亲对于大量出现的自谋出路、自主创业、乡镇企业、长途贩运、私营服务业和个体工商户，一直很赞赏、很爱护。

父亲曾经说过：“党的富国富民政策，是最大的群众观点，不领导群众勤劳致富，是最没有群众观点的。什么怕失控、失灵呀，根本的问题是有些同志，就是抓住瞎指挥权不放，或者是抓住谋私的权不放。因为一办起家庭农场，他就不能瞎指挥了，也就没有谋私的权了……目前，办家庭农场，群众说是‘上面放、下面望、中间有个顶门杠’。就是怕有顶门杠……你们的顶门杠拿掉了没有？不行的就是要调开，拿下来。”治国之道，必先富民，这正是改革的目的。父亲当年的这一观念十分牢固。记得上世纪80年代，“富民政策”宣传得最得力，绝大部分省都打出了“兴省富民”的口号。

父亲第一次面对被拆迁群众

1952年1月8日，时任川北区党委书记和行署主任的父亲在南充市检查工作。在步行途中，又检查了南充市人民政府办公大楼和工人俱乐部。这时许多拆迁户向父亲围了上来，纷纷诉说拆迁中的问题。当时政府威信很高，拆迁户也给足了领导们面子，虽无起哄闹事，但像这种直面的批评和意见反映，对父亲来说还是第一次。父亲耐心听取拆迁户的意见，又看到两处工程都存在大量浪费现象，拆迁民房过多，当场指示因陋就简结束工人俱乐部全部工程，不准继续拆迁民房；并在1月10日致信南充市市长吴致中，请吴市长在南充市召开的二届三次各界人民代表会议上宣读父亲写给大会的一封信，信中第二个问题写道：

一年多来，公家修建房屋，不仅浪费很大，而且因为收回了大量国有土地，购买了大批民房，特别是将其中一部分拆掉，使政府财产与政府威望遭受了许多损失。在这个问题上，我犯了官僚主义的错误，应向人民群众检讨。(《胡耀邦在川北》)

此事在1983年4月8日的四川《文摘周报》亦有报道。从信中，可以看出父亲在解放初期对城市房地产问题上的一些朴素思考：

首先，新政府收购民房，购买城市土地，将其性质变为国有土地，是形势发展的必然，并无不可，但父亲认为，政府对这些土地的利用必须兢兢业业，精打细算，绝不能因替公家办事就大手大脚，华而不实。比如，修建南充市人民政府大楼，是1950年7月30日破土动工的，川北各界曾为此欢呼，父亲并为此欣然提笔："建设人民新川北第一基石。"但当他看到市政府的围墙修得比较"华丽"，就立即进行了批评！还有，政府"购买了大批民房，特别是将其中一部分拆掉"，把原有的使用价值变为无用，岂不也是浪费。

其次，父亲认为在城市建设中，必然会产生公私矛盾，即国家用地利益和居民私有财产的矛盾。怎么解决？一定要对被征收、征用方的私有财产进行合理补偿，对人要妥善安置。在信中他写道：

所购买的民房，是否还有没全部合理地给足购买金的，所收回的国有土地户，是否还有没全部妥善安置的，如发现有，务须由修建机关立即并合理地予以补偿和安置。不办或拖延者，以违纪论处。

第三，在公私矛盾严重之时，政府应起带头、疏解作用。父亲还在信中谈道：

据说现在市内民房不足，尚有一些市民租不到房子住，为此，特明确规定：

1. 自即日起，一切机关、部队、团体均不得再购买一间民房，违者以违纪论处。

2. 在15天内，腾出150间左右的公家房屋，以稍低于市价房租，租给无房可租的市民居住。

3. 公家新建居民区的房屋租金是否尚高，如高了一些，应即再减低一点。

由于政府、部队带头，南充市城建和居民住房等方面的矛盾处理得还算比较好，解决了拆迁户和政府用地的矛盾，也未留下什么后遗症。

最后，父亲还检查了自己的"官僚主义"。建国以后，"官僚主义"是党内最早提出的主要危险倾向之一，人人难免。父亲也在所难免，但他深恶痛绝的是那种"死官僚"的作风和架势。

1978年12月，在党的十一届三中全会上，父亲被选为中央政治局委员，12月25日在中央政治局会议上，又被任命为中共中央秘书长兼宣传部部长，至此，父亲开始参与我党全局工作的研究和决策。1979年是贯彻三中全会精神的第一年，也是极其特殊的一年，因为这一年要安排回城知识青年700多万至1000万人就业。700万人就是700万个家庭，最少牵连城市3000万人口。1979年7月4日耀邦同志在中宣部一次会议上说：

城市现在是什么问题？一是就业问题，二是物价问题，三是房子问题。中央是清楚的。房子问题今年抓得太晚了。现在已经到了七月份，今年抓不住了，明年一定要抓住，就是要抓住城市居民的住宅问题。（《胡耀邦思想年谱》）

1980年2月，中共十一届五中全会决定成立中央书记处，父亲被选为中央常委和总书记。1980年7月，也就是距父亲1979年7月讲房子问题后的整整一年，他对党政机关、部队挤占群众私房问题做出批示，北京市委、市政府积极响应，很快就颁布了“京发（1980）140号”文件，落实私房政策，还颁发了新制作的房产证，时为1980年9月18日。

“我不能反潮流，但总能抗潮流吧！”

“文革”初期和父亲谈话，我总是张口一个阶级斗争，闭口一个无产阶级专政。他开始还耐着性子听。1967年上半年一天晚上，父亲问起北大、社会上的“文革”情况，我又一次念经似地说起阶级斗争长、阶级斗争短的老套来。这一次，他开口了，开始语气非常平静：你翻翻《毛泽东选集》第一卷，有篇文章叫《必须注意经济工作》。毛主席在苏区红军时期就说，“要造就一种热烈的经济建设的空气，不能见到谁谈经济建设，就要骂为‘右倾’”。突然他加重语气，把手一挥，大声说：“德平！你不是老说阶级斗争吗？毛泽东在这篇文章中还说经济建设‘这是一个伟大的任务，一个伟大的阶级斗争’！”我还想辩解什么，但一句话也说不出来。

早在1966年8月，团中央已经改组了。“中央文革”有人说，“团中央修到家了”，也就是说右得不能再右了。父亲这番话，是否又有“右倾”之嫌呢？但他说得那么认真、威严、斩钉截铁，又指出了毛主席写的是哪篇文章、哪个时间、哪段话，既然战争年代都把生产建设视为一个“伟大的阶级斗争”，和平年代不是更有理由搞好生产建设吗？自奉为无限信仰毛泽东思想的年轻人，能不考虑吗？父亲虽没说服我，但对

"文革"的理性思考不知不觉就始于这类思想交流之中。他的教诲使我终身难忘。

1971年，当时全国上下大批资本主义，大兴"斗私批修"、"狠斗私字一闪念"。这时父亲已从河南"五七干校"回到北京，虽已获"解放"，但尚未被安排工作，"赋闲"在家。那时，我还在北京第二通用机械厂工作。有一天，他从报纸上看到有些地方纷纷关闭农村集市贸易的自由市场，不由地深深叹了一口气。他突然问我："什么叫资本主义生产方式？"我当即回答说："那就是有资本家、有资本还有剩余劳动。"他又问："那你看这集贸市场呢？"我说："那也是啊！沾到钱了，沾到交换了嘛。"他说："你错了，你还是个大学生啊！你们学过《资本论》没有？"我说："没好好学"。于是，父亲详尽讲解了物物交换和资本增值，分析了农村集贸市场的交易方式与资本增值生产方式的本质区别。当时父亲说："我们现在老是批判资本主义、修正主义，实际上我们的马列主义的认识水平和学习已经降到最低点。"

有一天，父亲又问我："你对斗私批修怎么看？"我说："私是万恶之源。"父亲问："你是唯物论还是唯心论？"我说："当然是唯物论啊！"父亲说："不对。私心、私的观念是意识形态问题，你不能把这个与私有制混为一谈。"他说，个人利益、个人愿望应该是合理的。虽然还在"文革"中，父亲就能够非常清楚地把私有制和私有观念严格区分开来，对当时盛极一时的极左路线的方针政策有着深刻的思考。

父亲在"文革"中期也常对身边的人说："我不能反潮流，但总能抗潮流吧！"从当时的荒唐混乱之中，他更坚定了共产党执政以后必须做好经济工作的决心。

解决知青返城问题、青年人的就业问题、社会上的待业问题，这是耀邦同志进入中央领导层以后，主持参与解决的第一批问题。

1979年是知青返城的洪峰年，人流滚滚，怨气难平，西双版纳农场知青下跪请愿，群体卧轨，7万人罢工事件，震惊中南海。当时，华国锋和胡耀邦对下乡知青是十分同情的，但在解决问题时，刚开始还停留在怎样改进工作，加强领导，制止干部违法乱纪的思路上。

当年5月29日，父亲在听取宣传口和政法口的工作汇报时，触及知青返城问题，他立即和全国的就业问题联系起来。他说："要下决心解决就业问题。有关这方面的好经验你们要登报。要不厌其烦，不惜篇幅。知青办应推荐。"(《胡耀邦思想年谱》)

6月13日、14日、15日，父亲抱着"要把就业问题说到家"的态度，一口气谈了三次就业问题，其中的思想在今天看来，仍有着十分惊人的前瞻性和准确的判断力。在30年前改革开放尚未完全启动时，他就一针见血地指出国有企业不如民营企业（当时叫集体企业）对就业的贡献大，并要求大力发展服务业。

父亲有个习惯，爱记数字，爱算账，对数字的加减乘除得心应手，尤其是对经济问题。他说："现在有几百万青年要就业，今后每年要增300万……现在700万，再过几年2000万待业人员怎么办呢？"

当时，我党在宣传上把"失业"称为"待业"，对此父亲非常不以为然，认为没必要掩盖社会矛盾、自欺欺人。他说："要着重谈一个问题，把城市几百万待业青年安排好。我们用'待业'两个字，外国人说他们本来是失业，要把问题说到家。"(《胡耀邦思想年谱》)

6月15日，他又提到北京新大北照相馆："北京新大北照相馆将青年组织起来，利用早晚在露天引客，自由选景，态度很好，邮寄不要钱，顾客很多，一天赚五元钱，等于十三级干部。放手搞，自负盈亏，搞点税收。"(《胡耀邦思想年谱》)他反问："服务不光彩？集体所有制企业为什么不光彩？"

我看温总理的纪念文章

2010年9月15日，我从南京回到北京，看到"纵览中国"网站上有一篇文章，题为《胡耀邦家人如何看待温家宝》(下称《看待》)。《看待》所针对的是温家宝总理2010年4月15日发表在《人民日报》上的《再访兴义忆耀邦》一文。

《看待》提到我，说我对温总理的文章"冷笑一声说，什么呀，他哪里是纪念老爷子，除了沾老爷子的光，他什么也没做过"。

真实情况是，2010年4月中旬，我和几个企业家朋友应邀正在新疆伊犁州考察一个生物能源项目。15日早饭前散步，同行的一位朋友告诉我，温总理发表了《再访兴义忆耀邦》一文。我当时一惊，没有多想，即刻给在北京的秘书打电话，请他转达对总理尊重历史的敬意。第二天，同行的段永基找来文章的传真稿，我才认真拜读完毕。当时见到的新疆党政领导也表示文章写得感人。后回到北京，我还和秘书谈起，觉得温总理的文章写得平实诚恳，我相信没有谁违背作者意图大删大加大改过，也不像集体正式讨论后的纪念稿，完全是总理自己的手笔，一气呵成。难为总理了。我想，就不要再给总理办公室打电话打扰了。

这都有我的日记为证，何有《看待》所称“冷笑”之说？况且四个兄弟姐妹在家中都称呼父亲为爸爸，称呼母亲为妈妈，老爷子长、老爷子短的称谓绝不会挂在我们嘴上。至于谁沾了父亲的光，谁欠了父亲的情，我们心中也少有个人的恩怨芥蒂。因为父亲在“文革”中，对我们兄妹有过非常生动、深刻的教育。他说：“毛泽东思想重要不重要？毛主席的接班人重要不重要？都重要！但放在第一位重要的还是毛主席开创的伟大事业！这个事业就是建设繁荣昌盛的社会主义伟大祖国。革命自有后来人嘛！”他对热心于伟大事业的年轻人、中青年干部充满着关心与希望，对背离这一崇高事业，为追逐权、利、禄而迷失方向的干部总是痛心疾首，甚至愤怒。

父亲退下来以后，如果见到过去曾在他领导下的中青年干部还在工作，总是非常欣慰地说：还在工作，还用你，很好！做好工作吧！这种话就对家宝同志说过几次。

家宝同志和书记处许多同志都记得，1985年11月20日是父亲70岁的生日。那天是不是在家中吃的晚饭我已记不清楚，晚饭之后，他还沉思踱步在勤政殿的走廊上考虑国是。温总理在文章中说：“他的言传身教使我不敢稍有懈怠。”只要是有良知的共产党干部都会理解这句话中的感情和意义。“男儿有泪不轻弹”，此情此景，今日回想起来，难免让人落泪。

1990年12月，父亲的骨灰在江西共青城安葬，乔石同志去机场送行，家宝同志和杨德中同志乘机陪同，毛致用、吴官正等同志在机场迎接。对党中央的安排，我们全家表示感谢。一路上家宝同志及所有中办同志对母亲非常尊重，我们全家也感谢他们周到的服务，何有《看待》所称“暖人的眼神”全无之态？家宝同志既有此行，怎么又会如《看待》所说，反对耀邦同志九十周年的纪念会呢？为了这次纪念会，温总理还给我家提供了一张父亲、锦涛同志和他在贵州与地方干部合影的照片。母亲也出席了纪念会。这都有公开资料可查，该文竟硬说母亲拒绝出席会议，真是太藐视广大读者的记忆了。

2003年十届全国人大一次会议召开，家宝同志出任国务院总理。大会结束以后，温总理马上就拜访了母亲。母亲除了祝贺，就是希望他谈谈国内的经济形势。她对历届来家中探望的中央领导人也从未提出过什么个人要求。

父亲当年选中央办公厅副主任时，有一个原则，就是要选一个“生面孔”的人到中办，选好以后，就要努力工作，不能串门子。他很为这种选拔干部的方法而自得。他认为党内外的中青年干部这么多，怎么能老在熟人中间、在门第中间做文章呢？父亲那种对干部一视同仁，又以干好事业为标准选拔干部的眼光，我拥护。

有人会问：温总理为何写这篇文章？我认为，对于我党历史上被肯定的代表人物，人人可以写纪念文章，为何总理就不行？当然人非完人，都有其局限性和过失，若因此就成为媒体的禁忌，这才是大问题。这么做到底对谁有利？

也有人说，有人说话太多，有作秀之嫌。当然每个领导人的言行都要受实践的检验，但现在的主要问题是许多干部言不及义的假大空话太多，或是一脸木然，不表达自己的真实感受，不作为。中国人民真该认真想想，我们究竟需要什么样的人民公仆。

我没有带锦涛同志来见我父亲

我没有带锦涛同志去见父亲，我要澄清这一点。很多外国记者，尤其是日本记者很喜欢问我这个问题，但是我做澄清后他们都不登出我的观点。2008年，我去日本访问，《日本产经新闻》记者又问这个问题。我说，你要是问我这事，我们能不能达成一笔交易，如果我说了真话你一定得登。他说可以。我就告诉他，没有这回事，我当时没有去党校，也没有在上世纪80年代初和锦涛同志一起学习过。真实情况就是这样的。锦涛同志的进步不是凭个人关系，也不是凭亲朋好友提拔上来的。

这家报社刊登以后，我从日本回来将这个报道交给了当时的一个政治局委员、一个书记处书记。我说这是我的一个澄清，这对我们党的民主生活好。对我们国家年轻干部走上领导岗位，这是个真实的反应。

但这并不是说与胡锦涛主席没有交往。1984年，胡耀邦视察湖北，胡锦涛陪同前往，我当时任湖北整党联络组组员，也与之同行，一路上也有交谈。

耀邦同志退休后，锦涛同志也来，现在每年春节就会来这里。

（作者系文史学者）

原载于《同舟共进》2011年第9期

林彪的读书生活

李　德/口述　舒　云/整理

李德，解放军总后勤部副军职离休干部，1928年生于苏州，1945年参加革命。1959年12月至1965年任国防部部长林彪办公室中校秘书，之后任高等军事学院社会科学教授会教员、总后指挥学院副教授、总后政治部副秘书长等职。

“书虫”林彪：独特的读书方法

1960年1月，林彪在广州珠江宾馆主持召开全军高级干部会议。作为新任国防部部长，林彪要在会上就形势与任务发表讲话。新任伊始，有许多问题需要明确回答，特别是战争与和平问题此时在国际上被搅得十分混乱。虽然林彪并不是发表公开讲话，但面对几百万解放军官兵，在这个大是大非问题上必须旗帜鲜明亮出自己的观点，林彪决定从列宁的著作中看一看他对战争与和平问题的基本观点。因为列宁的话更具权威性。他向秘书交代：“从广州军区政治部借一套《列宁全集》来，现在就要！”

秘书把书找来后，他数了数共有38卷。林问：“就这些吗？”秘书答现在已出版这么多。于是林彪和秘书分了工，第1卷至19卷由秘书看，第20卷至38卷由他自己读。他指示秘书把凡是讲到战争问题的语句章节都摘抄下来做成卡片。他自己读的部分由他用红笔划出，找别人帮助摘抄。并且要求两天之内完成。秘书担心，后19卷分量大，是不是秘书多承担一些，林彪回答说：“从1914年到1918年正是第一次世界大战时期，这一段时间，有关战争与和平问题列宁的论述最多，还是我自己来看。”两天过去了，林彪的办公桌上放着200多张卡片。

他一边翻检，一边分类，有的还用红笔在旁边加注，显然已胸有成竹。为了对“战争与和平”问题作出权威性的回答，竟然把《列宁全集》全面复习了一遍，这种严谨的态度确实不同寻常。随后林彪在会上作了长篇发言。

会议结束了，大政方针基本上定下来了，于是如何带兵、爱兵、用兵的问题又提上议事日程，会上确定的大政方针也要一项一项落实。林彪对秘书说：“你再给我找一些书，主要是古代的兵书。这些书里有许多带兵之道、养兵之道、用兵之道，很有用处。能借就借，不能借就买。”这时已进入2月，临近春节，林彪正是想利用假期，较少日常公务的干扰，多读些书。秘书从广东省图书馆古籍书刊部查出一部《武经七书直解》，是清代末年的木刻本，一共10册，看起来还未曾借出过。秘书立刻请广州军区政治部协同办了借书手续，把书借到手。《武经七书直解》是从先秦到唐朝初年先后刊行的七部兵书的合编，包括《孙子兵法》等。

林彪看到这部书十分高兴，像得到什么宝物似的，马上喊叫“叶群，叶群！”没等叶群问话就说：“叶群，我告诉你，今天借到一部好书，我们两个人一起来看。”就这样整个2月份，林彪从早到晚除了吃饭、睡觉，一直埋头读这部书。叶群也跟着读。办公室也忙起来，两个秘书，一个尉官，还有两个只有初中文化的内勤，一齐动手，都来参加抄兵书语录。按照林彪红笔勾画的记号，一句或一段话抄一张。然后分别按坚定正确的政治方向，艰苦朴素的工作作风，灵活机动的战略战术，团结、紧张、严肃、活泼这七个专题分类汇集。

从林彪的神情看，这段时间，他显得轻松、惬意，一有空就和叶群谈这部书，说这是“中国古代兵家的重要遗产”，还说“要是都翻译成白话文就好了，可以让干部都读一读”。后来叶剑英来看林彪，林彪向叶帅推荐了《武经七书直解》，并且建议：是不是可以组织一些专家，把该书翻译成白话文。（事过20多年，到了1980年代，由中国人民解放军军事科学院编译成的古文和现代文对照的《武经七书》终于出版，这是后话。）

提起这部《武经七书直解》，还有一段插曲。林彪有个习惯，凡是他读过的书就单独保存，其他人员甚至叶群都不能随意翻动。

这部书是借图书馆的，只能用一个月。40天过去了，图书馆向广州军区政治部经办人催要。秘书向叶群请示怎么办好。叶群知道林彪的习惯，又何况林彪十分珍爱这部古籍，就让秘书以国防部办公厅秘书的名义同图书馆商量，再延期三几个月归还，但一定不要透露是林彪正在用这部书，等回到北京想办法买一部。秘书也只好这样办了。后来回到北京，秘书几乎跑遍了所有的中国书店旧书门市部，都没有找到，而且许多老营业员都不知道有这么一部典籍。秘书几乎绝望了。每天抱着试试看的心情去逛旧书店。一天偶然在隆福寺小街，发现一家门面很小的旧书店，就进去询问有没有这样一部书。营业员回答说没有，但又说店后面有两间书库，你要有兴趣可以自己找找。秘书在书库足足翻了两个小时，终于发现一部《武经七书直解》，与广州借的那一部同一个版本，只花了10元钱就买下了。秘书向叶群汇报了买书经过，叶群也喜出望外，向林彪作了报告："101，我们又买到一部《武经七书直解》。这回好了，可以还给广东省图书馆了。"从此，林彪给秘书交代了一个任务："有空的时候多去旧书店走走，发现好书就买下来，就算是你们替我逛书店。"这里需要说明的是，"101"是林彪在东北野战军任司令员时的代号，叶群几十年来一直用"101"称呼林彪。

3月，林彪看到叶群通读《武经七书直解》后，打下了一定的读古籍文献的基础，就让她趁热打铁，读《纲鉴易知录》。他自己读《资治通鉴》。林彪读书很快，他有自己独特的方法。秘书们有时也一起议论，首长看书速度怎么这么快。后来有一次林彪和秘书闲谈时谈到，如何读大部头书。他说：每读一本书都要有明确的目的，有重点，有针对性，有些章节要精读，有些可以粗读，有些索性不读。读书切忌平均使用力量。有时一目一页，有时一目十行，有时则十目一行，这样就可以大省精力。为了让秘书提高读书的效率，事半功倍，林彪曾多次重复讲这些话。

4月，林彪回到北京，他让秘书到书店买一些古代名家论述政治方面的书。秘书听后有些发愣，不知该买些什么书。林彪立刻补充说：比如贾谊的《过秦论》、诸葛亮的《(前后)出师表》等都属于这一类。秘书恍然大悟，于是到书店给他买回了一部线装的《昭明文选》。林彪连连说：对，对，我想找的就是这一类的书。一连十多天，他就读这部《昭明文选》。

在读书上，林彪还有个习惯，他的书桌平时只摆一部书，其他书刊统统不能放。这部书读完，再换另外一部。他曾引用一位古人说过的话："心中书不可少，案头书不可多"，这样才能专心致志做学问。

这一年4、5月间，林彪围绕"政治工作是我军的生命线"这个命题，反复研读了毛泽东有关政治工作方面的论述，在这个基础上提炼了"政治工作是提高我军战斗力诸因素中的首要因素"这句话，以题词的形式公开发表。

一封群众来信进一步坚定了林彪的"政治观"

1960年8月间，林办收到军委办公厅秘书处转来的一封群众来信。信封上写着：寄中华人民共和国国防部林彪部长亲收。因为是亲启信件，秘书处信访组未擅自拆封，林彪秘书拆开信封看完，是一封控告信，控告军人违法乱纪，信写得很长，主要内容是：

我是一名女青年，我热爱解放军。解放军是保卫老百姓的。可是我万万没有想到解放军里也有坏人。上星期日，在卢沟桥以西，我步行回家，有一名穿着军服的人在身后跟着走，因为是解放军我没在意。当走到一片玉米地时，该人突然从后边抱住我，把我强行拽到庄稼地里，我拼命挣扎喊叫，四周无人，我敌不过他，无可奈何……请您帮助我把这个衣冠禽兽查出来，给我雪耻。我受害地点附近有一所装甲兵学校。我记得在我跟他拼打时，曾揪掉他军上衣的一个扣子。请林部长快点清查，把坏人从军队里清除出去……

秘书看过信后，向林彪作了口头汇报。林彪对这封信极为重视，让秘书把原信再从头至尾念一遍。他紧锁双眉，一言不发。停了好一会儿，让秘书把控告信放在桌上，语气沉重地说："你给萧向荣（军委办公厅主任）打电话，请他来一趟。现在就来。”

此时，前毛家湾的寓所正在翻修，林彪的小办公室暂时设在万寿路新六所，这里离国防部大楼约15公里，萧向荣最快也要20分钟才能到达。林彪就在过厅散步，这是他的老习惯。每逢约见客人的时候，他总在门道或过厅漫步，边想问题，边等客人。当萧向荣在秘书引导下走进客厅时，林彪立即朝沙发的方向一指：“来得好，请坐。”随着话音自己也坐到沙发上。

林彪对萧向荣说：“刚刚看到一封群众来信，告状的。写信人对解放军很热爱，可是她受了害。你把信带回去多打印几份，送军委办公会议成员每人一份。当前部队思想工作有不少问题，有的领导人什么都抓，就是不抓作风建设，忙于事务。这样忙下去，坏人坏事越来越多，没有人管嘛！这封信又是一个警告，切中要害，军委要考虑开个会，专门议一议这件事。”林彪又交代说：“可以先开一次军委办公会议，把这封信作为一个议题，同时告诉总政治部，尽快查明坏人，严肃处理。”

由于这封信提供了具体时间地点，特别是“揪掉一个扣子”这个情节，总政保卫部在装甲兵学校密切配合下，很快查到作案人，公审后判了刑。有关部门对受害人也做了善后工作。作为一个案件可以说告一段落了，但林彪的思路并未停止，他仍在思考。联系前不久看到的海军所属某水警区一个基层单位党支部“基本烂掉”的《情况通报》，林彪更加肯定地认为思想工作松不得。

林彪感到不解的是，近几年来每次讲话都特别强调政治的重要，给政治机关撑腰，鼓励政治干部大胆工作，为什么在实际工作中没有回声？

独特的夜间思考方式

林彪意识到虽然断断续续讲得不少，之所以没有引起有关部门的注意，可能是讲话缺乏深度，遂决定从调查研究做起。林彪让秘书帮忙办两件事，一件是让秘书到附近的连队、机关搜集现在连队士兵使用的政治教材，从总政治部、大军区政治部直到军政治部编写的统统要；同时找一些不同类型的连队指导员，了解连队政治课是怎么讲的，连队对上级政治机关有什么要求，教材搜集得越多越好。林彪对秘书说："我想知道现在连队政治教育是怎么抓的，必要的话你可以找几个战士座谈。"

林彪让秘书做的另一件事，是要秘书看一些书，搜集理论资料，主要是马、恩、列、毛关于物质第一性、物质的作用，精神第二性、精神的作用，物质与精神的关系，精神、思想起不起重大的决定作用。林彪嘱咐秘书把这些相关内容摘抄成卡片，并说："这些天我想了很久，马克思主义哲学讲物质第一性，精神第二性，这是就世界的本原讲的。但是，是不是第一性就是第一等的重要，第二性就是第二等的重要？它们之间能不能相互转化？有关这方面的论断不怕多，摘录的越多越好。不同年代讲的同样内容的话，即使一字不差也摘下来，注明不同的出处。"

秘书从附近的连队、驻京院校图书馆、总政治部宣传部士兵教育处等部门一共找到30余种连队政治教材。整整一个月，林彪一直翻阅这些材料和讲话，还有一张张卡片。他对搜集到的士兵政治教材看得很细，说："红军时期不用说，就是解放战争时期连队要看张报纸也很困难，更难得有这么多教材。现在连队要比以往条件好得多，有条件把政治教育搞好，这些教材编得不错，问题在于不应该照本宣读。很好的一本教材，硬是规定几个月分几次讲完，像教科书一样，缺乏生气。青年人的思想很活跃，不同时间、不同任务都有不同的变化，硬性规定讲一本书，讲来讲去老一套，听不听一点钟。长此下去，势必流于形式。"

林彪研究马、恩、列、斯、毛的语录卡片时，不时有旁批。

在这些日子里，内勤公务员每天早晨做清洁时，总要从林彪床边的地板上收拾起一些写有几个字的办公用纸。这是林彪的重要工作习惯之一，在他的办公桌、客厅、床头柜都要放一些十六开的白报纸和削好的一支支铅笔。每逢他思考问题有所得的时候，就立即随手记下，有时是整句的话，有时只是反映思想火花的一两个字。夜间也是如此。当他躺在床上突然想到什么问题或有所悟的时候，不必开灯，顺手在床头柜摸到铅笔写在纸上，为了避免重叠而字迹不清，他写一张就往地上扔一张，既不会遗忘，又不致影响入睡。他把这一点一滴的思路看成是思想智慧的"珍珠"。第二天把这些零散的"珍珠"收拢起来，经过逻辑排列，编织成连贯的讲话提纲。他的大部分讲话，特别是党内、军内重要会议的讲话，就是在这样的基础上深思熟虑而成的。这也从一个侧面反映了林彪的独特风格。在没有电脑的年代，这种方法也算难能可贵了。顺便提一下，7月林彪全家到庐山度假时，带了两本书，一本是《曹注孙子》，也就是曹操对孙子兵法的评注。这本书他不知已读过多少遍，封面都破了，还在书上做了不少眉批和腰批；另一部是克劳塞维茨的《战争论》。林彪读过许多西方名著，他的小图书室内陈列的书说明了这一点。但是他常常挂在口头上的，也是他比较喜欢的西方名著有"四论"，即赫胥黎的《天演论》、达尔文的《进化论》、克劳塞维茨的《战争论》和马克思的《资本论》。有一次林彪自言自语："四论四论，都是学问。"

毛泽东阅后批示："这是个创造"

需要是创造之母。通过几个月的读书、思考、查资料，林彪终于完成了在军委扩大会议上讲话的准备工作。

1960年9月中旬的一天早晨，林彪匆匆吃过早饭，招呼副官："走！开会去。"这时候只见他手里拿着一张白纸，上面用铅笔写着四行大字：

人的因素第一，政治工作第一，思想工作第一，活的思想第一。

200多名高级军官聚精会神地听林彪讲话。林彪胸有成竹，滔滔不绝，一气呵成。酝酿了几个月，讲了一小时。最后林彪如释重负，"四个第一"产生了。

会议期间，决定仿照古田会议的形式起草军委扩大会议决议。为了广泛汲取到会同志的智慧和经验，成立了两个起草小组，一组由空军吴法宪中将牵头，二组由济南军区政治委员梁必业中将主持。两个组同步进行，拟两个决议稿，然后分发各组研究讨论、比较。最后确定一组的稿子为主，吸收二组的有关章节，合二为一成为送审稿。会议结束后，林彪的讲话和《关于加强军队政治思想工作的决议（草案）》送毛泽东审批，同时报送中共中央各常委。

总政治部在上报决议草案时，把林彪所讲的"四个第一"的部分，稍加文字修改后纳入决议的序言中。

林彪的原话是：在政治工作领域中，要正确处理四个关系。一是武器和人的关系。打仗时武器也要，人也要。但是武器要人去使用，人不勇敢，武器就不能充分发挥作用，所以战争的胜利还是靠人；二是各种工作和政治工作的关系。军队工作有司令部工作、后勤工作，有军事训练、文化教育，等等。政治工作做好了，人的积极性、创造性发挥起来了，各种工作就都能做好。从这一环着手，一通百通；三是政治工作中各种工作和思想工作的关系……四是书本思想和活的思想的关系。书本要读，但是重要的是掌握活的思想，书本教育要同实际相结合……

林彪讲话的记录稿报送毛泽东审阅。毛阅后立即批示："四个第一好，这是个创造。"林彪看过毛泽东的批件之后，默默一笑，随口说："四个第一也是逼出来的，这本来是总政治部的事，我越俎代庖了。"

（作者系文史学者）

原载于《同舟共进》2012年第4期

我所了解的江青与康生的关系

杨银禄

康生早年就认识江青？

传说江青的母亲李栾氏曾给康生家当过佣人，就在那时，康生认识了江青。

江青的母亲是否给康生家当过佣人无从考证。即使当过，那也是江青五六岁的时候。1972年夏天，江青与美国女作家维特克夫人谈话时（当时我在场）说："有一年正月十五（元宵节）那天，我父亲因一件小事毒打了母亲，母亲忍无可忍，一气之下带着我离开了家门。""我母亲要出去工作，因此我可以上学。""诸城县一个有一妻几妾的姓孙的地主收留了我们俩。不久，母亲又找到了一份工作。这是一家'破落地主'。""在我只有五六岁的时候，我就试着走夜路去找我母亲。"

假如有人认为这个"破落地主"就是康生家的话，康生是1898年出生，江青是1914年出生，康生比江青大16岁，康当时是二十一二岁的风华正茂的小伙子，怎么会对一个五六岁的佣人家的小女孩产生好感呢？

1937年7月（有的说8月），江青从上海去延安。康生作为共产国际中共代表团副团长、王明的副手，与王明、陈云一起于1937年12月（有的说是11月29日）从苏联回到延安。在此之前，江青就与毛泽东相识了。作家王凡、东平在《徐明清与江青关系的事实真相》一文（《党史博览》2007年第3期）中说："经过两个多月的审查，江青的党籍问题由于黄敬的证明，最终得以解决，她本人也于1937年11月进入抗大学习。在抗大学习期间，江青和毛泽东有了频繁接触。她经常以向毛泽东请教问题为由，到毛泽东住的窑洞来做客。很快，江青和毛泽东恋爱的消息便在延安不胫而走。”这可以说明，康生并未从中牵线。

江青与康生的政治和个人联系，是康生从苏联回到延安以后才开始的。在这之前，江与康是否认识，没有充分的证据，不得而知。

康生从苏联回到延安以后，历任中共中央社会部部长、情报部部长、中央书记处书记等职。在延安整风运动期间任中央总学习委员会副主任，发动了所谓“抢救失足者”运动。康生对江青的情况肯定了解，知道他们是山东同乡，更明白江青与毛主席的关系，所以对江青的进步是很关心的。1938年7月1日，中央党校召开建党17周年纪念大会，康生当主席，张闻天作报告，晚上演京剧《打渔杀家》。当时，康生是党校校长，江青是党校学生。康生动员江青演主角萧桂英，他自己还指挥乐队打小鼓。这出戏演出很成功，江青表演得很好。自此，江青在延安的名声就更大了。有人说：“那时江青很漂亮，不但会演电影，还会演京戏。”

两人互相关心，互相支持、配合

江青与康生的关系，以我的所见所闻，觉得从总的来说是比较好的。

党的九大期间，江青急欲进政治局，康生为她的这一愿望是尽了心、出了力的。在九届一中全会上，江青如愿当上政治局委员以后，康生高兴地跑到江青的住地钓鱼台10号楼，热情地表示祝贺。几天后，康生又给江青写了“风华正茂”四个刚劲有力的大字。（康生的字写得很好，能左右开弓。他会刻章，会画画，是一个多才多艺的人——笔者注）康生还请人裱糊好，装进漂亮的镜框里，亲自跑到江青的住地，郑重地递到江青手里。江青看到这个条幅，如获至宝，一再向康生表示感谢。她说：“感谢康老对我的关心、肯定和鼓励。康老是我最好的老师。”康生听了以后，高兴地说：“江青同志是我最好的学生。”（在延安时，康生是党校校长，江青是党校学员，那时他们是师生关系——笔者

注）康生走了以后，江青吩咐我们将康生写的这个条幅挂在大厅的正面南墙上。

江青的牙齿不好，有一次牙龈发炎，康生知道后，热情而耐心地建议江青使用竹盐水漱口。江青同意后，康生又把江青的厨师程汝明同志叫去，亲自教程师傅如何做竹盐水。康生说："用新鲜的竹子，把大粒的海盐灌到竹筒里，再把竹筒放进烤箱里烤。这样连竹子里面的内膜都炭化了，盐也烤得黑乎乎的了，倒上水，用这水漱口，漱几天以后，牙龈炎就好了。"江青遵嘱认认真真地做了。还真的管用，几天以后，牙病好了。

为了感谢康生的关心、帮助与鼓励，江青把康生请到她的摄影室，给康生照标准像，并放大16寸，亲自送给他。康生经常咳嗽，江青为了保护他的脖颈和喉咙不受凉，亲自送他一条她自己设计的獭皮围脖。

康生由于精神上受刺激过大，用脑过度，吸烟过量（平时一天能吸三包小熊猫香烟）等原因，党的九届二中全会以后，在心理上和生理上都发生了很大变化，精神和体质大不如前了。茶不思，饭不想，也很少睡觉。曾有几天，拒绝吃东西、喝水，总怕有人下毒。江青为了使康生吃东西，恢复体力，延长寿命，就叫程师傅做了几样好吃的小点心，亲自送到康生住地，端到他的病床前劝他吃。她当着康生的面先吃了一小块点心，并说："好吃好吃。"康生见江青吃了，也跟着吃了。江青高兴地笑了。

江青回到自己的住地以后，对我们工作人员说："康老这个人真奇怪，别人喝过的茶，放在他的眼前走开后，他赶紧抢过去就咕嘟咕嘟地喝了，他以为别人吃过的东西、喝过的茶，就可证明没有毒。"有人说他患的是严重的老年抑郁症。

为了使康生高兴，江青前后几次给康生送去鲜花，表示问候。有一天，江青亲自开着红旗车给康生送鲜花。由于是初学开车，驾驶技术太差，当开到钓鱼台8号楼东边的小桥时，差一点开进湖里去，坐在副驾驶室的司机小刘看到情况危险，啪的一下就把方向盘给扳正了。江青是经历过世面的人，如此危险的情景并没有惊吓着她，到了康生的床前，仍然很镇静地请康生赏花，请他保重身体，祝他早日恢复健康。

在“批林批孔”初期，抱病在身的康生积极支持和配合江青的行动，江青则在1974年1月25日的中央机关“批林批孔”动员大会上夸奖说，康老有功劳，康老立了一功……

江青对康生尊重有加

江青对康生十分尊重，主要表现在如下几个方面：

一是在称呼上。江青称呼康生，无论当面还是背后，或者是文字称呼，我从未听到和看到她称“康生”，总是称“康老”。

二是在态度上。江青在我们工作人员面前从未讲过康生的坏话。有时不高兴了，实在忍不住了，想跟我们说说她内心的话，话刚露头，就立即收了回去。可是，她在背后经常讲陈伯达的坏话，说陈伯达“不修边幅、窝囊”，“他说他是小小的老百姓，哪有他这样的小小的老百姓，官大一级压死人”。还说“我跟他（陈伯达）吵过架，还在他面前摔过杯子”。有一次，她还在我面前发泄对张春桥、姚文元的不满。她说：“我跟陈伯达吵架时，张春桥、姚文元一声不吭，不坚持原则，我叫他们二位作检讨。”（他俩还真写了检讨，并亲自送到江青手里，才作罢——笔者注）可那天吵架时，康生也没有发言，江青却没有追究什么。

三是在看电影上。江青喜欢看电影是出了名的。在钓鱼台17号楼放映室里存放了上百部影片，这些影片如果没有江青的批准谁也取不走，但康生除外。

江青请康生陪看电影，他如有特殊情况就不去看，江青对康牛没有任何不满的表示。江青通知张春桥、姚文元看电影，他们如果没有充分的理由不陪她，她会不高兴甚至表示不满，有时还会拿他们是问。

康生的态度为何急转直下

党的九届二中全会以后，康生对江青的态度，在我看来明显起了变化。他对江青的不满意既有说辞，又有表现。以前，康生经常到江青的住处去看江青，有事说事，无事问候。以后，一次也不去了。以前，江青请康生到17号楼陪她看电影，康生如果没有特殊情况，是不会不去的。以后再请，一次也不去了。但江青并没有表现出不高兴的样子。以前，康生对江青很尊敬，是江青政治上的坚强支持者和依靠者。从来没有听到过康生对江青有什么不好的说法，九届二中全会以后就不同了。1970年中秋节，毛主席送给江青5个粘玉米，当时，江青送给康生、张春桥、姚文元各一个，于是康生对此借题发挥。有一天，他对他的秘书黄宗汉说："5个玉米主席肯定指的是军委办事组的那5个人，意思就是提醒江青在斗争中不要迷失方向，头脑要清醒，不要迷迷糊糊，由此可以看出主席对江青的看法有了变化，我的这种分析你不要告诉任何人，更不要向江青透露，江青这个人很聪明，也很敏感，她会领悟到主席送给她5个玉米的含义的。"（1999年3月21日，黄宗汉告诉我的——笔者注）

有一天，江青看望康生并回到她的住处以后，不知道为什么不高兴了，拉长脸说："我以前多么关心他呀！我还送过他毛衣呢。我在延安的时候就织过毛衣，我给主席织过毛衣，还给康老织过毛衣，可是现在他……"当时我们不知道她说这话的意思是什么，后来才知道他们的关系出现了裂痕。

1974年3月20日，毛主席在给江青的信中说："过去多年同你谈的话你好多都不执行"，"我死了看你怎么办？"

同年7月17日，毛主席在中央政治局会议上公开批评江青说："不要设两个工厂，一个叫钢铁工厂，一个叫帽子工厂，动不动就给人戴大帽子。"并当众宣布："她并不代表我，她代表她自己。""江青有野心，她是想叫王洪文做委员长，她自己做党的主席。"

10月18日，王洪文按照江青一伙的策划，到长沙向毛主席汇报工作时诬告周总理和邓小平同志，毛主席当即告诫王洪文：你要注意江青，不要跟她搞在一起。12月23日，周总理带病与王洪文一起到长沙向毛主席汇报工作时，毛主席再次告诫王洪文："不要搞四人帮"，"不要搞宗派，搞宗派要摔跤的。"他说："江青有野心。你们看有没有？我看是有。"他再一次说，小平要担任第一副总理、军委副主席和总参谋长三个重要职务。

康生是一个非常聪明的人，老谋深算，又十分熟悉党内斗争，善于窥测政治动向，看到毛主席对江青一再进行严厉批评，就对江青的态度发生了急剧变化，想急忙与她划清界线，拉开距离。他拒绝江青的探望，即使见了面也不给她好脸色。重病缠身的康生，于1974年周总理赴长沙向毛主席汇报工作之前，赶紧向周总理揭发江青、张春桥是叛徒。接着他又托人给毛主席带话，揭发江、张的叛徒问题。

当然，江青也是一个很聪明、政治很敏感的人，康生对她的态度发生的巨大变化，她觉察到了，也十分不满，但这种不满大多数时候没有表现出来。

（作者系中共中央办公厅老干部，曾任江青秘书）

原载于《同舟共进》2011年第12期

"样板戏"的台前幕后

杨银禄

一部戏好与不好，检验的唯一标准，是看人民群众喜欢不喜欢。

1965年2月，中国京剧院副院长张东川和阿甲一起带《红灯记》剧组南下公演，在广州东风剧场和拥有5000个座位的中山纪念堂演出时，场内观众爆满，场外人头攒动。在深圳演出时，许多香港居民纷纷跑过罗湖桥一睹为快。同年3月初，剧组挥师北上，在能容纳三四千个座位的上海人民大舞台连演42场，观众超过11万人次。一些买不到票的观众还给报纸写信，希望能得到一张说明书，以补向隅之憾。时任文化部副部长林默涵在文章中回忆说："在苏州，我亲眼看见观众们边看戏边流泪，有的自己的手绢湿了，又向爱人的口袋里掏手绢，许多观众说，真没想到京剧表演现代革命斗争生活能如此成功！"

毛泽东给《沙家浜》命名，给《红灯记》改词

京剧现代戏和其他剧种的改革创新，是一项庞大浩瀚的系统工程，决不是凭几个人一时冲动，在短时间内一蹴而就的。它需要发挥很多人的聪明才智，经过长时间的艰苦不懈的努力，才能做好、做成功。

毛主席平时很喜欢京剧，对京剧如何演好现代戏也非常关心，并曾与京剧界人士专门就此进行了座谈。1964年7月23日晚，毛主席在刘少奇、周恩来等党和国家领导人陪同下在人民大会堂观看了京剧《芦荡火种》。他看得非常入神，看完后又与剧团编导和演员进行了座谈。在肯定了《芦》剧的同时也提出了几点意见：一是剧中新四军的音乐形象不

饱满，要鲜明地突出新四军战士的音乐形象；二是军民鱼水关系不够突出，要加强军民关系的戏；三是芦荡火种结尾不合适。原沪剧《芦荡火种》的结尾是新四军利用胡传魁结婚，化装成吹鼓手、轿夫，搞出其不意的袭击。毛主席认为，这样一来，结尾成了闹剧，全剧就成为风格不同的两截子了，应该改为新四军正面打进去。他对剧组同志说："要突出武装斗争的作用，强调用武装的革命消灭武装的反革命。戏的结尾要打进去。戏是两截，改起来不困难。不改，就这样演下去也可以，戏是好的。"在谈到戏的名称时，毛主席幽默地说："芦荡里都是水，革命火种怎么能燎原呢？再说，那时抗日革命形势已经不是火种，而是火焰了嘛！故事发生在沙家浜，中国有许多戏用地名为戏名，我看这出戏就叫《沙家浜》吧。"

在谈到京剧的唱词时，毛主席又说"京剧要有大唱段，老是散板、慢板会把人的胃口唱倒的"。想不到毛主席对京剧还这么有研究，大家暗自佩服。

1964年11月6日晚，毛主席在刘少奇、邓小平等人陪同下在人民大会堂小礼堂观看了《红灯记》。戏演完后，毛主席走上台和大家亲切握手。当与袁世海握手时，毛主席问："你这个鸠山演得很成功，跟谁学的？"袁世海急忙回答："一个是导演的教导，一个是读过溥仪的《我的前半生》，里面有日本人土肥原……"毛主席听后笑了，并就戏中一个小的细节提出了修改意见，就是当戏演到李玉和要出门时，小铁梅说，"爹，外面天冷，您戴上围脖。"毛主席说："围脖太普通化了，虽然是现代戏，但京剧还是要雅一点，围脖应改成围巾。"江青当时见毛主席对这个戏十分赞赏，连忙对主席说："这个戏是我搞的。"不久江青又来到中国京剧院说："《红灯记》主席通过了，你们到南方去一下吧，扩大影响。"

安徽、上海争抢李炳淑，官司打到中南海

《龙江颂》拍成了电影，收镜时，江青正在广州休养。听说片子出来了，她让我打电话叫国务院文化组成员狄福才、钱浩梁、刘庆棠赶

快将片子送过来先睹为快。三人带着样片乘飞机到了广州珠岛宾馆看片子，看完后江青一改往常爱挑剔的面孔，非常高兴，连连称赞。没想到江青审片这么顺利，剧组人员大大松了一口气。而更令大家感到高兴的是毛主席对《龙江颂》的推崇。

在农村长大的毛主席对农村题材的作品尤其关注。然而，作为一个农业大国，已拍的几部样板戏却没有一部反映农村的，主席对此颇有微词。也正因此，《龙江颂》刚刚杀青，毛主席便急忙调看了电视转播，并大为赞赏，说："这个戏很好，让水，不争水！龙江精神，这是共产主义风格！你们为五亿贫下中农演了一个好戏。我们国家将近六亿人口，反映社会主义新农村的戏还只有你们《龙江颂》一个。"在当时阶级斗争的形势下，毛主席对剧本的修改也作了指示："黄国忠（阶级敌人）不要代表一个，要代表一派……结尾不要庆丰收收场，要开打收场……"剧组便对全剧着手进行修改，但改来改去，六易其稿都觉得不对劲，最后只好还是回到"弘扬共产主义风格"这一主题，以庆丰收收场。毛主席在电视里连看了几次，对此也没说什么，这在样板戏的演出中也是不多见的。

毛主席对《龙江颂》情有独钟，对扮演江水英的李炳淑也是关怀备至。1972年7月30日，正在人民大会堂参加八一建军节招待会的李炳淑突然接到毛主席身边的护士吴旭君传话："毛主席请你今晚去见他。你参加完晚会，在人民大会堂侧门等着，有车来接你。"毛主席接见？李炳淑激动不已。实际上，她之所以有这样的成绩，与毛泽东当年的"留人之恩"是分不开的。

那还是1959年夏，年方17岁的李炳淑作为"定向培训生"从安徽蚌埠来到上海戏曲学校京剧班三年级当插班生，并以其过人的才华和好学精神得到了校长俞振飞和言慧珠的赞赏，毕业时校方决定将李炳淑留校任教。此等好事，李炳淑当然是再高兴不过的了。怎奈安徽剧团就是不愿放人。双方争执不下，居然将"官司"打到了毛主席那里。1960年，毛主席在上海参加会议期间亲自将李炳淑和安徽省委书记曾希圣及上海戏剧学校校长俞振飞叫来"断案"。毛主席一见到李炳淑就说："小李啊，你很了不起啊！你看看为了你的事，上海和安徽的官司打到我这里来了。好，现在我把你们各方都请来，你们当面谈谈吧。”又对曾希圣说：“李炳淑不是安徽的，也不是上海的，是国家的。她是个人才，我们就要培养喽！上海师资力量强，我看就留在上海吧！希圣同志，你就忍痛割爱吧。”毛主席既有此话，曾希圣还能说什么呢。有了主席的“一锤定音”，李炳淑的艺术道路也越走越宽。1960年代初，她在《杨门女将》中主演英姿飒爽的穆桂英，一炮打红，轰动了沪港两地。她从心底里感谢毛主席。此次，主席亲自接见她，她激动的心情是可以想象的。当她在工作人员的带领下一走进毛主席接见尼克松的书房，刚要开口，毛主席便迎上前来，笑着说：“小李啊，我们有好几年没见了。”

李炳淑连忙说：“是的，是的，主席这么忙，还关心我，真感谢您啊！可惜您没机会来看我演出。”“看的，我已看了你五次实况演出的电视转播呢！要说感谢，还得我感谢你和你们剧组，为五亿中国农民演了一出好戏啊！”毛主席边说边让李炳淑坐下，还风趣地补充道：“你坐的那个位置就是尼克松坐过的。”随后，两人拉起了家常，李炳淑汇报了自己的工作和生活，毛主席听后高兴地说：“看来，你这张饼已经完全成熟了，可以吃了。”李炳淑听了会心地笑了。原来早在1960年代初，在上海锦江饭店对面的俱乐部举行的晚会上，毛主席偶然听到李炳淑的同学喊她“阿炳”，当即幽默地将“炳”和“饼”两字故意混淆，风趣地对她说：“那你是一张饼喽，你这张饼什么时候能吃啊？”言下之意是什么时候能在艺术上成熟。

周恩来：“怎么影片上没有导演的名字？”

周恩来对样板戏的创作也很关心，工作做得细致入微，哪个剧组做出了成绩他就及时给予表扬和鼓励，看出问题他就诚恳地提出意见和建议，遇到困难他就给予帮助。

电影《龙江颂》一收镜，周总理的秘书便打电话给剧组说是总理要看。导演谢铁骊赶紧将片子送了过去。当时总理正好会见完外宾，便来到小礼堂，和大家一起观看，看片过程中总理还不时地点头。当影片放到“江水英”在大坝上那一段唱词时，周总理侧过头小声问身边的狄福才:“怎么影片上没有导演的名字?”狄福才说:“江青同志不同意突出个人，叫写集体创作。”周总理听了有些火:“集体创作?大家看后，连是谁拍的都不知道，应该写上!”

狄福才连忙解释说:“总理，这是江青同志规定的，从《智取威虎山》开始定下来的。”周总理更加恼怒了:“这不是笑话吗?外国的电影到中国的电影都有创作人员的名字嘛，怎么就样板戏的电影不写名字?写名字就是突出个人了?写上名字才能有负责精神。不写名字……真是滑稽!”

周总理对主创人员、主要演员非常关心和爱护。扮演《红灯记》中反角鸠山的袁世海，“文革”开始后，被一伙人赶出了舞台。或许是他演的鸠山太成功，以致后来顶替他的演员无论怎么努力，舞台上的鸠山总是显得苍白无力。1967年7月31日晚，周总理审看“庆八一”的节目《红灯记》，看到舞台上的鸠山，不满地说:“这个鸠山有袁世海的形，没有袁世海的神，袁世海哪儿去了?”旁边有人回答道:“专政了。”总理问:“他有什么问题?”旁边人说:“还没下结论呢!”总理不满地说:“袁世海的情况我知道，幼年进科班，后来在社会上演戏，如果没什么问题，明天让他演吧。”就这样，袁世海从睡梦中被“解放”了，当日就参加了《红灯记》的演出。此后他作为饰演反派人物的待遇是:不挂名，不谢幕。

有一次，周总理在会见出访团成员时，看到李炳淑，便亲切地招呼她说:“哦，炳淑同志也来了。”“你的命运比严凤英好，前些年我太忙，顾不过来，没能保护她，结果她死了，很可惜!你的机遇比她好。你要好好珍惜啊!”周总理之所以说这番话，是因为1968年被迫害致死的黄梅戏著名演员严凤英也是安徽人。

周总理对样板戏倾注了大量心血。1967年10月我开始担任江青的秘书，到1973年离开她那里，在五年又八个月的时间里，我亲眼看到当时的党和国家领导人不知多少次集体审看样板戏，并与编剧、导演、灯光、音乐指挥人员及主要演员一起座谈讨论，提出具体修改意见。大家都知道，周总理是党和国家领导人中最忙碌的人，像这样的座谈会他几乎每场出席，并提出了不少修改意见。他还给予了各个剧组以人力、物力、财力等方面的支持。

那些不应被遗忘的创作人员

为样板戏创作立下汗马功劳的，还有各个样板戏剧组的主要创作人员和全体演员。这是创作工作中一股极其重要的力量。他们是——

《红灯记》剧组的导演阿甲，编剧翁偶虹。主要演员：饰李玉和的李少春、钱浩梁；饰演李奶奶的高玉倩；饰演李铁梅的刘长瑜、曲素英；饰演鸠山的袁世海；饰演王连举的孙洪勋，等等。

由沪剧《芦荡火种》改编的《沙家浜》剧组的改编执笔汪曾祺、杨毓珉；音乐设计：李慕良、陆松玲；饰演郭建光的谭元寿；饰演阿庆嫂的赵燕侠、刘秀荣、洪雪飞；饰演沙奶奶的王梦云、万一英；饰演刁德一的马长礼；饰演程谦的贺永瑛；饰演沙四龙的张郭义；饰演胡传魁的周和桐等演职人员。

《智取威虎山》剧组的编剧章力挥、陶雄、刘梦德、高义龙等；导演：李仲林、关尔佳；饰演杨子荣的童祥苓；饰演少剑波的沈金波；饰演李勇奇的季正其、施正泉；饰演座山雕的贺永华等。

还有芭蕾舞剧《红色娘子军》的剧组成员，《龙江颂》的剧组成员，《杜鹃山》剧组的创作成员，《奇袭白虎团》的主要演员，等等……

我为什么用如此多的笔墨向广大读者介绍几十位主要演职人员呢？因为江青在“文革”期间到各个剧场观看样板戏的审查演出和出席修改样板戏座谈会的次数太多了，每次都叫我跟她一起参加，说是让我受受教育，所以我跟这些演职人员也见了无数次面，对有的演职人员还比较熟悉。我虽然已有三四十年没见到他们了，但他们当时的音容笑貌、舞台形象至今历历在目。现在我回忆他们，写出他们的名字，是向他们表示怀念之情、敬佩之意。他们是文化艺术界的专业精英。他们在排练时流过汗水，流过泪水，流过血水。他们在演出时唱、念、做、打，一招一式都认认真真，精神饱满，激情满怀，魅力十足。

1967年，由当时被任命为上海市文化系统革命委员会筹备委员会主任的于会泳接任《智取威虎山》创作组组长一职。于会泳原是上海音乐学院教师。他担任组长后，基本肯定了全剧的音乐设计，并对唱腔曲调作了少许改动，使得一些唱段的句式及词曲关系更趋协调、顺口。又在“胸有朝阳”唱段的尾字拖腔上添了两个音，自然融入《东方红》的音调。于会泳是一位很有才华的音乐家，造诣很深，对样板戏配音方面的改革创新做出了一定成绩。可惜粉碎“四人帮”以后，他自杀了。如果没有“文革”，如果他没有那份野心，老老实实地做音乐领域的专题研究，有所发现，有所创新，有所前进，该多好啊！

样板戏自1964年走上舞台接受审查修改，到1974年全部审改完成拍成电影艺术片，前后10年时间，参加排演的演职人员有四五千人，观看的群众有几千万人。我亲自看到的和有据可查的党和国家领导人观看或参加座谈会进行审改的就有34人之多。他们是——

毛泽东、周恩来、刘少奇、朱德、邓小平、彭真、陆定一、李富春、聂荣臻、陈毅、贺龙、叶剑英、乌兰夫、李先念、邓子恢、薄一波、张治中、李德生、杨成武、吴德、纪登奎、汪东兴、陈伯达、康生、王洪文、张春桥、江青、姚文元、谢富治、黄永胜、吴法宪、李作鹏、邱会作、叶群等。

在10年内，有这么多党和国家领导观看审查几出戏剧，这在历史上是绝无仅有的。说样板戏创作是集体智慧的结晶，实不为过。

《龙江颂》、《杜鹃山》是怎么改出来的

1972年，时任军事科学院副政委彭富九到朱德家中访问，向总司令请教历史问题时，朱老总说：“我军的历史现在是需要总结出来，教育后代。”他还说：“历史就是历史，无论事情大小都是不能篡改的。”我理解朱总司令的意思，就是回忆历史、写历史是一件思想性、真实性、严肃性很强的事情，来不得半点虚假，不能带有个人的思想感情。史料的价值在于真实和详尽，本着这种原则和精神，我谈谈江青在样板戏的创作过程中所起的作用。这是我的一孔之见、一得之愚，仅供历史研究者参考。

江青在样板戏的创作过程中做了一些工作，起了一定作用。她积极

贯彻执行了毛主席《在延安文艺座谈会上的讲话》精神，多次在座谈会上说：“我们吃着农民种的粮食，穿着工人织造的衣服，住着工人盖的房子，人民解放军为我们警卫着国防前线，但是却不去表现他们，试问艺术家站在什么立场上，你们常说的艺术家的良心何在？”当毛主席批评戏剧“帝王将相、才子佳人多起来，有点西风压倒东风”，提出“东风要占优势”时，江青很快行动起来，多次指责中宣部、文化部：“舞台上、银幕上帝王将相、才子佳人、牛鬼蛇神泛滥成灾。应该有选择地少演旧戏，多排演新戏，让历史的创造者工农兵登上舞台，占领文艺阵地。”

江青思想敏感，思维敏捷。她一旦发现适合演现代戏尤其适合演现代京剧的好题材，就移植到京剧上来，有时也把京剧的题材移植到其他剧种去，还把有的剧目从外地移植到北京来。据我所知经江青移植的剧目就有六出戏：京剧《龙江颂》《杜鹃山》《沙家浜》《海港》《红灯记》，还有交响音乐《沙家浜》。我详细谈谈其中两出戏移植的情况——

1962年10月至1963年6月，闽南大地遭遇千年大旱，龙海县榜山公社发扬了让水的“舍小家，保大家”的风格。为弘扬这种精神，龙溪地区芗剧团创作了芗剧《碧水赞》，并在华东地区戏曲会演中获得好评。1963年12月，福建话剧团又根据龙江抗旱事迹创作并演出了话剧《龙江颂》，在观众中引起了强烈反响。从1964年2月5日至3月15日的40天里，《龙江颂》剧组为首都各界演出达32场，周恩来、李先念、邓子恢等中央领导，曹禺、田汉等文艺界知名人士先后观看，给予了很高评价。

上海新华京剧团也看中了这个戏。在此之前，该团先后排演了《智取威虎山》和《海港》，舞台上已有了工和兵的形象，正好缺少一台关于农民的戏。1964年，新华京剧团在话剧《龙江颂》和芗剧《碧水赞》的基础上编创了京剧《龙江颂》，剧情讲的是龙江生产大队党支部书记为解救上游大片良田旱情，不惜承担重大牺牲，在本队水域内堵江截流，最终战胜旱灾，确保了该县当年的大面积丰收。该剧一经演出，便受到热烈欢迎。

新华京剧团《龙江颂》上演之时，正值江青大搞京剧改革。1966年

5月，江青在张春桥陪同下观看该剧后很是欣赏，便对张春桥说："这个戏，我要了！""新华京剧团今后不能与这个戏再有任何关系！"深受观众喜爱的新华京剧团《龙江颂》因此被迫停演。《龙江颂》停演后，江青并没有急于上马。直到1969年4月8日，她才指令上海京剧团组建了"革命现代京剧《龙江颂》剧组"，并投入排练。

由王树元编剧的《杜鹃山》，原是上海青年艺术剧院于1963年上演的一部话剧，剧中表现了湘赣边界一支由队长乌豆率领的农民自发武装，在共产党派去的女代表贺湘的帮助下打败白匪和地主武装，最后奔向井冈山的事迹。江青在上海看了《杜鹃山》后，觉得这出戏很有发展前途，便将它带回北京交给北京京剧团，让剧团改成京剧。北京京剧团立即组成了创演班子。改编后的京剧情节设置和人物对话很生活化，许多唱段也颇有特色。1964年《杜鹃山》参加了在北京举行的全国首届京剧现代戏观摩会。但这次观摩会上，另有宁夏版的《杜鹃山》参加汇演，而且宁夏版的效果更好，以致北京版中的"乌豆"裘盛戎对宁夏版中的"乌豆"鸣盛赞不绝口。江青对北京版有点不满意，公演了几场后就"锁"起来了。1968年，江青主抓样板戏，再次想起了《杜鹃山》，下令修改，由汪曾祺、杨毓珉等编剧，并指定杜近芳替代赵燕侠出任主演，还将剧名改为《杜泉山》。尽管剧组按照江青意思进行了修改、排练，但1970年江青审看《杜泉山》后，仍不满意，尤其对女主角仍用"贺湘"这个名字大为恼火。当时许多人猜测此事可能与贺龙元帅有关，但后经知情者透露，实际是江青的内心一直对贺子珍持有忌讳。

江青对修改后的《杜泉山》不满意，毛主席也有意见，认为《杜鹃山》只反映秋收起义，不全面。江青不甘心，于是指派于会泳负责继续改编，并对剧组说："《杜鹃山》碰到了一点难题。我们的主席在延安就反对做生日、送礼、命名、立传、拍电影。秋收起义（指《杜鹃山》）这戏，我偶尔讲了一句，主席说不行。不能违背主席的指示，要写不能光写秋收起义，还要写南昌起义、鄂豫皖、湘鄂赣的革命斗争。主席坚决反对搞这个戏，我也很尴尬。这个戏不是我搞的，是上海话剧团先搞的。我付的学费也不少了，你们剧团一年花不了多少钱，电影一年就得几十万……我要到处还账。"于会泳接手《杜泉山》后，立即组织人马对该剧剧情、唱腔、武打等进行了全面改造，贺湘的名字也改成了柯湘，乌豆的名字改为雷刚。同时对剧组人员进行了大刀阔斧的更动。对于女主角柯湘，江青亲自出马，点将上海青年京剧团的主演杨春霞。

江青对这出戏非常重视，常到剧组“指导”，于会泳更是亲自督阵。杨春霞回忆说：“一年的排练简直就是没日没夜地在打一场硬仗，有时为了一个唱腔，常常练到后半夜，中间也不休息，搞得演员甚至连上厕所的时间都没有……这样，我们封闭式地排练了一年多，崭新的《杜鹃山》一炮打响！”

江青看了“崭新的《杜鹃山》”很满意，提了点小意见：“柯湘衣服太整齐，要有破碎、血痕，袖子要划破一长条，杜鹃花不红，可以去湖南看看……”“柯湘主调音乐要京剧化一些，使之有京剧味。京剧还要姓京。京剧要推陈出新，是肯定的，但是，我们要照顾一下老的人，他们一下子不习惯。”

江青对剧组的班子组成，剧本的改编，舞台的设计，演员的选配，演员的唱腔、动作、服装，音乐的配置等，都不厌其烦地一一去抓，力争做到精益求精，不允许有任何一点瑕疵。中央交响乐团著名指挥大师李德伦回忆：“把音乐倒过来也能指挥，乐师们闭着眼睛也不会演奏错误，但是，江青还是要不断地到现场看排练。”与此同时，江青、于会泳还多次请李德伦到钓鱼台切磋音乐设计。中央交响乐团住在东城区的和平里，离钓鱼台较远，当时乐团又没有交通工具，李德伦都是由我去接送。在我的记忆里，这样的接送不少于几十次。李德伦高大魁梧，体重足有200多斤。我开的汽车是小吉普，驾驶室的副座位坐不下他，他就坐在后排座位上。他一屁股坐下去，车体就歪过去了。每次上车，我都提醒他：“老李，你慢点，轻点坐，我的汽车受不了。”他开玩笑地说：“没有办法，我喝凉水都长肉。不要紧，我虚坐，不实坐。”

有人统计过，江青参与《红灯记》的修改，由初稿到拍成电影，前后改动达两百余次，大多数是为了更好地表现剧情与塑造人物形象。江青经常讲：“站有站相，坐有坐相，在舞台上，每个动作、每个眼神都要造型。”在为《红灯记》“刑场斗争”一幕设计舞蹈动作时，她亲自爬上舞台，示范步法。

《红灯记》服装的运用，江青告诉剧组，补丁补在肘臂、膝盖和领子的部位，那些部位最容易破损。劳动人民穿着基本都是最便宜的和灰暗的，但戏中的铁梅却穿着耀眼的红色中式上衣，带着好看的发卡，看上去光彩夺目，这是为了突出她的形象。

修改《智取威虎山》时，江青对“打虎上山”一场戏中杨子荣的上马下马费了不少心思。她对杨子荣的扮演者童祥苓说：“在旧戏中，马是虚拟的。与过去细致的无声表演不同，我要的是栩栩如生的表演，结合现代舞蹈和传统马戏的动作……利用动作和道具跨上一批想象中的骏马，英雄般向前奔驰，同时控制住马的野性。”她还说：“艺术需要夸张，登上想象中的高大骏马时，尽量抬高你的腿，从马身的前部跨上去，这样显示你的骑术高超。下马时，不要跃过马头。下马，要在马背上侧身，抬起一条腿，然后另一条腿，接着跳下来。不直接下马，竖起你的脚趾，用脚趾下马，那样看起来很高贵。”江青在延安就学会了骑马，骑术不错。为了改戏，她在钓鱼台用她的军马练习上下马的动作，以取得现身说法的发言权。

一些并非无关的细节

1971年11月，革命现代京剧《海港》终于进京在首都剧场演出了。25日晚，江青在姚文元陪同下来到剧场审看该剧。这次她看得很认真，拿个小本子，逐场认真地记，每场结束都带头鼓掌，这在平时是很少见的。张春桥对江青看戏也是异乎寻常地重视，专门派人负责观察，记录江青看戏时的表情动作：何时鼓掌、何时流泪、何时在本子上记，包括点了几次头、笑了几次、唱到什么地方打了拍子，甚至打个哈欠都要做记录。江青看完戏后又在休息室接见了《海港》剧组军代表、编导、音乐、舞美人员及主要演员，说：“我看了《海港》的电视，你们大概也知道了。今天又看了演出，感到戏改得很好，很动人，我感动得流泪了。”她还指出戏中发音问题，说：“你们有一个缺点就是口白不清楚。一个原因是因为原作写的台词没上韵，不上口；另一个是演员演得不清楚。”说到兴奋处，她还亲自给演员作示范，并要求戏中从头到尾都要用《国际歌》贯穿起来，因为这出戏是写国际主义的。江青还教演职人员以服饰衬托或掩饰某些人物的特征。她看到童祥苓个子不算高，但要他演出高大英雄人物的形象，就建议他穿短尺寸的衣服，把佩戴的腰带往上提。这样使他在舞台上腿会显得比较长，人也会显得高大。

以上列举的仅仅是江青改“样板戏”大量工作中的一点点。江青身体比较虚弱，每次座谈会，她擦汗用掉十几块毛巾。我们亲眼看到座谈会结束后，她两眼不想睁，两腿不想迈，拖着疲惫不堪的身躯，无精打采地回到住地。

江青的文艺知识对京剧改革起了一定的作用。在戏曲艺术上她虽说不上大家，但也可算得上是中家或小家吧。不少人都知道，上世纪30年代，她在大上海已经是电影明星了。如果她不懂一点艺术，在艺术家云集的大上海能站得住脚吗？江青酷爱京剧艺术，“文革”期间，她每天中午和晚上就餐时，都静听著名京剧老生言菊朋、高庆奎、马连良、谭富英、杨宝森、李少春和四大名旦梅兰芳、尚小云、程砚秋、荀慧生精彩的录音唱段。她经常听这些精彩唱段，一是喜欢、欣赏，二是为修改样板戏寻得一些启示。有人说，江青不学无术，不懂艺术，瞎指挥，我认为这种说法不够准确，不够公正。江青对京剧艺术的基本知识还是知道一些的。京剧四大名旦之一，京剧艺术大师程砚秋说过：“江青确是一个知音，艺术上是个内行。”在和宝堂撰写的《自成一派·赵燕侠》的文章中讲：“对江青排演的样板戏，赵老是最大的受害者，但是她说：‘平心而论，江青还是懂艺术的’。”

2011年1月7日，我在《作家文摘》上看到黄飞立（著名指挥家、音乐教育家）口述、文立青执笔的《被夺走的〈红色娘子军〉指挥权》一文，文中引用吴祖强（中国音乐学院原院长）的话：“《红色娘子军》开始不叫样板戏，只是说要创作‘革命芭蕾舞剧’。首演之前，江青看过一次彩排，事先也没有通知，忽然出现了。不过，那个时候跟我们说话还是‘供参考’，很客气，不像后来那么霸道。而且说句公道话，有些地方的确也是起了好作用。比如最初舞剧版本是按照电影改的，里边除了琼花，还有一个丫头的角色，后来舞剧里把这个角色拿掉了，就突出了一个琼花，人物变得清晰了。在这一点上，我觉得江青的确是一个行家的眼光。抛开政治方面，其实《红色娘子军》《沙家浜》《白毛女》这几部作品在艺术上的确可以成为经典。是因为那个时候是集体创作，大家都可以提意见，真是精雕细琢。”

江青在发现、修改、提高样板戏的整个过程中做了一些工作，但她的自以为是、不可一世也伤害和迫害了一些好人。《红灯记》中，原来李玉和的A角扮演者李少春倾注了大量心血，他的演技得到了党和国家领导人及广大观众的一致好评。但江青却觉得李少春“眼里没有她”，说她每次到京剧院李少春“总是不理她”，想让B角钱浩梁换掉李少春，便借口说：“李少春演得李玉和不像个工人，倒像个站长。”从此，李少春便逐渐远离了自己一手设计塑造出来的“李玉和”。后来，李少春与编导阿甲等人抵制江青的不合理意见，被打成破坏《红灯记》的反革命分子关进牛棚。

《海港》的拍摄，由北京电影制片厂的著名导演李文化出任摄影兼摄制组组长，上海电影制片厂傅超武任导演，刚从干校出来的谢晋任副导演。他们根据江青“三突出”的指导思想和她提出的“要基调明朗，气势很大”的具体要求，积极认真、小心谨慎地拍摄。《海港》一拍完，李文化便立即送江青审查。令他们万万没想到的是，江青还没看完便大为光火，从沙发上站起来，怒气冲冲地说：“你们把方海珍拍得像个鬼，画面又黑又暗，戏给糟蹋了。”傅超武、李文化立即被赶出了摄制组，送进学习班检查反省，原摄制组只留下了谢晋。江青钦点导演谢铁骊、摄影师钱江接替拍摄。谢铁骊“唱主角”是临危受命，只能加倍小心谨慎，想了很多办法。为了使方海珍变得漂亮些，他将她的头发修短，并让化妆师将方海珍的眼睛处理得又圆又黑，果然比原来漂亮多了，谢铁骊感到很满意。但为了慎重起见，拍到一半，他便打报告呈中央和文化组，请有关领导审核把关。1973年1月13日，江青让我通知张春桥、姚文元到钓鱼台17号楼放映厅审看谢铁骊送来的片子，看着看着江青又不高兴了，第二天她叫我通知在京的政治局委员及文艺界代表到钓鱼台开会。在会上，江青对电影《海港》大骂一通：“你们都是专家，我是个二半吊子，什么也不懂，只会找岔子，放炮！”“方海珍站哪儿去了？头发真是岂有此理，眼睛像个棋子……”谢铁骊立即向江青交了一份检讨，大牌谢导受了批评，其他样板戏的电影摄制组也都人心惶惶，坐不住了……

对江青这个人，从正面理解她，她太自信；从反面理解她，她太霸道。凡是她改过的戏，除了毛主席，谁都不能碰。在修改样板戏的过程中，根据江青的指导思想，逐步形成了一个“三突出”的理论（在所有人物中突出正面人物，在正面人物中突出英雄人物，在英雄人物中突出主要英雄人物）。这种理论对样板戏的形成起了推动作用，但对整个文化艺术的繁荣发展，却起了阻碍作用。

原载于《同舟共进》2013年第1期

江青为何焚烧自己的得意之作

杨银禄

总理精心布置5号楼

1972年2月21日上午11时，美国总统尼克松访问中国。中美之间关闭了几十年的大门打开了。

其实，早在1971年7月9日，基辛格就秘密来到北京，为尼克松访问中国打前站。基辛格来时，准备安排他住在钓鱼台国宾馆5号楼。周总理对5号楼内房间里的摆设和招待一一给予指示。他对参与接待的负责干部说：我们欢迎人家来，就得热情，否则就太不礼貌，但也不要强加于人。他要求接待人员脑子里要有这样的意识——一切言行举止都从有利于这次中美高级会晤气氛出发。

当时钓鱼台国宾馆各楼楼道和房间里陈设的工艺品，染有很浓的“文化大革命”色彩，像墙上挂的宣传画，以及有红卫兵形象的瓷塑等，都被更有鉴赏价值的文物、国画所取代。楼内摆放的报刊，也作了一番挑选。基辛格住的房间里放进了由国宾馆赠送的大花篮。

我方尽管作了精心安排，还是发生了意外。一天下午，基辛格的助手、美国国家安全委员会东亚事务助理约翰·H·霍尔德里奇拿着一叠新华社英文新闻稿找到接待组负责联系的人员，他指着封面上的毛主席语录，问这是怎么回事？

联络人员一看，那段语录摘的是：“全世界人民团结起来，打倒美帝国主义及其一切走狗！”霍尔德里奇说：“这是从我们个人的住房里搜集到的，我们希望这些新闻稿是被错误地放到了房间里。”美方人员误认为这是中方怀有什么用意特意这样做的。

这件事后来向毛主席做了汇报。毛主席听了以后，不但没有批评，反而哈哈大笑，对在场的人员说：你们告诉他们，那是放空炮。他们不是也整天在喊要消灭共产主义吗？这就是空对空吧。

当毛主席会见尼克松时，美国人又提起“放空炮”的事。毛主席说：“大概我这种人放空炮的时候多，无非是全世界人民团结起来，打倒帝国主义、修正主义、各国反动派、建设社会主义这一套。”尼克松笑着指指自己：“就是（打倒）像我这样的人。”毛主席说：“就个人来说，你可能不在打倒之列，可能他（指基辛格）也不在内。都打倒了，我们就没有朋友了嘛。”

毛主席说要挂几幅古画

对于5号楼出现的意外，毛主席虽然没有批评我方工作人员工作上的疏忽，但对此事还是认真对待的。1972年美国总统来华前一天，毛主席对周总理说：“在美国总统所住的楼房内（钓鱼台国宾馆18号楼）挂上几幅清朝的古画。”周总理按照清朝的不同年代，选了36幅国画，写了一个单子，交给了毛主席的管理员吴连登。吴连登拿着那个单子找到了国家文物局局长王冶秋，请他查找，找全以后送给总理选择。周总理在其中又精心选择了13幅丹青大师的国画，悬挂在18号楼内。

1974年10月间，江青突然要新华社摄影师杜修贤为她放大其摄影作品。杜修贤等人按照影展规格放大了78张不同尺寸的照片。将照片送给江青时，杜修贤等人才知道放大这些照片是为了取代18号楼清代的国画。江青看到照片后，颇为兴奋，她说：“这些牡丹、月季、海棠……还有这个石榴换上去。11月5日以后，有两个国家总统要来访问中国，要抓紧时间换上去。”她用挑选的13张花卉照片取代了国画，挂在18号楼的主厅里。但这些照片只挂了3天就不见了。等人们发现时，13张国画又回到了原来的位置上。大家都不知道这是怎么回事。

江青被批“夜郎自大”

原来，周总理看到江青换上她的摄影作品后，不好说什么，就对王海蓉、唐闻生讲了，请她们在方便的时候报告毛主席。一天，她们借汇报接待外宾工作情况时向毛主席讲了江青更换照片的事。当时，毛主席什么话都没说。等她俩走后，毛把江青叫到中南海游泳池。因主席很久没有主动召见，江青去了以后表现得很高兴，还以为有重要的事情跟她讲呢。正高兴着呢，毛主席发出了质问：“你在钓鱼台搞了一些什么名堂？你有什么权利可以摘下国画，挂上你自己的作品？夜郎自大，这样要不得！你回去立即统统给我摘下来！”

江青听了毛主席严厉的指责，大哭起来，走出主席办公室时还在哭。回到钓鱼台，江青忍痛割爱，很不情愿地把她的摄影作品从18号楼的主厅内摘了下来，又叫工作人员搬到她住的10号楼的天井里，堆放在一起进行焚烧。烈火熊熊，火星四溅，她在一旁监视着焚烧完毕，望着一堆灰烬，恋恋不舍地离开了焚烧现场。

江青酷爱摄影艺术，她善于学习，肯钻研，能吃苦。她曾拜过著名的老摄影家吴印咸，上海新闻界的元老许大刚，新华社摄影部主任、摄影界享有盛名的石少华为摄影老师。她拜师学艺很是执著。石少华对她的个性早有耳闻，便以工作太忙为由婉言谢绝了江青的邀请。后来，她将此事报告了毛主席，由毛主席出面将石少华请到了中南海菊香书屋，说：“石少华同志，看在我的面子上，你就收她做学生吧！江青身体不好，有病，不能从事紧张的工作，你收她，一可以调剂调剂她的生活，二也可以学一点儿东西。”毛主席对家属子女一向要求很严，很少给他（她）们提供特殊要求。可以看得出来，毛主席是支持江青学摄影的。

江青从她的老师那里学到了不少知识和技术，加上她自己的勤学苦练，摄影技术很有长进。后来，她称自己是半个摄影专家，这并不过分。我看过她上千张照片小样及上百张她自己裁剪后请新华社放大的照片，的确不错，很值得欣赏。但是，她把自己的作品挂到招待外国元首的庄重场所是不合适的。话又说回来，如果江青知道18号楼内挂上的国画是毛主席的主意，周总理执行的，还敢随便摘下来换上自己的作品吗?

原载于《同舟共进》2012年第5期

“乱云飞渡”与“无限风光”
——江青摄影史

杨银禄

江青是不甘寂寞的人，爱好广泛，爱动植物、爱打乒乓球、爱打扑克、爱看电影、爱骑马，尤其爱好摄影。我想说说她在学习摄影活动中的一些故事，供读者更全面地了解江青。

名师指点，悟性颇高

江青的摄影指导老师，据我了解有吴印咸、石少华、徐大刚等中国著名的摄影艺术家。

吴印咸是我国老一辈摄影艺术家。生于1900年，卒于1994年，享年94岁。1938年9月，延安成立了八路军总政治部电影团，吴印咸是这个团的技术及摄影负责人。那时候，他和电影团的同志们克服物质条件的匮乏，在延安宝塔山下、延河之滨举办了摄影训练班，吴印咸主持，并主讲摄影课程。江青听过他讲课，从此认识了吴印咸。可以说吴印咸是江青摄影的启蒙老师。

1970至1972年，江青对拍摄人像着了迷，先后在钓鱼台10号楼、17号楼设了照相室，邀请吴印咸到她的住地钓鱼台10号楼指导拍摄。那时，她把许多中央领导人请到钓鱼台10号楼或17号楼照过相，其中有周总理、李先念、纪登奎、许世友、谭启龙、谢富治、林彪、叶群、李德生、陈伯达、康生、张春桥、姚文元等。江青给她身边的工作人员也都照过相。

石少华，1918年生，卒于1998年。他从事摄影工作半个世纪，多次举办摄影作品展览并曾荣获国际大奖。江青1961年从庐山回到北京，决定再次拜师学艺，请石少华当她的指导老师。石少华对她怪僻的个性早有耳闻，以工作太忙为由婉言谢绝了。后来，江青把她的真实心思报告了毛主席。还是毛主席出面，将石少华请到了中南海菊香书屋。毛主席说："石少华同志，看在我的面子上，你就收她做学生吧。江青她身体不好，有病，不能从事紧张的工作，你就收她，一可以调剂调剂她的生活，二也能学习一点东西。"还是毛主席的面子大，石少华同意收这个徒弟了。他给江青的第一课是深入生活，多拍有人的场景。江青很认真地接受了石老师的建议，经常到天安门广场等人流密集的地方进行拍摄。后来，石少华给江青调整了拍摄主题，让她多拍些花草树木、庭院建筑等静物风景，重点掌握层次感，注意曝光准确，取景角度新颖等。

江青这个人还是比较聪明的，很有悟性，做事专心认真，很快就喜欢上了拍摄风光、静物，像日出、日落，还有湖面月亮倒影等。

1964年国庆节晚会，在天安门城楼上观看节日焰火时，江青还向时任总理摄影记者的杜修贤虚心求教，如何才能拍摄出焰火的最好效果。杜修贤毫无保留地指导她。结果，当晚她拍摄的焰火效果很不错。我见过几张，确实是繁花似锦、光彩夺目。

徐大刚，1926年生，2012年去世。他多年从事摄影工作，被称为"上海新闻摄影界的元老"，1960年被调到中南海，任毛主席的专职摄影师。毛主席等中央领导同志1961年7月要上庐山开会，由于主席历来不想坐飞机，因此徐大刚和江青一同乘专机前往庐山。飞机上，两人聊得最多的便是摄影。当聊到如何在摄影过程中抓住动态物体的瞬间摄像时，徐大刚根据平时积累的经验，告诉江青如何运用快门速度捕捉动态物体的最佳瞬间，如何拍摄高速物体，如何使用闪光灯等。江青听得津津有味。直到飞机在九江平稳降落，江青才止住询问。

上了庐山之后，江青基本上每天都要外出拍摄风景照，并拿给徐看，让他提意见。一天下午，徐大刚正在休息，江青派人来叫他，让他陪着去仙人洞拍照。仙人洞是悬崖绝壁上的天生石洞，洞深约3丈，相传是吕洞宾修仙成佛的地方。那天，徐大刚和江青等人游玩，从山洞出来，走到洞口时，突然看到夕阳初现，远处山壁上的衔碑亭别有一番风姿。江青特别兴奋，立即询问拍摄方法。徐大刚说："拍摄这种照片，一定要运用动静对比的方法，方能显出意境的效果。拍摄时，照相机不能有丝毫晃动，否则会造成被摄的晚霞呈模糊现象。"还说："选择快门宜慢不宜快，速度过快会使原先呈动态的晚霞'凝住'而丧失动感，还应注意陪衬物，尽量加大活动幅度，做到晚霞不动，影像背景模糊，才能获得好的效果。"徐大刚将随身带的两架照相机设置好，让江青从镜头里看整个晚霞映衬的衔碑亭情景。江青在画面里真的看到一幅只有在仙境中才会有的图案。她还叫随行警卫拔掉杂草，砍掉两根挡住镜头的树枝。江青一直等到在画面上看到一缕缕的云雾从远处飘来时，才按下了快门。这张照片在采景、用光和快门速度上都恰到好处。几天后，江青拿着冲洗出来的照片，笑逐颜开。从画面上看，不仅酷似大自然，更兼具常人无法揣摩的意境。于是，她把它称为习作，兴致勃勃地拿给毛主席欣赏，并请主席提出批评意见。起初，毛主席可能是工作太忙，没有时间看；也可能是看了没有想好，一直没有回音。江青等得很着急。两周后，毛主席充分肯定了这幅"仙人洞"照片的意境，表示对这张照片很满意。他还联想到国内外的政治形势，触发诗兴，为此，1961年9月9日，欣然题写了一首七绝——《为李进同志题所摄庐山仙人洞照》："暮色苍茫看劲松，乱云飞渡仍从容。天生一个仙人洞，无限风光在险峰。"江青拿着这首诗，细细地欣赏和品味，乐得合不拢嘴。以后这张照片连同这首诗，成了她炫耀的资本。

刻苦练习，几近痴迷

"师傅引进门，修行在个人。"江青在摄影艺术上取得一定成绩，除了名师指点以外，也和她的刻苦努力分不开。

我给她当秘书时，一天清晨，她在钓鱼台10号楼门前摆弄照相机，准备拍摄盛开的牡丹花。我看她情绪不错，就试着小声问："江青同志，您喜欢照相是从什么时候开始的？"她说："是在延安的时候开始的，那个时候，前线的部队打了胜仗，从敌人那里缴获了一架旧照相机，交给了主席，主席叫我试一试，看还能不能用，主席、总理、任弼时等中央领导同志转战陕北的时候，在行军的路上，我用这架照相机还给主席照了好几张照片呢。解放战争胜利后，我把那架旧照相机交公了——一切缴获要归公嘛。”

江青对摄影达到了几乎痴迷的程度。1971年春天，她为了拍几朵牡丹，不辞辛苦地跑到景山公园、中山公园、香山公园、天坛公园、颐和园等当时种植牡丹的地方，一去就是三四个小时。为了拍出晶莹剔透的露珠，她凌晨四五点钟就赶去了。去后，她精心地挑选花开得最大的，颜色最好的，花瓣层次最丰富的，选好后，她亲自或用手沾上水，挥洒在花朵和叶片上，或用口含上水往花、叶上喷洒。然后，支好三角架，安好相机，对好焦距，调好速度，就开始等阳光、等蜜蜂、等蝴蝶，有时候等半个小时，有时候等一两个小时。江青是个急性子的人，有时急得满头是汗。但是，拍照时她很耐心。有一次，她对摄影师们说：“北京的春秋季，色彩丰富。景山就可以拍好多照片，大胆地用逆光，我喜欢用侧逆光、顶逆光，用辅助光，要耐心地等，我拍片就是用心地等……细节有时能画龙点睛。”等到有阳光了，水珠晶亮了，蜜蜂、蝴蝶开始飞舞了，她才放心满意地按下快门。

江青为了在钓鱼台拍一张“月夜哨兵”的照片，提前三四天到中央警卫局二处挑选“模特”，精心选中了警卫参谋王进良同志。他身体高大魁梧，浓眉大眼，精明强健。然后，她又到处挑景点，选中了钓鱼台17号楼南侧一棵繁茂苍劲的大松树旁。选中了人，选好了景，就开始等了。等月亮圆，等天气好。所谓天气好，就是无云雾，无风尘，空气爽，温度宜。一天晚上，月亮又大又圆，天空干净如水，无风无尘。江青叫人搬去了照明灯具，一切都准备好了，她才充满信心地按下了等待已久的快门。

她为了拍一张满意的“高度警惕”的备战照片，叫一位警卫战士潜伏在一个隐蔽处，手持钢枪，睁大眼睛，聚精会神，目视前方。为了拍摄清楚战士锐利、警惕、有神的大眼睛，一向十分讲究卫生的她先是蹲在地上，后是跪在地上，最后趴在地上拍摄，一拍就是一个多小时。

1970年11月，她在海南岛休息，为了拍照鱼雷快艇后边的浪花，在快艇高速行驶时，她不顾颠簸及海风吹打，站在甲板的木凳上，由四个人扶着不停地拍摄。

1971年上半年的一天，江青对我说："小杨，最近一两年，我从新华社拿的胶卷，冲洗的小样，放大的照片，还没有交钱，你去新华社找石少华，请他帮助我算算欠他们多少钱，我一次性还给他们，欠人家的钱老是还不了，心里不安。"一周后，石少华送来了一张单子，成本费一共3000多元。江青一看这么多钱发愁了，于是向毛主席要了3000元的稿费，才还了钱。1970年代初，3000元不是一个小数目。

交了钱以后，江青怀疑石少华敲她的竹杠。有一天，她对叶群说："石少华不地道，敲竹杠，要了我3000多元的照相费用，不少呀！"叶群劝她："我给您在画报上、报纸上多登几张照片，收点稿费，弥补一下。"

1972年暑期，江青到北戴河避暑，为拍摄日出，连续四五天凌晨三四点钟就出来爬上联峰山，选好位置，还要等到霞光出现才开拍，一直拍到太阳露点、露边、露脸、海天一色才收场。如果有点儿云雾，遮挡了太阳，她便收拾器材，无精打采地离开，等到下次再去。

1973年6月11日，我离开她之前，亲眼看见她自建国以来所拍摄的底片和小样装满三四个大木箱。

孤芳自赏，影展梦碎

毛主席说，江青没有自知之明，就是批评她缺乏谦虚谨慎的态度，往往对自己估计过高。毛主席批评得很对，切中要害。这不仅表现在她的思想作风上，也表现在她的日常生活上。

1972年夏，美国一位年轻的女作家维特克夫人（比江青小24岁）来我国访问。江青在接见她时说："近几年我拍的照片一万张左右，销毁了三四千张，还有很多要去掉。我对照相是有研究的，也称得上半个专家吧。我是时常发表作品的，当然不是用真名发表，不然又不得了。他们还要为我搞影展，我不要。"江青说的"他们"，一个是指叶群，另一个指姚文元。

1973年9月，毛主席接见法国总统蓬皮杜，江青把在京的新闻记者叫到钓鱼台审查新闻纪录片样片，片长只有三四分钟。看完片子，江青对那些摄影师们说："你们，拍新闻纪录片的时间也不短啦，翻来覆去老样子呀！"还给他们放了一场英国的《花园》，江青指指点点地说："人家变化多端，讲究色彩，推、拉、移、摇，活得很啦。你们呢，眼界不广，技术又不全面。所以拍出来的东西就死啦！"

江青到处赠送她的得意之作。她送给维特克一些山水和花卉的照片，其中有一张是"仙人洞"照，将16寸大照片的背面用毛体写上毛主席的题诗："暮色苍茫看劲松，乱云飞渡仍从容。天生一个仙人洞，无限风光在险峰。"落款"江青摄"。另一张是江青在庐山拍摄的"汉阳峰"照片，在大照片的背面题写了她自己作的一首诗："江上有奇峰，锁在云雾中。寻常看不见，偶尔露峥嵘。"落款"江青摄，诗赠维特克夫人。一九七二年八月十二日"。

1973年一天晚上，江青招待日本松山芭蕾舞剧团时，兴高采烈地送给日本剧团领队清水正夫一张风景照。日本客人认出这就是那张著名的"仙人洞"照片，照片背后是毛泽东那首气势非凡的诗，题词是"赠李进"。江青带着炫耀的神气，挥笔在照片背面写了三个字"江青摄"。这一大胆的举动，一下子震动了舞剧团，人们目瞪口呆后，这才知道"李进"原来就是江青。

江青从开始喜欢摄影，到热衷于摄影，又发展成利用摄影扩大她的政治影响，即从生活爱好逐步发展到想成名、成家，甚至为成为领袖人物捞取政治资本。1970年至1972年，她的摄影范围几乎遍及各个领域，作品包括林彪的读书照《孜孜不倦》，备战照《月夜哨兵》《高度警惕》，工作照《聚精会神》等，登上了《人民画报》和《解放军画报》等刊物。江青从自己众多的作品中选出了一百多张，准备展出，展出地方选定在人民大会堂。一切准备就绪，为了得到毛主席的肯定和支持，进一步扩大影响，她叫我打电话给毛主席的秘书徐业夫，请示主席同意不同意举办这个影展。一天后，徐秘书回电话："主席说'习作可以，搞影展不可'。"还叫她立即取消这个计划。1975年9月，全国农业学大寨会议在山西省昔阳县大寨召开，江青又一次萌动了影展的念头，100多幅照片送到大寨，从会议室到客厅都悬挂着江青拍摄的大幅照片。从大寨回到北京，江青又张罗她的正式影展，还想了个主意——和摄影师联合举办展览。结果，毛主席知道后，仍然是两个字："不行！"至此，江青的影展梦彻底破灭了。

林彪《孜孜不倦》照的来历

为了达到某种政治目的，或者别的什么企图，有的人喜欢肉麻地吹捧别人，有的则喜欢被别人吹捧。这一吹一听满足了虚荣心。

1971年6月8日，叶群代表林彪到钓鱼台10号楼看望江青。不知为什么，那天江青很高兴，主动热情地与叶群握手，并拿出她认为拍得最好的放大成16寸的彩色照片，摆在大条案上让叶群欣赏。叶群认真地欣赏着每一幅照片，看了一会儿便说："江青同志既是一个无产阶级政治家，又是一个无产阶级艺术家。"她夸奖说："江青同志给这位小护士照得多么美呀！漂亮、丰满、皮肤白皙细润、姿态优美，您把一个少女的线条特点表现得淋漓尽致，灯光用得恰到好处，真是栩栩如生，呼之欲出，叫人羡慕呀！江青同志照的花卉，颜色逼真，绚丽多彩，露水欲滴，好似闻到了花的芳香，就是专业摄影家看到您的这些作品也会赞不绝口，嫉妒几分的。江青同志以一个一流艺术家的境界、一流艺术家的技术，照出了一流的艺术作品，这些都是杰作呀！"

6月9日，林彪在叶群的陪同下到钓鱼台照相。林彪有怕水的毛病，平时很少洗澡、洗脸。那天来照相，竟然连胡子都没刮。江青、叶群两位女人耐心劝说林彪刮掉胡子再照相。林彪虽不情愿，但看在江青的面子和诚恳的态度上，总算同意了。林的警卫秘书李文普问我有没有刮脸刀，我说有，并立即拿给他。

林彪刮完脸，就跟着江青、叶群从10号楼走到17号楼江青的摄影室。林手中捧的《毛泽东选集》，是在江青的坚持下，叫我跑回10号楼临时拿的我的书。为了照这张相，平日怕光、怕风、怕冷、怕热的林彪任凭江青摆布，被八盏大灯的强光烤得满头大汗。

当拿到冲洗放大的照片后，江青又找来姚文元、叶群一起研究发表事宜。姚文元吹捧说：“江青同志对摄影艺术有很高的造诣，甚至超过了专业摄影师的水平，把林副主席如饥似渴地学习毛主席著作的精神完全表现出来了，这将极大地鼓舞全国各族人民学习毛主席著作的热情。我的意见，这张照片就叫《孜孜不倦》吧，您们看怎么样？”

江青听完之后沾沾自喜地说：“好，我同意，就用这个标题。但是，作者不能用我的真名实姓。如果用我的真名实姓，又不知道他们怎么解释呢！就用‘高山’或用‘峻岭’，还是用‘峻岭’这个笔名吧。”姚文元和叶群异口同声地说：“好，用‘峻岭’好。”叶群表态说：“感谢江青同志的辛苦劳动，我现在就替林彪同志谢谢江青同志。他看到这张照片以后，一定会很高兴的。”

照片发表后，叶群给江青打来电话：“江青同志给林彪同志照的照片，林彪同志看到了，他非常高兴，他说：‘谢谢江青同志！江青同志不但是政治家，还是艺术家，了不起。’这张照片不但有艺术价值，还有重大的政治意义，在社会上一定会产生强烈而深刻的影响。”

“谢富治遗像”一语成谶

自中共九大以后，江青在她的摄影室里拍了不少人物像。江青认为照得最好、最满意的是给谢富治照的那张。因为谢富治和江青比较熟悉，江青用心照，谢富治不紧张，很放松，很自然，照片面容表情好、光线好。江青经过认真剪裁，请石少华放大到有半张《人民日报》大小，洗出一幅彩色照片。江青拿到大照片，端详着，欣赏着，并叫我打电话让谢富治到钓鱼台来。

谢富治接到电话不敢怠慢，立即赶到钓鱼台江青的住处。江青递给他那张得意之作，洋洋自得地问：“富治同志，你看，我给你照的这张照片如何？满意不满意？”谢富治恭恭敬敬地双手接过照片，赞不绝口地说：“好，照得实在是好！这是我有生以来照得最好的一张照片，又是江青同志给我照的，太宝贵了。”他半开玩笑半认真地说：“如果有一天我到了八宝山的时候，就用这张照片作为我的遗像。”从不开玩笑的江青说："我同意，你回去就跟你的夫人刘湘屏同志说，到时候别叫她给你用错了。"谢富治满面笑容地说："一定，一定。我这就回去告诉她，她记性好，不会用错的，她办什么事都很认真，请您放心好了。"

有些事，无巧不成书。谢富治把这张照片拿回去不久，就觉得肚子里不太舒服，到医院一检查，结果是患了不治之症，半年以后的1972年3月26日，就去世了。他的遗体告别仪式在公安部礼堂举行，遗像果真是用江青照的那张彩色照片。在周总理致悼词时，江青眼含泪水，还不时地抬起头来看她所照的那一张一语成谶的"遗照"。

毛厉声责问：你在钓鱼台搞了些什么名堂？

1972年2月，美国总统尼克松访问我国。当时钓鱼台国宾馆各楼楼道和房间里陈设的工艺品，也染有很浓的"文革"色彩，像墙上挂的宣传画，以及有红卫兵形象的瓷塑等，这些都被有鉴赏价值的文物、国画所取代。根据周总理指示，在尼克松住的18号楼挂上13幅清朝的古画。过了两年，1974年10月间，江青突然挑选自己拍摄的13张花卉照片取代了国画挂在18号楼的主厅里。但这些照片只挂了3天就不见了。等人们发现时，13张国画又回到了原来的位置。原来，是毛主席发出了厉声责问："你在钓鱼台搞了一些什么名堂？你有什么权力可以摘下国画，挂上你自己的作品？夜郎自大，这样要不得！你回去立即统统给我摘下来！"江青大哭起来，走出毛主席的办公室时还在哭。

回到钓鱼台她把摄影作品摘下来，堆放在一起焚烧了。笔者对此事有详细记述（《江青为何焚烧自己的得意之作》，原载2012年第5期《同舟共进》），此处不赘。她想在外国客人面前展示她的作品，说明她对自己的摄影颇有自信的。那么别人怎么看待她的摄影技术？

江青的摄影技术究竟怎样

俗话说，外行看热闹，内行看门道。姚文元、叶群、谢富治等人夸江青的摄影艺术，他们说得天花乱坠都没用，因为他们没什么理论根基和艺术根据，仅凭感觉。只有专家、业内人士才能真正地说出个一二三来。

周总理的专职摄影师、老资格摄影家杜修贤看过江青不少摄影作品，称她拍摄的手法比较巧妙。有一次，周总理和邓颖超取出一张周总理坐着的照片给杜修贤看，说这是江青照的，问他照得怎么样？这是杜修贤第一次见江青的摄影作品，觉得用光很不错，追求线条纵横交错的主体感觉和深邃透视的意境。总理和邓大姐也有同感。后来，杜修贤说："如果抛开性格不谈，就论她的摄影技术，还算不错的。"

2011年1月25日，《文化艺术报·书刊参考》转载了一篇文章，《江青"御用摄影师"李文化的悲欢史》，作者是张欢、印青。文章指出，我国著名电影摄影大师李文化，直到今天，也不愿意去否认一些事情，比如他对江青文艺水平的看法——"不能说她是毛主席夫人，拍过电影，就是电影顶尖专家，我不认为她是顶尖专家，但我认为她是懂电影的，她真懂。30年代她当过电影明星，当然要懂这些东西。她给我看过两张照片，一张是毛主席坐在躺椅上，一张是林彪的照片。她专门给我讲，这些照片她在什么情况下拍的，怎样用光，逆光、测光、侧逆光、顶逆光、正面光。她说，拍人物大胆用逆光，很少用顺光，因为顺光层次感、立体感不强，比较平。她希望我拍出的电影跟她要求的一样。

2013年5月26日下午，原中南海专职摄影师吕厚民对我说："江青对摄影艺术还是懂一些的，她照的照片总的说可以。练习摄影好多年了，进步不慢。"他还说："江青曾是演员，对镜头不陌生，她知道什么样的照片是好的。"

红墙专职摄影师、新华社高级记者钱嗣杰对我说："别的不论，只论江青摄影这一点，江青照的照片很不错，选景、构思、角度、用光都很讲究。剪裁也很不错……江青照的照片都是由她个人剪裁的，我发现几乎每张照片剪裁得都恰到好处，这很不简单。她当过演员，见多识广，心灵手巧。"

江青拍摄好的底片，绝大多数都是由我送到新华社摄影部去冲洗，取回小样。我多次看到江青摘掉近视眼镜，伏案仔细地剪裁，累得、急得满头大汗。

2013年5月26日上午，中央新闻电影制片厂著名摄影师舒世俊告诉我："江青对摄影艺术，懂，很懂，照得很不错，有一定造诣。原因有三，一是20世纪30年代，她在上海就是一名电影演员、明星。那时摄影师就时时给她摄像、拍剧照，她从老摄影师那里学到了很多知识和技术；二是1961年9月9日，毛主席给她在庐山'仙人洞'照题了诗，极大地鼓舞了她学习摄影的热情……三是她对她拍摄的作品要求很严格，一丝不苟，从不凑合。"

舒世俊讲得很对。1975年，全国农业学大寨会议在山西昔阳县大寨召开。会前，江青把一批文艺界工作者召到大寨，准备安排山西省文联主席马烽和广州军区作家张永枚写一部红军长征的新电影。有一天，江青在花椒树旁要给马烽等人照相。马烽后来回忆说："江青让我站在一个地方，她用两只手的大拇指和食指搭成一个长方形的框框，看了看，让我往旁边移动了半步，说这个地方好。工作人员把带三角架的照相机架好了，接着她把测光表在我的脸上晃了晃说，他的脸色重，需要补光，不然没有立体感。工作人员立即从手提箱里拿出了充电照明灯，向我照射。江青说不行，需要站高点。但山上既无梯子，又无凳子，就叫《山西日报》社摄影记者骑到马上去打光。江青一连照了两张。后来，她给凡是调来大寨的作家、导演、演员都照了单人照，说要把它们都放大，送给主席看。后来，她送给了每人一张集体照、一张单人照，都是彩色的。"1976年，马烽把照片挂在他家的墙上。"四人帮"倒台以后，有人告状，拿江青给他照相的事做文章。后来，在胡耀邦的关心下，才搞清楚了。但这张照片一直挂在他家里。马烽认为：回忆录，应当是什么事，就是什么事……既不趋炎附势，也不落井下石，这就是马烽坚守的做人底线。

我在《博客天下》2013年第15期上看到周琼媛的文章《江青镜头里的毛泽东》。文章说："5月10日，华辰2013年春季拍卖会影像专场几乎满座，约200人到场，至少有20位藏家为这张照片而来……这张《世界人民心中最红最红的红太阳毛主席》照片里，毛泽东穿着中山装，坐在藤椅上。阳光打在他脸上，他眉头微蹙，双目微闭。他身后，山峦层层叠叠；他脚下，草木繁茂招摇。这是1961年夏天，江青镜头里的毛泽东。这张照片估价是3到5万，卖价比估价高了10倍多。”毛泽东坐在藤椅上的照片，无疑是江青拍摄的——因为江青曾亲自送给我一张同样的照片。

1971年的一天，江青拿着一张毛主席的照片对我说：“这张照片是我1961年在庐山含鄱口给主席照的，我很喜欢这张照片，主席也很喜欢。你送到新华社请石少华同志给我放大成16寸的彩色照片，洗10张，送给我身边的工作人员。”当时，觉得江青亲自给主席照的照片要送给我们，很高兴，很快就放大取回来了。江青立刻用粗红蓝铅笔红色一头在大照片背面写上了“请杨银禄同志惠存。江青某年某月某日。”

粉碎“四人帮”以后，为了与江青划清界线，我把江青的字彻底刮擦干净，只剩下那张毛主席的照片了。现在看来不应该那样做，那是历史嘛。

原载于《同舟共进》2013年第10期

我所知道的关锋

阎长贵

关锋是“文革”初期的风云人物，从1966年5月28日成立中央文革小组，他就是小组成员，1967年1月又兼任全军文革小组副组长。然而，1967年8月30日，他就以所谓“乱军”即“揪军内一小撮”的罪名，和王力一起被打倒了。关被打倒也牵涉到我，我所在的单位红旗杂志社以及有关单位马列主义研究院、中国科学院哲学社会科学部（中国社会科学院前身）等也贴了我不少大字报，内容之一是：“关锋是反革命，阎长贵也是反革命，因为阎长贵是关锋的学生。”“强烈要求揪出埋在江青同志身边的定时炸弹！”我当时任江青机要秘书。我把有关这些大字报的材料拿给江青看（我不能不拿给她看，也不敢不拿给她看），她看后郑重地说：“跟关锋在一起的不一定都是坏人，都是反革命！”江青这样说，表明对我还信任。不仅如此，不久，她还提议任命我担任中央文革小组办事组组长（即办公室主任）。

一点不错，我确实是关的学生。1961年，我从中国人民大学哲学系毕业后，分配到红旗杂志社关锋任组长的中国哲学史组，师从关锋学习和研究中哲史。现在谈谈我所知道的关锋。

“文革”前的关锋：开始引起毛的注意

关在“文革”中成为风云人物不是偶然的。他从1950年代起，在哲学界特别是中哲史界，就是有相当名气的人物。关锋原名周玉峰，山东庆云人。1919年生，1933年秋在山东庆云县立简易师范学校加入共产党。1937年9月任中共冀鲁边区抗日救国军第一路军政治部主任。1950年调任中共中央山东分局宣传部理论教育处处长，1952年兼任山东政治学校校长，行政十级。1956年被中央政治研究室副主任胡绳借调北京，任中央政治研究室哲学组组长、思想动态组组长。1958年《红旗》杂志创刊后，关调任《红旗》杂志编委，但他除了参加编委会议，给《红旗》写些文章，不做具体编务，专做学术研究，特别是中哲史研究。

关在1950年代开始发表著作，如1955年由上海人民出版社出版的《学习马克思主义认识论，反对主观主义》。1960年代又陆续出版了更重要的著作：1961年由中华书局出版的《庄子内篇译解和批判》（30万字），1962年由上海人民出版社出版的《求学集》，1963年由人民出版社出版的《春秋哲学论集》（关锋、林聿时合著），等等。从1950年代后期起，关锋、林聿时、吴传启三人以“撒仁兴”（即“三人行”）为笔名写了不少文章，名噪一时。

关的文章和观点深得毛泽东赏识。我听关说，1958年他在《光明日报》上发表《中国哲学史研究工作的方向问题》，批判冯友兰的“抽象继承法”，提出“中国哲学史工作者”必须“学习毛泽东思想”，受到毛赞扬，还有批语。当《建国以来毛泽东文稿》（简称《毛泽东文稿》）第9册出版后，我告诉他：上面载有毛对他《框框乎？指导原则乎？》一文的批语。他说知道，又说，他更看重毛对他写的《中国哲学史研究工作的方向问题》的批语，不知道为什么《毛泽东文稿》没有收录。毛为什么喜欢关的这篇文章？我想原因不是别的，也许是中共八大党章不再提“毛泽东思想”之后，关在这篇文章中又明确提出“毛泽东思想”，指出哲学史工作者必须“学习毛泽东思想”。需要指出，中共八大党章不再提“毛泽东思想”，这是根据毛的多次要求和指示做的。1961年2月11日《光明日报》上关以何明的笔名发表《框框乎？指导原则乎？》。2月15日，毛批示：“好文章。”并致信陈伯达，全文如下（见《毛泽东文稿》第9册，中央文献出版社1996年版）：

陈伯达同志：

何明是谁？1957年反右整风时期，他写过一篇短文（中共中央文献研究室注——可能指《光明日报》1957年8月10日发表的《批判费孝通的“知识分子的早春天气”》一文），很好，我跟你谈过，想找他谈谈，未果。现在请你找他坐飞机来广州来一次。同时请艾思奇、胡绳、王若水、任继愈、关锋五人一起同来。以上请你即办为盼！

毛泽东

二月十五日晨

为了一篇文章，让作者坐飞机去谈，还要数位专家、秀才陪同，足见毛对关文章的偏爱。

毛批示何明（即关锋，毛此时尚不知何明即关锋）的《框框乎？指导原则乎？》为“好文章”，为什么？《毛泽东文稿》的注释如下：该文说，“到实际中、到群众中去做调查研究，要虚心，不要事前先定出个主观主义的框框。带着框框下去，就会视而不见，听而不闻，或者只看到、听到自己所要看、所要听的情况，把事情看走了样子。虚心是非常要紧的；框框，是害人害事的。可是，指导原则和框框却是两回事”。文章联系中国哲学史上宋尹学派和荀子的有关思想进行了具体分析，然后指出：“我们要坚定不移地运用马克思列宁主义、毛泽东著作以及党的总路线为指导，去进行调查研究。这不是框框。这是从实际抽出来而又经过实际证明了的真理，是‘望远镜’，是‘显微镜’，是解剖‘麻雀’的解剖刀。但话还得说回来，不要只是记住马克思列宁主义的词句，往客观事物头上硬套，那是直接违背马克思列宁主义的，就是说，那就不是马克思列宁主义了，而是自己造的框框。”“框框乎？指导原则乎？要分清；不要带着框框而要带着马克思列宁主义的指导原则去进行调查研究。”

毛从1957年起多次召见关——当然都是和召见别人一起，单独召见关我还没听说过，也可能没有；即使和别人一起被毛召见，在当时也是“殊荣”。我印象最深的，是1965年11月21日，毛在杭州召见陈伯达、田家英、艾思奇、胡绳、关锋，说是要提倡读马、恩、列的著作，因此要选择出版几本书，每本书都要有中国人写的序。（参见胡绳回忆文章，《毛泽东和他的秘书田家英》，中央文献出版社1989年版；《龚育之访谈录》，中央文献出版社2009年版）毛叫几位秀才每人负责给一本经典著作（如《共产党宣言》《社会主义从空想到科学的发展》《国家与革命》《哲学笔记》等）写序言和注释。关领的任务是给《哲学笔记》写序言和注释。他回京后，我们组的人就立即开始了准备工作。后来由于"文革"的开展，这项任务没有继续下去。

从上面几件事情看，毛对关是很欣赏和重视的。其主要和根本原因，我认为，就是关紧跟毛的思想和行动。如在"反右派"斗争中，关积极配合写了多篇文章（如上所说，有的文章还受到毛的称赞，甚至"想找他谈谈"），并辑成《边鼓集》（山东人民出版社1957年版）；在毛提出"向雷锋同志学习"后，关立即写了《雷锋是怎样形成共产主义世界观的》。客观地说，关那一时期是一个十分典型的贯彻和实践党内正统文化的知识分子。

请冯友兰作报告，还要请关锋作"消毒报告"

关锋在"文革"前和冯友兰先生的论战，是最值得注意和记载的事情。

冯在旧中国、新中国都是哲学大家。新中国成立后经过院系调整，冯任北大哲学系教授。1956年11月中旬，人大哲学系为了活跃学生学习生活，也为了开展百家争鸣，请冯作学术报告。冯讲的内容是关于中国哲学遗产的继承问题。他说："我们近几年来，在中国哲学史的教学研究中，对中国古代哲学似乎是否定的太多了一些。否定的多了，可继承的遗产也就少了。我觉得我们应该对中国的哲学思想，作更全面的了解。在中国哲学史中，有些哲学命题，如果作全面的了解，应该注意到这些命题的两方面的意义：一是抽象的意义，一是具体的意义……比如:《论语》中所说的'学而时习之，不亦说乎'，从这句话的具体意义看，孔子叫人学的是诗、书、礼、乐等传统的东西。从这方面去了解，这句话对于现在就没有多大用处，不需要继承它……但是，如果从这句话的抽象意义看，这句话就是说：无论学什么东西，学了之后，都要及时地、经常地温习和实习，这就是很快乐的事。这样的了解，这句话到现在还是正确的，对我们现在还是有用的。”（冯的文章发表在1957年1月8日《光明日报》）吴传启把冯继承中国哲学遗产的意见概括为“抽象继承法”，关认为这个概括“符合冯意见的本质”，冯本人也认同这个说法。（参见《哲学研究》1958年第2、3、5期吴、关、冯的文章）

关写了很多批判冯“抽象继承法”（及其哲学观点）的文章，认为冯的“抽象继承法”是在古代哲学中寻找与马克思主义哲学相近、相同或没有的好东西，“现成地拿来”，是哲学方法论上的修正主义，等等。在私下，关还说过冯的“抽象继承法”名义上是找“好东西”，实际上是“捡破烂”。与之对立，关提出所谓“扬弃三法”：一是否定某些哲学命题的特殊意义，继承其一般意义；二是否定某些哲学命题的一重意义，继承其另一重意义；三是否定命题的整体意义，继承其某些个别要素。关文章中有不少牵强附会和扣帽子的东西，但总的说来，他还是提倡和注重说理的。据一位北大哲学系的毕业生说：“冯友兰在给他们讲课时承认，尽管他不完全同意关锋的观点，但认为在所有批判他的文章中，关锋的水平是最高的。”（孟祥才《我所知道的关锋、林聿时和吴传启》，《历史学家茶座》2011年第2期）

关和冯针锋相对，阵线分明。在当时，冯被视为资产阶级教授，关被视为马克思主义理论家，各代表资产阶级一家和无产阶级一家。经常有这样的怪现象：哪个单位请冯作报告，还要请关再去作“消毒”报告——这是当时强调阶级斗争在学术领域的一种反映。所谓“百家争鸣，实际上就是两家”，在关和冯身上表现得很明显。

在关和冯的争鸣中，关处于主导方面，冯处于被批判地位。我举一个很能说明问题的例子。当时有四个搞中国哲学史的人，一个名叫汤一介（时为北大哲学系教师，现为著名哲学家），一个名叫孙长江（时为人大哲学系中哲史教师，1978年“真理标准大讨论”文章的重要作者之一，现为学界名人），一个名叫方克立（时为人大哲学系中哲史教师，现为著名中国哲学史家），一个名叫庄卬（北大1955级哲学系学生，时为冯的研究生，仿佛不到30岁就去世了。现在健在的三人都是七八十岁的老人了），他们四位以司马文的笔名写了不少批判冯和中哲史的文章，当时他们常来请教关锋，或切磋问题，有时我也在场。这个情况表明了关当时在中哲史界（以及哲学界）的影响。

冯“抽象继承法”的观点在理论上和科学上究竟如何？先不说这个观点正确不正确，根据科学上提出问题比解决问题更重要的原则，冯提出这个文化遗产继承的问题，就是对中国文化发展的一个贡献。应该说，直到半个多世纪后的今天，也不能说这个问题已经完全解决了，还需要我们继续探讨。

再说这个观点本身。我作为关锋的学生，完全接受了他的观点，在文章中也批判过冯的“抽象继承法”；经过多年思考，现在我感到，冯的观点要比关的观点正确（关所谓“扬弃三法”，就其正确方面的意义，冯的“抽象继承法”是内在地包含了的）。遗产继承是解决现代和古代的关系即联系问题，即今天和昨天以及前天、大前天……的关系和联系问题，很复杂，若没“抽象”（指科学抽象）如何联系？“新陈代谢”是自然过程，“推陈出新”是人类行为。

忠、孝、仁、义，是中国的传统道德观。毛泽东也承认忠、孝、仁、义。他说：“要特别忠于大多数人民，孝于大多数人民，而不是忠孝于少数人。对大多数人有益处的，叫做仁；对大多数人利益有关的事情处理得当，叫义。对农民的土地问题，工人的吃饭问题处理得当，就是真正的行仁义。”（《关于国民精神总动员的号召》，转引自梁衡《文章大家毛泽东》，2013年2月28日《人民日报》）

资中筠同志在讲到冯的“抽象继承法”时说：“冯友兰先生的道德抽象继承……我特别拥护这一点。因为我想不出来传统和现代怎么样连接起来，我觉得冯先生概括得非常好……怎么样把传统的道德和新的时代联合起来，结合起来，冯友兰先生提出了一个道德抽象继承。比如说过去是忠君，忠总是好的，背叛总是坏的，你现在忠于国家也好，忠于职守也好，这是一个品质，类似这样一些都可以添进去，我觉得这是造了一条道路。但是后来他被批判……这样一来我们什么传统都坏了，外面的也不要，传统的也不要，什么都不要。人类文明是几千年也好，一百年也好，多少年的文明就断掉了……”（资中筠2012年1月8日在“理想国文化沙龙”会议上的发言）

“文革”初期的关锋

要谈关在“文革”中的情况，应知道“文革”从什么时候开始。对此有两种说法，一种是毛的说法：“我们的‘无产阶级文化大革命’应该从1965年冬姚文元同志对《海瑞罢官》批判开始”；一种是人们普遍和通常的说法：1966年5月中央政治局扩大会议通过《五一六通知》，标志着“文化大革命”开始。为叙述方便，我就从姚文元批判《海瑞罢官》谈起。

《文汇报》1965年11月10日发表姚的《评新编历史剧〈海瑞罢官〉》，学界物议纷起。关锋接受《文汇报》驻京记者站负责人艾玲的采访，表示赞成和支持姚的文章；据说，艾玲也采访了戚本禹，戚也是这个态度。艾玲把关、戚对姚文的反应作为北京左派的意见报给江青。不久，江青在上海秘密召见关、戚，分别向他们交了姚批判《海瑞罢官》的底，要他们写文章支持姚文元。这次关去上海接受江青召见，是打着回山东老家看望父母的旗号去的；对此我们哲史组的人都不清楚。关回来后，立即开会动员我们组的人积极行动起来参加批判吴晗的斗争。当然，当时我们（恐怕也包括关）并没意识到（也不可能意识到）由此要引发一场中华民族的10年浩劫。

《五一六通知》的附件《一九六五年到一九六六年五月文化战线上两条道路斗争大事记》（简称《大事记》）记载：

十二月二十一日

毛主席同陈伯达、艾思奇、关锋等同志谈话中指出：戚本禹的文章（指戚的《为革命而研究历史》——笔者注）很好，我看了三遍，缺点是没有点名。姚文元的文章也很好，点了名，对戏剧界、史学界、哲学界震动很大，但是没有打中要害。要害问题是“罢官”。嘉靖皇帝罢了海瑞的官，一九五九年我们罢了彭德怀的官。彭德怀也是“海瑞”。

十二月二十二日

毛主席同彭真、康生、杨成武等同志谈话，又讲了前一天同陈伯达等同志谈的那些意见。毛主席说，要害是“罢官”，我们庐山会议罢了彭德怀的官。彭真同志立刻辩解说，我们经过调查，没有发现吴晗同彭德怀有什么组织联系，掩盖吴晗的反党反社会主义的政治问题。

《海瑞罢官》的“要害问题是‘罢官’”。这是毛关于“文革”的一句极有深意的话。从彭真、田家英起，几多高级（以及中级、一般）干部，在“文革”中遭殃多与此话有关。

关锋十分敏锐，他听懂了毛的这句话。大概他是为这句话呐喊得最起劲的人。毛谈“要害问题是‘罢官’”后不到一个月，1966年1月18日关就在《文汇报》上发表了《此地无银三百两！》，文章粗暴地指责："从1959年到1961年这个期间，吴晗同志宣扬所谓‘海瑞’精神，达到了狂热的程度。其意图究竟是什么呢？吴晗同志在《关于（海瑞罢官）的自我批评》中，把他关于海瑞的文章，按照写作时间排了一个队。他排这个队的目的，是为了避开姚文元同志对他的政治批评，说他的《海瑞罢官》写于1960年，跟‘单干风’无关。然而弄巧反拙，本想掩护耳朵，却露出了屁股。吴晗同志把他的《海瑞骂皇帝》和《海瑞罢官》，跟1959年8月在江西庐山举行的中国共产党八届八中全会联系了起来；这一下子泄露了‘天机’。在庐山会议上，右倾机会主义者自称海瑞，恶毒地攻击我们的党，攻击社会主义；庐山会议之后，我们罢了右倾机会主义分子的官。这就是当时的政治。庐山会议前夕，吴晗同志歪曲海瑞上疏，写了《海瑞骂皇帝》；庐山会议之后，又煞费苦心地花了一年的时间，歪曲历史写了《海瑞罢官》。吴晗同志自己说：历史和历史剧‘里面的历史人物决不是僵尸的复活’，而是为活人服务；怎么为活人服务？答曰：‘写这个人、演这个人，都要着眼于他或她的某个方面对于后一代的人们的启发作用’。是的，在庐山会议之前，吴晗同志着眼于海瑞的，是骂皇帝；其意图就是给向党进攻的右倾机会主义者擂鼓助威，好比旧戏出‘大将’以前乐队奏的‘急急风’。在庐山会议之后，他着眼于海瑞的，是‘丢了官，但他并不屈服，不丧气’，不灰溜溜的；很显然，这是为被罢了官的右倾机会主义者打气、鼓干劲，要他们‘失败了再干'，而且还盼望着'海瑞'有朝一日'再居官重整纪纲'哩！"

应该说，关这篇文章比姚的文章还高调，还"出彩"！最根本和最主要的，是它更符合发动"无产阶级文化大革命"的思想。

林杰（时任《红旗》杂志中国哲学史研究组党支部书记）积极和精心撰写批判吴晗的大文章，题目叫做《〈海瑞骂皇帝〉和〈海瑞罢官〉是反党反社会主义的大毒草》，此文经关修改于1966年1月中旬写成，署名关锋、林杰。该文指责吴晗"歌颂海瑞，实质上是歌颂右倾机会主义分子，是反对党、反对社会主义"。该文和戚本禹的《〈海瑞骂皇帝〉和〈海瑞罢官〉的反动实质》在一月中旬送中宣部，《大事记》说："被彭真、许立群同志压了两个半月"。戚的文章到4月2日才在《人民日报》和《光明日报》发表；关、林的文章在4月5日出版的第5期《红旗》杂志上发表，同日《人民日报》刊登，中央人民广播电台全文播发，影响很大。

顺便说说，这篇文章有涉及我的一个细节。文章结尾处有出自林的两句诗："千里雷声开新宇，万里东风扫残云"；在征求我的意见时，我说："千里"、"万里"重复似不好，"对仗"也不工，是否将"千里"改为"千钧"。关很赞赏，说改得好，还讲了历史上"一字师"的故事。这两句诗在6月6日北京四中一张大字报中加以传抄，"雷声"两个字被改为"霹雳"。林认为改得好。嗣后，林这两句经过北京四中学生改动的诗就在社会上广泛传播开了，经常见诸各种红卫兵小报以及中央报刊，甚至被误认为毛泽东的作品。

可以看到，关、林、戚的文章根据毛"《海瑞罢官》的要害是'罢官'"的话，上纲很高。中宣部有关负责人觉得把握不准，请示中央又不复，所以"压着"没发，而且还找出关锋（以庆云笔名）1962年写的《从陈贾谈起》作为有问题的材料之一报送毛。陈贾是历史上替君主文过饰非的谄佞小人。战国时期，齐国吞并了燕国，各国准备起兵伐齐。孟子劝说齐宣王遣回燕国俘虏，退兵回国，以释危机。齐宣王拒绝孟子的建议，结果非常被动。齐宣王十分懊悔。但陈贾乘机讨好齐宣王，引经据典，称古代圣人都犯错误，齐宣王犯这点错误不算什么。齐宣王转而心安理得。关文称："'君子'同'小人'的一个根本区别，就在于是'过则勿惮改'、坚持真理呢，还是文过饰非、'顺非以谄其上'。""齐宣王犯了过错而感到惭愧，这是好的。然而，他终究是气魄太小了，不能勇于认错、改错。”关文发表在1962年5月5日《光明日报》上，当年中宣部内部刊物《宣教动态》第88期作了转摘。那时“大跃进”失败不久，认定关文有“影射”之嫌。1966年2月彭真、许立群等人去武汉向毛作关于“二月提纲”的汇报，又带去了包括关这篇杂文在内的一些材料，潜台词是说这些左派过去也说过错话，也应该做一些自我批评；另外，对别人的批评也应该宽厚一点。不料毛说：那篇文章我看过，3年以后再说。左派过去也有不干净的地方，不用管他，3年以后再说。(参见《龚育之访谈录》)按照“文革”实际，用当时惯用的“影射史学”，仅凭关这篇杂文，把他打倒——和其他许多被打倒的人相比，也不为冤枉，而毛竟不认同彭、许的观点。关告诉我，“文革”前乃至“文革”中，一直有人想找他的问题和麻烦，都是毛保护了他。他对毛十分感激，终生都觉得毛对他有知遇之恩。

为“文革”制造大量有影响力的舆论

以彭真为首的文化革命五人小组制定的《二月提纲》一出来，就受到批判。打倒彭真被提上日程。中央书记处开会决定，起草一个关于“无产阶级文化大革命”的通知，宣布撤销《二月提纲》。这个通知就是1966年5月中央政治局扩大会议于5月16日通过的中国共产党中央委员会《通知》(史称《五一六通知》)。关参加了这个通知的起草，这是“无产阶级文化大革命”的第一个纲领性文献。《五一六通知》宣布“撤销原来的‘文化革命五人小组’及其办事机构，重新设立文化革命小组，隶属于政治局常委之下”。关是重新设立的中央文化革命小组的重要成员。自此，关更加积极地投入了“无产阶级文化大革命”。

1966年5月8日，《解放军报》发表高炬（该报记者处的笔名——笔者注）的文章《向反党反社会主义的黑线开火》，同日《光明日报》发表何明（即关锋）的文章《擦亮眼睛，辨别真假》。高炬的文章指责邓拓是“三家村黑店的掌柜”、“反党反社会主义分子的一个头目”，污蔑《前线》、《北京日报》和《北京晚报》是“反党工具”。关文指责《北京日报》4月16日对《燕山夜话》和《三家村札记》的批判是“假批判、真掩护，假斗争、真包庇”。两篇文章紧密配合，都把矛头指向北京市委，这是在宣布一个重大战略部署，即北京市委（包括彭真）是“无产阶级文化大革命”的第一个真正目标。

关成为中央文革小组成员以后究竟干了些什么？除了和中央文革小组的陈伯达、江青、康生等一起到处煽风点火外，就是接见和支持一些造反组织和个人：如7月下旬，他和王力奉命到清华去见被打成“反革命”的蒯大富，告诉他不要着急，很快会恢复自由；关特别支持哲学社会科学部以吴传启、林聿时为首和北京师范大学以谭厚兰为首的造反派组织，即后来属于所谓“地派”的造反派组织，给他们很多指导。但关锋最重要的工作是和王力一起，为《红旗》杂志和《人民日报》写作社论、评论以及编辑部文章，千方百计为“革命”制造舆论。仅就我知道的情况举例如下——

1.《人民日报》评论员文章《欢呼北大的一张大字报》（1966年6月2日）。

所谓“北大的一张大字报”即聂元梓等人5月25日写的那张大字报。该文宣布：“为陆平、彭珮云等人多年把持的北京大学，是‘三家村’黑帮的一个重要的据点，是他们反党反社会主义的顽固堡垒。”陆平、彭珮云他们的“党”“不是真共产党，而是假共产党，是修正主义的‘党’”。“对于无产阶级革命派来说……我们无条件接受的，是以毛主席为首的党中央的领导。”——8月5日，在八届十一中全会中间毛写了“炮打司令部”的大字报，他不止一次地说，不能认为反对某单位、某地方党委就是反党。如果不为尊者讳的话，可以肯定和明确地认为“文革”中“踢开党委闹革命”的口号盖源于此。

2.《红旗》杂志社论《在毛泽东思想的大路上前进》（1966年10月1日）。

3.《人民日报》《红旗》杂志1967年元旦社论《把无产阶级文化大革命进行到底》。

该文提出了“全国全面阶级斗争”的概念。“文革”后关告诉我，这一概念由毛1966年12月26日生日家宴祝酒时提出的“为开展全国全面内战干杯”转化而来（参见阎长贵、王广宇《问史求信集》，红旗出版社2010年第2版第113页注）。由此开始，“无产阶级文化大革命”进入了“全面夺权”阶段。

4.《红旗》杂志评论员文章《无产阶级革命派联合起来》（1967年1月16日）。

该文根据毛的意见，肯定上海造反派的夺权，指出：上海“……百万革命造反大军，他们联合其他革命组织，迎头痛击资产阶级反动路线的新反扑，从党内一小撮走资本主义道路当权派的手中夺了权，建立起无产阶级文化大革命的新秩序。”

5.《红旗》杂志1967年第3期社论《论无产阶级的夺权斗争》（1967年2月3日）。

6.《红旗》杂志1967年第4期社论《必须正确对待干部》（1967年3月1日）。

7.《红旗》杂志1967年第5期社论《论革命的三结合》（1967年3月30日）。

该文说：“毛主席提出，在需要夺权的那些地方和单位，必须实行革命的‘三结合’的方针，建立一个革命的、有代表性的、有无产阶级权威的临时权力机构，这个权力机构的名称，叫革命委员会好。”

8.《红旗》杂志编辑部、《人民日报》编辑部文章《〈修养〉的要害是背叛无产阶级专政》（1967年5月8日）。

关于这篇文章，1967年5月11日《中共中央通知》说：

五月八日，红旗杂志编辑部和人民日报编辑部发表的《〈修养〉的要害是背叛无产阶级专政》，是经过政治局常委扩大会议讨论通过，并经我们伟大领袖毛主席亲自批准的重要文章。这篇文章击中了《修养》一书的要害，也击中了党内最大的走资本主义道路当权派的要害。通篇用摆事实、讲道理的方法，在一个革命的根本问题上，大破修正主义，大立毛泽东思想。

关锋和王力合写的文章很多，难以尽举。仅从这几个例子，即可看出，在陈伯达、康生直接领导下，关和王（在“文革”中他们两人密不可分——笔者注）不仅是“文革”初期舆论的总管（王是陶铸被打倒后的宣传组组长，关是主持《红旗》杂志常务工作的副总编辑），而且是亲自握笔的秀才，为“文革”制造了大量颇具影响力的舆论——当然，他们对国家和人民是欠了账的。用实践标准检验，关（和王）制造的“文革”的种种“舆论”都是错误的，它曲解马克思主义、违背常识和人民意愿，祸国殃民，危害剧烈深重。

关除了写文章，制造“文革”舆论外，在反对彭德怀、刘少奇、陶铸的斗争中也十分积极。

关于关锋积极反对刘少奇，我们前面说的他和王力合作撰写的文章都主要指向刘少奇（及邓小平），他抛弃曾经对《修养》的肯定和赞誉，和王力一起撰写《〈修养〉的要害是背叛无产阶级专政》，更是鲜明的证据。

1966年6月16日，关和戚联名给陈伯达、康生、江青写信，诬告“彭德怀到三线以后，还在积极进行不正当的活动”。“希望中央考虑撤销他的三线副总指挥职务”。“从这次文化大革命运动中揭发的许多材料看，彭德怀直到现在还是修正主义的一面黑旗”。“希望中央能够考虑在适当时机，在群众中公布彭德怀的反党反社会主义的罪恶活动”。（参见《中国共产党执政四十年（增订本）》，中共党史出版社1991年第2版）

1966年11月27日，关给江青写信，攻击陶铸。他说：“陶铸同志到中央工作以来，就积极支持刘邓路线，并参与了刘邓路线的制定”；“陶铸同志的说法，是直接同毛主席的《炮打司令部》的大字报唱对台戏”。信中列举陶铸七条“罪名”，建议中央“密切注意，加以考察”。江青把这封信转给了毛。（《中国共产党执政四十年（增订本）》）

关、王为何忽然被打倒

关锋在“文革”期间活动时间不长，他和王力在1967年8月30日就被打倒了。关（和王）被打倒是“咎由自取”，还是“舍卒保车”、“挥泪斩马谡”？让我们看看关（以及王）究竟是怎样被打倒、为什么被打倒的。

关锋被打倒的主要原因就是说他鼓吹“揪军内一小撮”，搞乱了军队。然而，“揪军内一小撮”究竟是怎么一回事？

1967年“七二〇”事件，本来是武汉地区军队和很多群众不满、抵制和反对中央处理武汉问题的方针，但被定性为“党内、军内一小撮走资本主义道路当权派的极端狂妄的进攻”。事件后，“揪军内一小撮”的声浪像狂飙一样席卷中国大地，使军队及其秩序受到严重冲击。

在“七二〇”事件中，被揪斗和殴打的中央文革小组成员王力和国务院副总理谢富治及随行人员，于7月22日被救回北京。7月25日，在天安门广场召开了100多万人参加的欢迎他们胜利归来并声讨武汉地区“党内、军内一小撮走资本主义道路当权派”的大会，当时的中共中央副主席林彪也参加了这次大会。

《人民日报》7月26日所载“新华社25日讯”，关于百万军民举行集会的报道说：“坚决打倒中国的赫鲁晓夫，坚决打倒党内军内一小撮走资本主义道路的当权派，坚决打倒武汉地区党内、军内一小撮走资本主义道路的当权派。”

7月27日，中共中央、国务院、中央军委、中央文革小组在《给武汉革命群众和广大指战员的一封信》中说：“你们英勇地打败了党内、军内一小撮走资本主义道路当权派的极端狂妄的进攻。你们的大无畏精神和果断手段，已经使得一小撮人的叛逆行为，一败涂地。”从此，“党内、军内一小撮走资本主义道路当权派”（简称“党内、军内一小撮”）的口号和提法，便在报刊上、社会上，铺天盖地传播开来。

“揪军内一小撮”的宣传和鼓噪，在中国人民解放军建军40周年时达到了顶峰。

其中《红旗》杂志（半月刊，“文革”中不定期出刊——编者按）第12期纪念中国人民解放军建军40周年的社论《无产阶级必须牢牢掌握枪杆子》说：“在无产阶级文化大革命中，我们要把党内一小撮走资本主义道路当权派揭露出来，从政治上和思想上把他们斗倒、斗臭。同样，也要把军内一小撮走资本主义道路当权派揭露出来，从政治上和思想上把他们斗倒、斗臭。”

1967年7月，毛要随其南巡的杨成武代总参谋长，回京参加建军40周年招待会并致词，杨忙说：“不行不行。致词应该是老帅。”毛说：“你回去如实把我的意见告诉总理，由总理定吧。”总理当然同意和执行毛的决定。特别值得注意的是，杨在致词中，只讲“党内一小撮”，没提“军内一小撮”——这不是偶然的。在鼓吹“揪军内一小撮”达到顶峰时，他这样说，透露出毛态度转变的一个重要信息，即毛经过“七二0事件”，逐渐觉得军队不能再乱了。看来，利用“揪军内一小撮”的口号做文章即整人，已经酝酿有日。

“揪军内一小撮”的大肆宣传和鼓噪，使军队受到很大冲击，整个形势简直到了“失控”的程度。当时各军区，包括大军区和省军区的告急文电，雪片似的飞向中央、飞向中央文革小组，报告各处在揪“本地的陈再道”，在冲击军事机关，在抢夺枪支弹药等。而各级政府和党组织都瘫痪了，连告急文电也发不出来。这是一种全国性的“兵荒马乱”，毛忧心忡忡。他在1970年12月同斯诺谈话时说：“一九六七年的七月July和八月August两个月不行了，天下大乱了。”“不能把军队搞乱”，这是毛在“文革”中一个最重要和最基本的底线。当毛看到《红旗》杂志第12期社论鼓吹“揪军内一小撮”时，义愤填膺地提出“还我长城”！又针对报刊上大量和反复出现“揪党内、军内一小撮”的口号和言论，话里有话地指出：不要并提党内、军内一小撮。这就是说，毛把搞乱军队的原因，直接归结为党内、军内一小撮并提，归结为宣传“揪军内一小撮”。

“揪军内一小撮”的口号流毒全国，但究竟是谁先提出这一口号的？

江青、康生、陈伯达急忙为自己开脱

实际上，应该说“揪军内一小撮”在“文革”的第一个纲领性文献《五一六通知》中就有了：

……批判混进党里、政府里、军队里和文化领域的各界里的资产阶级代表人物，清洗这些人……

混进党里、政府里、军队里和各种文化界的资产阶级代表人物，是一批反革命的修正主义分子，一旦时机成熟，他们就会要夺取政权，由无产阶级专政变为资产阶级专政。

这两段话，在《五一六通知》中是极其重要的，可以说是其灵魂。

1967年5月公开发表《五一六通知》时，这两段话都是黑体字，即表明是毛亲自加写的。

“混进党里的资产阶级代表人物”，是“党内走资派”，其人数是“一小撮”（《五一六通知》中说的还不是“一小撮”，而是“一批”、“一大批”。1966年8月8日通过的《十六条》中说的还是“一些”，“一小撮”是后来确定和流行的——笔者注），故称之为“党内一小撮”。

无疑，“混进军队里的资产阶级代表人物”，也是“军内走资派”，其人数也是“一小撮”，故也可称之为“军内一小撮”——“军内一小撮”这个概念也是后来出现的。

1966年10月5日，中共中央批复军委、总政《关于军队院校无产阶级文化大革命的紧急指示》，其中说：“也要看到军队院校领导和教职员中，确实有一小撮反党反社会主义的坏家伙，一定要借文化大革命的东风，把他们揪出来，彻底斗，彻底批。”这里虽然没有出现“军内一小撮走资派”的概念，但可以说，距单独提出“军内一小撮”只有一步之遥了。

1967年1月8日，林彪在军委常委会上提出要加强部队“文化大革命”运动，说部队也有路线斗争，“文化大革命”要搞好搞彻底，要支持左派，并责成关锋主管军报。说实在的，关是认认真真地管了军报的。1967年1月10日，关会同中央文革小组成员、中央宣传组组长王力，召集军报的两位领导唐平铸、胡痴，搞了一份四人联名的《关于解放军报宣传方针问题的建议》（简称《军报宣传方针》），明确提出“彻底揭穿军内一小撮走资本主义道路当权派”的口号。当晚，江青将这个文件送林彪批阅。林彪第二天批示“完全同意”，使这一口号合法化。（参见《百年潮》2005年第2期余焕椿文）

严格和真正意义上的“军内一小撮”即“军内一小撮走资本主义道路的当权派”的提法，这是第一次出现。而关、王等人这里说的，无疑是同《五一六通知》精神基本一致的，不同的地方在于他们把“军内一小撮”明确地独立出来。

事实不容置疑地证明，林彪和江青也是认可和同意（并且是“完全同意”）“揪军内一小撮”的。这样，《军报宣传方针》也就成为《解放军报》必须执行的命令和指示。

《解放军报》1967年1月12日的社论《热烈响应毛主席的伟大号召，祝贺新的全军文革小组成立》说："向军内一小撮走资本主义道路的当权派，和极少数坚持资产阶级反动路线的顽固分子，猛烈开火。"

当毛针对"揪军内一小撮"的狂热宣传，提出"还我长城"，说"党内、军内一小撮"并提不策略时，江青、康生、陈伯达都急忙为自己开脱，推卸责任。江青明明看过和同意《军报宣传方针》中关于"揪军内一小撮"的提法，并送林彪批示，她现在不提了，却"义正词严"地批"揪军内一小撮"。

1967年9月5日，江青在安徽来京代表会议上讲话，说："早一些时候，有这么一个错误的口号，叫做'抓军内一小撮'。他们到处抓'军内一小撮'，甚至把我们正规军的武器都抢了。同志们想想，如果没有人民解放军，我们能够坐在人民大会堂开会吗?（群众：不能！）如果把野战军给打乱了，万一有什么情况，那能允许吗?（群众：不能！）所以不要上这个当，那个口号是错误的。因为不管党、政、军，都是党领导的，只能提党内一小撮走资本主义道路的当权派，不能再另外提，那些都不科学。结果弄的到处抓，军区不管好坏，差不多都受冲击了。"——江青表白她在这个问题上是一贯正确的，没有一丝一毫的自我批评。

1967年7月"新华社25日讯"，即关于北京百万人集会的报道，其中"坚决打倒党内、军内一小撮走资本主义道路当权派"一语，是关锋加上、康生审定的，康生说他请示了主席，现在他改口，再不说主席同意了。陈伯达在这个问题上，也极力为自己开脱。

查阅《人民日报》，可以看到，从1967年8月10日开始，关于"揪军内一小撮"的提法就不见了，可谓戛然而止，这显然是对毛"还我长城"呼吁的贯彻和回应。最显著的证明，要算1967年8月16日《人民日报》摘要公布1959年8月16日《中国共产党八届八中全会关于以彭德怀为首的反党集团的决议》这件事。按理说，利用这件事恰好大讲特讲"军内一小撮"，并且军报社论已经明确断言彭德怀、罗瑞卿是"军内最大的走资本主义道路的当权派"。然而，《人民日报》、《红旗》杂志、《解放军报》为公布这个决议而写的社论中都不再提“军内一小撮”，当然也不再说彭是军内最大的“走资派”，只是说彭有这样或那样的罪行。

还有一件事值得说说。为“补救”受到毛批评的《红旗》杂志“八一”社论，在8月中旬，《红旗》杂志又写了一篇关于军队的社论，题目是《伟大的中国人民解放军是我国无产阶级专政和无产阶级文化大革命的可靠支柱》，8月19日由新华社播发，登载在8月20日的《人民日报》上，而在《红旗》上发表则是近一个月后9月17日出版的第14期了。当时，陈伯达是《红旗》杂志总编辑，《红旗》为纪念“八一”建军节发表的社论，他不审阅，不签字，那是不可能发表的。这不仅是惯例，而且是规定，是他作为总编辑的职责所在。这篇社论，毛批评了，陈就说他没看过，显然不是实情。

王力在“文革”后回忆说：“当时起很大作用的还有《红旗》杂志‘八一’社论。是林杰起草，关锋审改的。陈伯达看到后鼓掌叫好，说‘好极了’。”

这件事，“文革”后我也问过关，他说：“毛主席批评这篇社论后，陈伯达说他没看过，并把有他签字的稿子要回去了，这完全是想推卸责任，是小人的做法——对他这一点，我是很有意见和看不起的。”

关锋在“文革”中因为宣传和鼓吹“揪军内一小撮”而被打倒，1967年8月30日起被隔离审查，4个月后被关入秦城监狱，一直到1982年才被释放，长达14年。昨日“功臣”，今朝祸首，实乃悲剧。然而悲剧的主人公另有看法。

“王、关、戚”还是“戚、关、王”？

王关戚三个字连在一起，很多人（特别是没经历过“文革”的中、青年人）以为这是一个人，其实这是三个人的“姓”，他们分别是王力、关锋、戚本禹。他们的姓氏所以连在一起，因为他们都是中央文革小组最活跃的成员。他们的活动有时也在一起，仿佛密不可分。下面我谈谈关锋同王力和戚本禹的关系。

“文革”前，关锋和王力可能认识，但恐怕交往不多，在五六年的时间内，我没见过他们来往。从年龄说，关长王两岁；从级别说，王比关高，王是中联部副部长。“文革”开始后，他们都成为《红旗》杂志副总编辑，又都成了中央文革小组成员，熟悉了，交往也就多了起来。他们都管宣传，又都是“笔杆子”，其合作的基本方式就是给《红旗》、《人民日报》写社论、评论和编辑部文章——这一点前面已举过不少例子。他们合作的文章，毛多次给予很高评价。

——1966年6月2日，关和王合写的《欢呼北大的一张大字报》，毛在1966年八届十一中全会上写的《炮打司令部》中大加称赞：“写得何等好啊！”

——1967年1月30日，毛对关和王合写的《红旗》杂志社论稿《论无产阶级革命派的夺权斗争》批给林彪：“此件我看了，认为很好，并做了一些修改，请你看一下，退还陈伯达同志。”

——1967年2月28日，毛对关和王合写的《红旗》杂志社论稿《必须正确地对待干部》的批语：“退总理：同意你的意见，讨论后再发表，并把三结合的思想写进去。再则，以后重要社论都应这样做。”

——1967年5月4、6、7日，毛对关和王写的《红旗》杂志编辑部、《人民日报》编辑部文章《〈修养〉的要害是背叛无产阶级专政》，三次作了批语和修改，其中最重要的内容是“应送小组及常委碰头会讨论通过”，后来中共中央还为此文发表向全党发了通知（已如上述）。这是一篇很有权威的文章，甚至可以说是致刘少奇于死命的利剑。

关和王因“揪军内一小撮”和其他一些问题一起被打倒。“文革”后，关曾不止一次跟我说，毛说过这样的话：我和王力的分歧是路线问题，关锋是个骄傲问题——具体什么分歧、什么骄傲，关没说，遗憾的是我也没问。

关锋和戚本禹的关系，比他和王力的关系还密切。

1963年戚所写李秀成向清朝投降叛变的文章，虽然反对声此起彼伏，却得到毛的肯定和赞扬。1964年陈伯达把戚调到《红旗》杂志任历史组组长，而还没开始工作戚就参加了《红旗》杂志和马列主义研究院（这两个单位都归陈伯达领导）混合编成的“四清”工作队到通县参加“四清”。关和戚都分在宋庄公社翟里大队，分别任翟里一队和五队的工作组组长，他们都搞出了“成绩”。关在一队搞出了一个所谓“漏划反动富农分子”邓某某（原为翟里大队副大队长），并通过公安局把他抓了起来；戚在五队搞出了一个所谓“漏划富农”，这都获得翟里大队工作队总领队邓力群的认可和支持。当时北京市委对翟里大队，特别是关所领导的翟里一队不满，认为他们划邓某某为“漏划反动富农分子”材料不实，要进行复查，关在邓力群以及戚的支持下写了8万字的“邓某某罪行材料”（据知情人说，该材料结论为邓力群所写）。1966年春，当彭真得知毛认为关、戚都是左派后，他对整关等人的材料有些后悔，为缓和关系，他请关、戚吃饭。关、戚表面上和彭真的关系有所“改善”，但他们还是遵从“文革”战略部署，成为反对彭真与北京市委以及整个“文革”的干将和急先锋。

在“文革”中，关和戚进一步加深了在翟里“四清”中结成的亲密关系，两人常常一起活动。1966年秋冬的一天，在钓鱼台十六号楼戚本禹的办公室，我亲耳听到关跟戚说：“老戚，论生理年龄我比你大（关生于1919年，戚生于1931年），论政治经验我不如你丰富。”戚马上说：“哪里，哪里!”我认为，关说的是实情，在政治上和活动能力方面，戚确实比关强。这是因为戚在中央办公厅工作十五六年，对中央上层的情况相当熟悉，再加上戚态度比较随和，性格更果断，也正因为这样，人称“戚大帅”。

关对戚也有不满意的时候，我就遇到过很尖锐的一次。

1967年1月4日，江青、陈伯达公开宣布打倒陶铸后，6日或7日，戚叫我给《哲学研究》编辑部主任林聿时打电话，他口授我用电话传：你们可以给汪东兴打电话，要求把陶铸揪出中南海批斗。林聿时答：“好！”接着他跑到红旗杂志社找到周英（关锋的妻子），用红机子给汪东兴打电话，汪生气，把红旗杂志社的红机子给掐了。事后，关把我叫到他在钓鱼台十五号楼的办公室，严厉地批评我：“你看，你们（指我和戚）出这种馊主意，汪东兴把《红旗》的红机子给掐了，你看怎么办吧?！”我无言以对，只能静静地听他批评。需要说明的是，关并不是不同意把陶铸揪出中南海批斗，而是戚的主意让汪东兴掐了《红旗》的红机子损害了《红旗》的利益……

“文革”初期，戚凭着他的地位，特别是仗着他与毛和江的特殊关系（1966年5月中央办公厅秘书室主任田家英被宣布停职检查后，戚接替此职，主要为毛服务——笔者注），说话和行动比王、关还大胆、泼辣。1990年代，有一次我跟关说：一向提“王关戚”，我认为，从“文革”中的实际情况看，其顺序不是“王关戚”而是“戚关王”。当时，关还不同意我这个说法，他告我：“不能这样说。”可是，后来他在接受采访时也说实际上是“戚关王”了。从“文革”后的处理讲，也是戚的罪名最多、最大。关和王“免予起诉”，而戚被判了18年徒刑。至于是否公允，我们无法也无权评论。1986年戚刑满释放后，关锋为避嫌不愿再和他交往，但戚对关说：“我和你的关系总比王力和你的关系好吧！”此后，关和戚来往起来，除鱼雁传书，还多次会晤（都是戚来北京）。他们还合作写了好几部关于中哲史和思想史的书。关和戚在“文革”后又成为无话不谈的挚友。

1967年，按照毛的意见，王、关、戚是分别处理的，先处理王、关，戚再观察一段时间。8月30日，王、关被隔离审查，是戚实际执行、具体操办的。周总理宣布对王、关实行隔离审查后，戚把王和关送到被隔离的地方——钓鱼台二号楼，并告诉二号楼的服务人员，对待他们还要像过去对待首长一样。戚回到十六号楼（中央文革小组办公楼）又让办事组工作人员给王、关送去了《毛选》。

王、关被隔离审查，戚也感到尴尬。他曾跟我说：“我跳进黄河也洗不清！”1967年9月4日戚就给毛写了表示检讨的信。他在信中说：关锋、王力犯了严重错误，表现形式是左倾盲动。（笔者按——我看到关当时写的检查也说：“我犯了小资产阶级盲动主义错误。”）（一）错误地估计全国形势，把斗争过程中的反复现象，看作是全国出现了资本主义复辟，看不到革命群众的斗争成果和力量。（二）错误地估计了中国人民解放军，在报纸、电台到处号召抓“军内一小撮”。（三）怀疑一切，随便动摇毛主席司令部的领导。戚检讨自己说，我对他们的有些问题察觉不出，王力在外交部问题上犯的错误，就同我有关。我从心里愿意努力改造自己，永远做一个忠于毛泽东思想的小兵。

1967年9月7日，毛在戚的检讨信上作了批示（见《毛泽东文稿》

第12册）：

已阅，退戚本禹同志。

犯些错误有益，可以引起深思，改正错误。便时，请你告知关、王二同志。

毛泽东

九月七日

对戚这个检讨，关锋"文革"后看到很不以为然，认为效果不好，不同意戚说"随便动摇毛主席司令部的领导"——实际是指关（和王）"反对"周恩来、陈伯达、康生三个常委。在这里，姑且不谈关（和王）对周总理的态度，一句话，照我看来，他们至少有时对总理不够尊重。我着重说说所谓关锋反对陈伯达、康生的事。刘少奇的《论共产党员的修养》在1962年重新修改和在《红旗》杂志上发表是陈、康操办的，具体经办人是《红旗》副总编辑邓力群。"文革"中北大的造反派"勒令"《红旗》杂志"交代""黑《修养》"出笼经过，由当时《红旗》杂志的"文革"小组成员林杰作了一个书面答复，讲到《修养》在《红旗》出笼即发表"是由邓力群等人……"（大意）——这个"等"字非同小可，实际上就把陈、康屏蔽掉了（陈、康当时都是中央政治局常委，而邓力群是被打倒的走资派，林杰不便说、不能说也不敢说陈和康的名字，所以就用了"等"字含混过去——笔者注）但陈、康显然不会满意。当《红旗》杂志有人把这个"答复"报告陈时，陈非常生气，就对江青说了，江青立即找关谈话："关锋同志，你不要反对陈伯达嘛！"关立即表示："我反对陈伯达不成反革命了吗？"江青安慰关说："也不必说那么重，陈伯达不过是个过渡式的人物。"康对这件事的态度，我没听说，肯定也不会满意。戚检讨信中所说"随便动摇毛主席司令部的领导"，就是指这件事情。

戚对毛的批复，也别有看法。"文革"后，他告诉我：在9月7日毛对检讨信的批复上，毛明明称关、王为"同志"，怎么后来又成了敌人呢？！这个问题，他不能回答，我也不解。

关和王被隔离审查，对戚又是怎样处理的呢？1968年1月12日，对戚隔离审查，实际上立即送入秦城监狱。1983年11月，又判刑18年。

关于“王、关、戚”的兴起及其倒台，是“文革”中很值得注意和研究的一件事情。他们的倒台和刘（少奇）、邓（小平）、陶(铸)以及许多被打倒的党政领导人不同：刘、邓、陶等人都是因所谓“不贯彻执行革命路线”被打倒，而“王关戚”他们则是因积极（或过分积极）推行革命路线、极左路线被抛弃。这不是“文革”中非常吊诡的一件事情吗？

“文革”后的关锋

关锋1982年1月出狱后，经过两年的休养和恢复，重理旧业，继续”文革”前的中哲史研究。1999年，关在接受余汝信先生的采访时说：“我是1982年重获自由的。1983年休息了整整一年的时间，之后，重新开始了笔墨生涯。80年代中期那几年，创作欲最为旺盛，我自己规定的作息时间是早晨六时起床，外出公园活动活动筋骨，吃过早饭后，上午写4个小时，下午写4个小时，晚上再写两个小时……前几年已发表的著述总计三百六十多万字，基本上都是脱稿于那一时期。”

从1990年代初起，关出版了好几部书。例如：

《法和法学发生学》，1990年由中国人民大学出版社出版，30万字，署名古棣（关锋）、周英（关锋妻子）。《老子通》上、下册，1991年由吉林人民出版社出版，140万字，署名古棣、周英（关锋告诉我，台湾还出了《老子通》的繁体版——笔者注）。《孔子批判》，2001年由时代文艺出版社出版，50万字，署名古棣、戚文、周英。该书增订为《论语译说与孔子批判》，80万字，2012年9月在香港出版，等等。

关为什么署名古棣？因为古棣是他“文革”前曾用过的一个笔名。而关在“文革”后的著作要使用笔名有时并非自愿。关还有不少未刊的书稿，如《孙子会通》（90万字）等。

关告诉余汝信，从1984年起，即他65岁后，还每天工作10小时，高峰期一天可手写18000字（他不会用电脑）。这也算是一个奇迹！关写作向来有个习惯，不论文章或书稿都是一次成形，虽然也有修改，但根本不用誊清。1962年11月济南召开孔子学术讨论会，邀请他参加，他不去，因此也没做什么准备。哲学社会科学部（简称“学部”）副主任刘导生一定要《哲学研究》编辑部主任林聿时去，林也不想去，并告诉刘说，关锋不去；刘斩钉截铁地说，关不去我管不了，但是你作为学部的人必须去。林要去，当然一定要拉着他的朋友关。友情难却，关不能不去，去就得发言。时间紧急，关就口述要我在稿纸上记录，苦战一天，我们搞了16000字的发言稿，累得我手和胳膊都抬不起来了。对关这个本事，有人很称赞：“关锋这一手很厉害，很难学！”我亲眼看到，关和王力合作写文章，也基本采取这种方式——当然，王力记录和我记录不同，我是被动的，王力是主动的。他们两人在写某篇文章前肯定进行过讨论，在写的过程中，我看到王力也经常提出意见。他们两人合作很默契。

关告诉我，他“文革”后20年研究成果比他过去多半辈子的研究成果还多，甚感欣慰。他不止一次说，他要活到100岁，但天不假年，他2005年春因摔了一跤不久即去世，终年86岁。

很多人知道我和关锋的关系，经常问我：“关锋对‘文革’怎样看？”我确实也应该谈谈这个问题。

“文革”后，关基本不接受采访，而在接受某些人的采访时，经常说自己“两耳不闻窗外事，一心专做蛀书虫”，对“文革”这段历史采取“四不主义”，即：“不看，不想，不谈，不写。”我认为，这不是他的实话，但他采取这种态度可以理解。就我和他的接触看，他是很关心“文革”的回忆和研究的，有这方面的书（包括盗版的）就买，就看。他能“不想”？至于“不谈”，那也不是实话，他和我就谈过不少。我在回忆“文革”的文章中已经披露过一些，如，1967年夏的一天晚上，在人民大会堂小礼堂看“样板戏”演出，林彪和毛泽东挨着坐，当报幕员喊“祝毛主席万寿无疆”时，毛扭脸对林说：“该你啦！”几乎同时“祝林副主席永远健康”的喊声就传了过来，林一笑未说话。当晚，林就给总理和中央文革写信，提出不要喊祝他“永远健康”，要总理和文革小组帮他把这个关。还有“不写”，戚本禹肯定关锋是写了的，对此我没听说过也没见过。如果关不把他经历和知道的“文革”情况写出来，不论对他自己，还是对历史，都是一种很大的遗憾和损失。

社会上广为流传的关锋所谓对“文革”历史的“四不”，全面地讲，不是事实。应该说，他对人们关于“文革”的看法和评论，是很关注的。不过，关对“文革”总的态度和总的评论，我不记得他说过什么了。我觉得，关对“文革”的认识，总体说来就是，他经过“文革”，特别是还因“文革”而遭遇十四五年的牢狱之苦，但他没有成为“两头真”的人物。对“文革”的评价，关说过两句很值得注意的话。一句是，1980年代有位与他很熟的人去看他，在谈到“伴君如伴虎”时，关锋说“不能那样讲”；谈到“文革”时，关锋说：“他们胜利了！”事后，这位同志跟我说，她听关这样讲很震惊，印象也很深刻。她说，没想到，在“文革”过去一二十年后，关居然还这样看。十分明显，关有这样的潜台词：“毛泽东发动的‘文革’失败了。”其中“胜利了”的“他们”是谁？就是指从中央到地方这样或那样不同意、抵制以及反对“文革”的人。在关看来，毛发动的“文革”虽然失败了，但并不能说它不正确，或至少不能说它不必要。毛发动的“文革”为什么失败？值得注意的就是关说过的另一句话：“毛主席有一个很大的缺点和问题就是没掌握组织。”这句话是和我说的，当时我还不怎么理解，也不怎么相信。后来我才体会和认识到，关这句话是在说“文革”失败的原因，至少关认为这是重要原因之一。毛1966年7月18日从外地回到北京后，陶铸在一次小会上说主席最大的失误就是划分一线二线，当毛在1966年10月中央工作会议上提到一线二线的问题时，陶铸接着插上一句：主席“大权旁落”。这都是讲组织问题。连戚本禹也说，1960年代，中央办公厅的人对刘少奇布置的事谁也不敢怠慢，而对毛的指示却往往不是这样。

对毛，我没听到关讲过什么“不敬”的话，并不是说他不承认毛有错误——这是他和“文革”前不同的。他对我说，毛也有错误，包括毛最看重的《实践论》。关锋认为，《实践论》虽然讲了理论的重要性，但更强调的还是经验，即关锋认为毛有经验主义倾向。对毛“文革”中有些决策和做法，关也有自己的观点。比如“九一三”事件前，毛的“南巡讲话”，关觉得太过分了，他说这不是“逼”林彪嘛！不过他又说：“不管怎样，林彪也不应该外逃。”又如毛发动的“评法批儒”，关觉得荒唐，说：历代统治者都是“内法外儒”，同时中国历史上也不止儒法两家，还有道家、墨家等，诸子百家都对中国社会历史的发展有这样或那样的影响，“评法批儒”不通啊！

至于对江青，关也没说过她有什么不对。“文革”开始不久，1966年冬，关有病住院，江青亲去探视，还弯腰摸摸他的头，关锋觉得很亲切，认为江青关心人。1967年夏，江青同意不要称她为“旗手”，要我告诉关锋“帮她把这个关”。我告诉关后，他答应：“好，请江青同志放心。”

2008年戚本禹来京时说，1967年8月30日关、王被“隔离审查”后，江青哭了。“文革”后戚本禹把这个情况告诉关锋时，关说：他“相信江青哭是真诚的”。还有一件事我也感到吃惊。1990年代，关有一次跟我说：“老阎，江青关了你七八年，没听到你说江青什么坏话。”这是我第一次听到这样的评论，而且出自关之口，实在使我惊讶。不消说，关是赞成和同意我对江青的这种态度的。当然，迄今为止，赞同我的“江青观点”（即对江青要历史地看待——笔者注）的人很多——但我觉得关与我谈这个问题时，其出发点和含义是不同的。

我和关锋的师生关系

从1961年9月，我成为关的学生，直到1966年4月，这种情况持续了6个年头。

应该指出，我在中国人民大学读书时，就是关的学生了。1959—1960年我们1956级的同学不止一次听过关讲课。关虽然操着浓重的山东口音，并且不断地抽烟，但他擅言辞，讲课受到学生欢迎。关研究《论持久战》的辩证法问题，那是很有独到见地的。毛的《论持久战》我在秦城监狱读过上百遍，到现在我仍然认为《论持久战》在毛的著作中水平最高，它是军事著作，也是哲学著作。尽管现在有人指出，“持久战”的观点不是毛第一个提出，但他的《论持久战》无疑深刻地阐明了中日战争的过程和规律，有力地指导了共产党的抗日战争，也受到蒋介石的注意和重视，并且早已被列为美国西点军校的必读书。

我在关锋指导下研究中哲史。一开始，他就布置我研究王阳明，要我在两年内写出一部《王阳明学谱》——“学谱”不同于“年谱”，更注重学术思想。布置林杰研究朱熹，吴建国研究先秦的逻辑思想。当时，我们在关的指导下，专做这种研究，不做《红旗》的编务。后来，《红旗》有人反映：“中国哲学史组的人，享受《红旗》的待遇，不做《红旗》的事。”《红旗》杂志副总编辑兼秘书长邓力群听到后，一次在全社工作人员大会上郑重地说：“他们这几个人，我们还养活不起吗？你们看他们现在没用，到一定时候就看到他们的大用处了。”

当时，我和关的关系特别密切，我们组别人都有家，我是单身，经常去他那里聊天。若有几天不去，他就说你怎么不来了。我也常在他家吃饭，有时还陪他在公园散步、遛弯。我们聊天，三句不离本行，都是我们研究的问题，或当时学术界争论的问题。有时，他要发表的文章也让我看看，我都抱着学习的态度认真看。我在大学读书时，根据教学要求，注意读经典原著，对几本马恩著作较熟，对他的观点偶尔提供一条或几条语录让他做根据，他很高兴。关告诉我搞研究一定要学会写文章，这方面要认真向胡绳同志学习。他说，他来北京爬了几个“坡”，都得益于胡绳的帮助，胡很善于讲道理，注意全面分析，在“九评”写作班子中他有一个绰号“胡两点”，就是说他很强调“两点论”，反对片面性和简单化。关看过我的几篇文章，他说我写文章不懂章法。这个批评很中肯。我当时写文章，什么地方该详，什么地方该略，把握不准，好像小孩走路一样，总是深一脚、浅一脚的。1962年我根据华君武先生的《无题》漫画（刊于1962年8月4日《光明日报》）写了一篇《“永不走路永不摔跤”》的短文，发表在1962年9月22日《中国青年报》的“青春寄语”栏目。这篇短文被毛看上了，9月24日他写了批语，把我这篇短文作为八届十中全会的文件印发。批语如下（见《毛泽东文稿》第10册，第193页）：

> 印发各同志研究。犯了错误，只要认真改正，也就好了。
>
> 毛泽东
>
> 九月二十四日

这篇短文发表后，1962年秋冬和1963年春我遇到的一些事，让我如坠雾里烟中。邓力群碰到我，问我：怎么不给《红旗》写文章？当时在我看来，给《红旗》写文章和在《红旗》上发文章还是可望而不可即的事情;《中国青年报》编辑部邀请我参加座谈会；中国人民大学新闻系的学生为写毕业论文采访我；在某新闻杂志上还有人撰文评论我这篇短文，等等，我都弄不清楚怎么回事。关知道毛批示的事，但他没告诉我。待到“文革”初期，戚告诉我这件事后，关才对我说，当时之所以没告诉你，是怕你骄傲。

“文革”酝酿期间，或者说姚文元开始批判《海瑞罢官》后，关不时被毛召去，在一段时间内，我没到他那里去，他也没跟我说什么。《二月提纲》出来后，1966年2月中旬的一天我们小组开会讨论，我发言说:《二月提纲》不错，中央为学术讨论专门发一个文件，这恐怕还是第一次，表明中央对学术理论问题的重视，我们应好好学习和贯彻。关听了我的发言，很生气地说：你这样看待《二月提纲》，表明你认识糊涂，没有政治头脑！并问我:《二月提纲》上说的“学阀”指谁？关对“学阀”的称呼很敏感，也很反感。对他提的这个问题我回答不出来，不知说什么好，没有吱声；心里感到委屈，又说不出什么来，只表示要好好学习，提高政治觉悟。这次小组会后，好一段时间，关对我比较冷淡。1966年4月,《红旗》杂志调整组织机构，我被调到戚任组长的历史组。因而，在“文革”开始的1966年，我都在戚手下工作。关基本上没布置我做过什么事情。大概只有一次，即在1966年10月中央工作会议期间，关让我到林聿时家去过一次，转告他的意见（是否还有别人在场记不清了）：领导班子要注意团结，在派内不要内斗，以及要认真研究对付对立一派的斗争策略等。

1967年我给江青当秘书是戚推荐的。陈伯达说“可能是关锋介绍的”，事出有因，因为“文革”前我一直在关手下工作，是关的学生，但他所说属猜测；而且当时关是不大赞成我给江青当秘书的，在我已经给江青当秘书后，一次他见了我，对我说:“你政治上弱，不敏锐，不适合给江青当秘书。”——关说我政治上弱，指什么，他没具体说，我也没好意思问；我想，大概就是指前面说过的我对《二月提纲》的看法等。

关锋1967年8月被隔离审查，我感到不解。1982年1月他被释放时，我正回家奔丧。我回京后，组织告诉我：关出来了，你要少和他来往。对这个“警告”，我铭记在心，严格遵守。直到1988年，一个名叫林青山的人出版了一部长达40万字的《江青和他的机要秘书》的纪实小说，这本所谓“纪实小说”是以我给江青当秘书的经历（书中主人公的名字叫阎昌奎，显然是我名字的谐音）为线索编造的，我看后很生气，要起诉他。因为遇到这个问题，有些事情我必须询问和请教关，因此也顾不得组织的“警告”，就和关开始交往了。（顺便说一下，和林青山的官司我胜诉了。据说这是“文革”后第一例胜诉的写“文革”所谓“纪实”书的名誉侵权案。）从此我也就和关交往起来。在关生前十几年的交往中，他告诉了我很多“文革”中事情的真相——这是很多要采访他的人求之不得的。

关的思想“左”，越来越“左”，直到“文革”走到“左”的顶峰。同时，关虽然只念过几年私塾，读过初级师范，14岁参加革命，但靠着自学成长为一个知识渊博的学者，笔耕不辍，著作等身，不管思想观点是否完全正确，都对中国文化发展有参考作用。关的子女（或友好）如能系统整理他的著作，并公诸社会，恐是一件有意义的事情，我和许多同好都在期待着。或许有人问我：你不是合适做这件事吗？我想做，但垂垂老矣，心有余而力不足，实在没有精力和能力了。我提出这个问题也算了却我的一个心愿。

“文革”前，我在关手下工作五六年，从他那里学到不少东西（当然也包括一些“左”的观点），我感谢他把我引上理论研究之路，也教给我一些做理论研究的方法。“文革”后，我又和他交往十多年，他认为我是信得过的学生。对他的去世，我是很悲痛的。

（作者系求是杂志社老干部、文史学者，曾任江青机要秘书）

原载于《同舟共进》2013年第4、5期

向张玉凤、汪东兴当面求证“常委名单”

杨银禄

2010年8月20日下午6时，山西省政协委员白志平请张玉凤同志吃饭，我应邀也参加了。6时半，有的客人还没到，我利用这个等人的机会，和张玉凤同志单独谈了一件事。

我对张玉凤说：

玉凤同志，阎长贵和我看到从网上下载的一篇文章，标题是《张玉凤：毛泽东的临终遗命》，其中讲到，张玉凤提供：“主席在1976年7月15日，曾召见毛远新、华国锋、江青、汪东兴和她本人，提出毛后政治局常委班子名单，毛远新、汪东兴、张玉凤作记录。名单顺序为：毛远新、华国锋、江青、陈锡联、纪登奎、汪东兴及张玉凤。”

对于这则材料，阎长贵和我都不大相信，认为毛主席不会做出这样的决定，应该核实，予以澄清。于是，我就打电话问了汪东兴同志的女儿汪延群（汪东兴当时身体欠佳），请她找个机会问问她爸爸。汪延群当即说：“我看过你说的这份材料，并问了我爸，我爸肯定地说：‘没有此事，是别有用心的人编造的，其目的是诋毁毛主席。’”

阎长贵同志为此事还特意打了长途电话给毛远新，毛远新说：“胡说八道……谁要说有这件事，请他拿出文字根据来！”

我们经过核实，确认没有那些事情以后，写了一篇证伪的文章，《一则历史传闻的真伪》，刊登在《炎黄春秋》2010年第3期上。

有读者在《同舟共进》2010年第8期发表《关于一则“传闻”的辨伪》文章，认为：“凡略有审干经验的人，包括汪东兴、毛远新在内，都会认为在这种情况下，汪、毛二人的表态不构成充分的证伪的依据。除了汪东兴、毛远新二人的说法如上述外，要辨别真伪就不得不找张玉凤本人了。”

我说：“玉凤同志，今天就请你当着我的面亲口对我说说，究竟有没有这回事？”

张玉凤非常耐心地听完我的话，平心静气地对我说：“银禄同志，你们都是当过秘书的，有一定的政治鉴别力，不相信有那件事是对的，以积极的态度进行核实并发表文章澄清也是对的，我向你们二位表示感谢！咱们可以冷静地想一想，怎么会有那样的事情发生？那个时候主席的身体已经很不好了，说话不清楚了，有时我也听不明白，相互交流经常用文字，但是，他的头脑一直都很清醒，他怎么会产生那样的想法……他怎么会叫他的两位亲属、两位身边的工作人员当中央政治局常委？如果是真的话，就不符合主席一贯的风格和政治原则。今天，我正式委托你们二位，对那件事进行再一次澄清，不要再以讹传讹了。网上流传我‘提供’什么云云的文章，我根本不知道。”

我俩这次谈话持续了大约半个小时，谈话结束时，她斩钉截铁地对我说：“银禄同志，我负责任地说，绝对没有那回事。”

2012年1月18日春节之前，我和阎长贵同志一起去看望汪东兴老（已97岁了），顺便问了他几个问题，包括名单一事。汪老听了以后，断然说：“没有那么一回事，不可能有那样的事。”

网文所说三位“作记录”的人，均健在，他们都亲自对我们说：“没有那么一回事。”毛远新曾说：“对这件事情表明态度就可以了，不一定答复。”（《炎黄春秋》2011年第10期《毛远新再谈毛泽东1976年状况》）

我本着尊重对我们文章有疑问的读者求实存真的态度，再次对这件事情做些说明。

原载于《同舟共进》2012年第5期

《红灯记》戏里戏外

施京吾

我们这一代人几乎是唱着样板戏长大的，尤其对《智取威虎山》《红灯记》《沙家浜》这三部戏最为耳熟能详。不过，相比岁数更大些的观众，我熟悉的是拍摄成电影后的八个样板戏，它们已经过大幅修改，不断被推倒重来，与最初本子相比，不少剧目几乎面目全非。而被修改幅度最小、最接近早期剧本的是《红灯记》，且演员阵容几乎没有变化。

《红灯记》的剧本主要出自阿甲之手，角色不多，但行当齐全，戏码分配相对平衡，李玉和、李铁梅、李奶奶三个主要角色都有非常精彩的看点。后来的《龙江颂》，仅江水英的唱段就占了70%，显然比重失调。

《红灯记》的前身

《红灯记》的故事，改编自1957年被打成右派的电影剧作家沈君默在黑龙江劳改时听来的一个抗日小故事。沈君默是电影《南征北战》《渡江侦察记》的主要创作者。1961年底，沈君默被"摘帽"，次年调入长春电影制片厂再就业，继续担任编剧。这个故事就被他带到了长影，经过与长影导演苏里、于彦夫、尹一春的共同合作和重新构思，由沈君默、罗国士执笔，写出了剧本《革命自有后来人》，随后由于彦夫执导拍摄成电影《自有后来人》。

电影上映后引发了一股改编热潮，其中影响最大的是哈尔滨京剧团移植改编的《革命自有后来人》。此时恰逢现代京剧蓬勃发展之初，剧本被哈尔滨京剧团看中，经过重新改编，恢复了剧本的最初名字，由梁一鸣饰李玉和，赵鸣华饰李奶奶，云燕铭饰李铁梅，这部现代戏一炮走红。1963年5月，周恩来陪同来访的金日成在哈尔滨京剧院观看了此剧，云燕铭将剧本作为礼物送给了周恩来。

《革命自有后来人》故事的发生地在东北满洲，刘少奇曾担任过满洲省委书记，并长期领导东北局的地下工作，对东北生活十分熟悉。于是，周恩来又将剧本送给了刘少奇，刘对其中的一些细节提出了修改建议，再由周恩来写信转告云燕铭。

引发后面故事的，是上海爱华沪剧团移植改编和更名的《红灯记》。

1963年上海元旦联欢会上，柯庆施提出了“大写十三年”的倡议，同时说整个文艺界“毒草丛生”。“大写十三年”的倡议带来了一场“京剧革命”，这使得长期抱病、深居简出的江青突然忙碌起来，奔走于各地不停地观摩各种演出。1963年2月22日，江青在上海观看了爱华沪剧团演出的沪剧《红灯记》，演出结束后，她向时任上海市委宣传部部长的张春桥索要了剧本。《红灯记》的戏外故事到这里才算是真正开始了。

江青于10月初找到自己工作中的上级、文化部副部长林默涵，希望他能安排一下，根据这个本子重新改编一出新的现代戏。此时，从职务上说，江青是文化部艺术局电影处的副处长，与林默涵还隔了一级，但她的特殊位置又使每个人都要让她三分。林默涵对江青交待的事情自然不会怠慢，立刻召来中国京剧院副院长阿甲，请阿甲把这项工作承担起来。林默涵没有明说这是江青交待的事情，因为也不好明说——哪有下级给上级布置任务，上级还必须俯耳听命的？

一个月后，江青直接把阿甲请到中南海一叙，同时还邀请了李少春、袁世海、杜近芳，这已经构成了《红灯记》最初的班底：李少春饰演李玉和，袁世海饰演鸠山，杜近芳饰演李铁梅。江青表示，《红灯记》是自己从十几个剧本里挑选出比较好的一个本子，希望中国京剧院能改编成现代京剧，并提出改编要有特点，要符合京剧的规则，争取参加1964年的全国京剧现代戏观摩演出。江青的要求既宽泛也宽松，并没有超越“无产阶级革命”这一意识形态的基本底色。对阿甲来说，以中国京剧院拥有的数量众多的京剧艺术家，拿出一台好听、好看、符合无产阶级审美标准的现代京剧，除了时间有些紧迫外，并不显得特别困难。阿甲欣然接受了任务。不过江青还提出了一个附加条件：实行AB角制。AB角是舞台表演的常见现象，只是江青特意提出这个问题，或许另有其意，后来，这一提议果然派上用场。阿甲对此毫无异议——有备无患，亦非坏事。

布置完任务，江青不再过问此事。

1963年是相对平静的一年，大饥馑刚刚过去不久，国家刚从灾难中复苏，社会生活倒也显得一时欣欣向荣。对林默涵、阿甲来说，虽然《红灯记》的任务显得有些突兀，也没什么太多不正常，而这部戏的背后到底象征着什么、蕴含着什么，他们根本无从知晓，没有意识到这是京剧新一轮重大革命的前奏，更不可能知道，这短暂的平静中孕育着中国历史上一场前所未有的浩劫。

革命艺术家阿甲

阿甲生于1907年，原名符律衡，曾用名符正，出身于江苏常州一书香门第，自小喜欢京剧，爱好书画，曾和宜兴显亲寺一位叫怀舟的和尚学戏。怀舟的母亲是谭鑫培家的保姆，怀舟小时候就在谭家耳濡目染，甚得谭门精华，就如同马连良家的保姆也能一字不差地背下《十道本》一样。阿甲从怀舟那儿学到了京剧的妙处，成为当地知名票友。1937年抗战全面爆发，阿甲与当时许多热血青年一道投奔延安，进了延安鲁艺实验剧团，从此成为一名职业革命艺术家，并于1940年加入中共。阿甲有口吃的毛病，在鲁艺，人们给他起了一个外号：阿甲。自此，阿甲就成为他的符号，无人再用他的原名了。

1938年7月1日，为庆祝中共建党17周年和纪念抗战一周年，阿甲导演并参演了根据传统京剧《打渔杀家》改编的抗战题材京剧《松花江上》，阿甲扮演父亲赵瑞，而扮演赵瑞女儿的，正是从上海投奔延安的青年演员江青。演出结束，毛泽东等去后台化妆间慰问演员，由此结识江青。三个月后，江青成为毛泽东的妻子。此后江青便不再登台演出，但与阿甲毕竟还算同行和朋友。

阿甲去延安后即成为革命艺术家，经他创作改编的剧目不计其数，早期的有传统剧《宋江》《三打祝家庄》《逼上梁山》等，现代戏有《钱守常》《松林恨》《夜袭飞机场》等，1949年后则成功导演了《宋景诗》《赤壁之战》《白毛女》等。此时，他手头正在排演《战洪峰》和《红色娘子军》。作为艺术家，阿甲与周信芳、马连良一样，创作改编了大量剧目，是集编、导、演于一身，当之无愧的大艺术家。但阿甲与他们又不太一样，阿甲是革命艺术家，在他的剧目中，所要表达的不仅是京剧艺术，更要表现无产阶级革命的精神实质。

因而，在一个新时代面前，如阿甲这样的艺术家，他们创造出什么样的产品，大众就会有什么样的欣赏趣味，是所谓“宣传”。马连良、周信芳们虽在一定程度上也试图超越传统，但从来不敢去颠覆传统，随着他们取得惊人的艺术成就后，他们自己也融于传统之中，成为与传统、与中国艺术史不可分割的一部分。这种差异，决定了两者在同样的时代面前不可能走出同样道路：阿甲能够为时代创造新的艺术形式，周信芳、马连良们只能去迎合这种形式。

精心改编、排练《红灯记》

接受任务后的阿甲随即向院党委书记兼副院长张东川进行了汇报。张东川感到兹事体大，两人遂前往文化部，向林默涵和徐平羽两位副部长汇报。林默涵还请来了江青的直接上级、艺术局局长周巍峙一同研究。五人研究的结果是：此事虽不符合工作程序和组织原则，但出于对江青特殊地位的尊重，还是要齐心协力把事情办好。

阿甲找来了大名鼎鼎的剧作家翁偶虹执笔改编。在动笔之前还特意召开了讨论会，邀请诸多名家对该剧的一些情况进行介绍，特别是剧作家陶君起，介绍了哈尔滨京剧团在东北演出的热烈反响。

翁偶虹身为编剧，却是一路旧式文人，他所编的剧目立意高深、结构严密、笔力清丽，但在意识形态上与阿甲完全不是一路人。《红灯记》的剧情固然能打动、感染翁偶虹，但作为编剧，翁先生基本不具备那种革命想象，更没有切身的革命体验。

翁先生辛苦写出的第一个本子，显然没有达到阿甲的思想高度。阿甲只好亲自捉刀了。他虽与翁偶虹有着不同的艺术气质，却又有着相同的艺术真诚。阿甲身上还有许多人所不具备的刚直、坚强和忠厚，翁先生的本子虽被采用不多，但后来剧目的署名上始终写着：阿甲、翁偶虹。这也是中国文人精神的一种写照。

革命艺术家阿甲果然不同凡响，他立刻找到了《红灯记》所要表达的主题：这是李玉和一家三代之间表现出的不一般的骨肉之情，这不仅是一家人的情义，更是革命的、阶级的情义。找到重点的阿甲文思泉涌，写出了“提篮小卖”、“听奶奶，讲革命”、“狱警传，似狼嚎”这样的经典名段，而另一曲轻快、明亮的“都有一颗红亮的心”则出自翁先生之手。

“全国京剧现代戏观摩大会”将于1964年6月5日至7月31日在北京举行，能够用来排戏的时间已十分有限，阿甲只得边改本子边排戏。不论编剧、导演还是演员都很紧张，主演李玉和的A角李少春原本身体不好，又因劳累过度引发腰肌劳损，无法再排练，只得由B角钱浩梁顶替。钱浩梁正是李少春的得意弟子——江青AB角的安排还真派上了用场。

1964年的钱浩梁刚好30岁，他身材高大、扮相俊美，音域宽广，声音洪亮，且功底扎实，是位优秀的大红生。在体格上，他比师傅李少春更适合出演李玉和，不过，在角色的领悟能力和经验上，还是逊师傅一筹。阿甲就手把手给钱浩梁说戏。

有意思的是，阿甲看中的“李奶奶”扮演者高玉倩生于1927年，这时才37岁。高玉倩在出演“李奶奶”之前是位唱青衣的，唱青衣的演员演老旦，这可是个大反串，当时大家都持怀疑态度。高玉倩对自己能不能拿下这个角色也没有把握，以致公开选拔时，开始都没有报名，经过阿甲力劝才表示试试。阿甲好眼力，高玉倩饰演的“李奶奶”轰动一时，尤其“痛说革命家史”一场戏，实在是现代京剧中念白的经典之作。

此外，原本扮演李铁梅的杜近芳，年龄已超过30岁，戏中的李铁梅不过是个17岁的小姑娘。现代京剧不像传统京剧的浓妆重彩，一勾脸，往往掩盖了岁月；在现代京剧里，杜近芳的年龄就显得偏大了。

后来阿甲挑选了比杜近芳年轻10岁的刘长瑜。加上袁世海出演的鸠山，这样，主要演员班子就形成了。《红灯记》的音乐设计是刘吉典，他的音乐设计有着很强的创新和现代色彩，为后来的《红灯记》打下了坚实的基础。

从1964年春节后《红灯记》剧组成立，到6月5日开始的“全国京剧现代戏观摩大会”不过三个月时间。阿甲对剧目进展抓得很紧，4月份已完成前五场的排练，在4月22日举行的专家座谈会上，剧目获得戏剧专家们的一致好评。5月中旬，《红灯记》完成了全剧的排练，并在首都文艺界内部进行了彩排演出，再次获得好评。

被“改坏”的《红灯记》？

已经成型的剧目，除本子是江青介绍，同时挑选了几个演员外，在整个编剧、导演、排练的过程中，江青没有与之发生任何关系。但自从5月23日，江青观摩了对她的个人专场汇报演出后,《红灯记》命运大变。

5月23日观摩演出时，江青对《红灯记》的演出赞不绝口，还被“痛说革命家史”一场感动到落泪，演出后她上台对全体演员的成功演出表示祝贺。整个过程中，江青只对个别细节上提出了一些小改进，这使阿甲和全体演职员松了一口气。但是风云急转，没过两天，阿甲又接到前往中南海的通知。于是阿甲和京剧院党委书记张东川一同前往。召见他们的自然还是江青，文化部副部长徐平羽同时在座。

谈话开始，江青依然对《红灯记》表示赞誉，同时提出一些细节上的问题，但说着说着，江青突然讲道:“我看了你们的演出，这部戏被你们改坏了。”这使得在座的其他三人大惑不解。原来江青对阿甲在剧目中突出一家三代人的表达方式不太满意，而强调要突出“李玉和”的主要形象——“三突出理论”此时在江青头脑里已见雏形。但令江青没有想到的是，阿甲居然固执己见，坚持突出三代人的观点。

江青没能说服阿甲，就变换了一个手法，要文化部以“指示”的方式加以传达，这样，阿甲不得不服从了。

由于江青要求对剧目作较大改动，阿甲在修改提纲中并没有完全按照江青的“指示”执行，他希望能通过文化部部长周扬去找江青通融。周扬倒是帮忙了，但结果却令阿甲很失望，周扬表示，江青“不仅是领导，也是艺术家，也是参加创作的，你们还要听她的话，照她的意见修改”。

很快就到了现代戏观摩大会的时间，经过江青指点的《红灯记》受到严重挫折，风头被哈尔滨京剧团的《革命自有后来人》盖过。江青虽然观看了《红灯记》的演出，却没有参加上台接见，随后停止了对《红灯记》的宣传。但江青没有停止对《红灯记》的“关怀”，她以交流合作为借口，把哈尔滨京剧团和中国京剧院召集到一起开会，要求把两个剧团合在一起只演一出《红灯记》，同时停止哈尔滨京剧团《革命自有后来人》的全国巡回演出，停止唱片发行和一切对外辅导，这等于葬送了哈尔滨京剧团的这个剧目。从此，该剧团直到“文革”结束，几乎没有再动过这出戏。

尽管排除了哈尔滨京剧团这个“竞争对手”，但《红灯记》依然是阿甲的《红灯记》，它必须要成为江青的《红灯记》，才算有个真正的“归宿”。于是江青继续对剧目表示了各种各样的不满，多次声称“你们把我的剧本改坏了”。阿甲的性格甚为固执，为此多次与江青发生争执，以致发展到不想再碰这个戏了。此时江青还没有到一言九鼎的地步，还没有晋升为无产阶级革命文艺路线的旗手，她把官司打到了周恩来那里，说京剧院的人不听她的话，希望周恩来出面协调此事。结果，周恩来安排江青到北戴河疗养去了。

江青暂时顾不上争执，阿甲的编排立刻顺利了许多。可没料到的是，江青没去多久便杀了一个回马枪，她心里始终惦记着这出戏。改来改去，渐渐地，许多被江青指点过的地方又回到了阿甲最初设计的场景，但区别在于，即便是阿甲亲手改编的，现在，也是在江青亲自指导下取得的成绩。

《红灯记》走红成“样板”

1964年10月10日《红灯记》终于公演，立刻引来如潮好评。10月

13日《人民日报》在头版刊发文章:《京剧〈红灯记〉修改演出质量提高》，在赞美公演《红灯记》的同时，还对江青介入前的剧本提出了批评，文章说:“这次修改演出获得好评，是党的负责同志的正确指示、领导同志的具体帮助……的结果。”显然，这在暗示阿甲的编剧存在着质量问题。

1964年11月6日晚，毛泽东、刘少奇、邓小平等在人民大会堂观看了演出。据说在第五场“痛说革命家史”后中场休息时，毛泽东被剧情深深打动，不愿离席休息。当时，高玉倩的丈夫、新华社摄影记者江宁生负责为中央领导拍照，他回忆说:“演到‘说家史’和‘刑场’那两场戏，我还看见毛主席眼角渗出了泪水……中间休息时，大家请毛主席去休息室坐坐，他好像还沉浸在剧情中，轻轻摇了摇头说:‘你们去吧……’”

这天，同时观看此剧的还有上海的爱华沪剧团。此前一直是京剧向沪剧学习，现在反过来了，江青要沪剧向京剧学习——这为以后的样板戏开辟了道路，不论什么剧种，哪怕一句台词、一个动作，甚至衣服上一个补丁，都必须按照京剧的样子全盘照抄。

演出结束后，毛泽东等上台接见全体演职员，祝贺演出成功。江青也很激动，与主要演员一一拥抱。接见时，江青似乎开玩笑地问林默涵:“这个戏是你发现的吗？”林默涵坦陈：是江青同志发现的。一旁的毛泽东听了哈哈大笑。这一问一答，既是实话，对江青却别有意味——这是她在为自己成为“无产阶级文艺革命旗手”积累资本。当江青走到阿甲面前时突然冷脸说道:“阿甲，这个戏改成功了，这是我们之间‘顶牛’顶出来的。还有许多话，我现在不讲，将来你会知道的。”这对阿甲是一次严重警告。

次年1月4日，毛泽东再次观看了此剧。随后，“《红灯记》剧组”开始了南下上海、广州等地的演出，引发了观众强烈的反响。仅在上海一地就连续演出30场，场场爆满。3月16日，《解放日报》以“本报评论员”名义发表文章，称:“看过这出戏的人，深为他们那种战斗的政治热情和革命的艺术力量所鼓舞，众口一词，连连称道:‘好戏！好戏！’认为这是京剧革命化的一个出色样板。”不到一周，3月22日，袁雪芬在《光明日报》以《精益求精的样板》为题写道:“中国京剧院的同志们的辛勤劳动，为我们起到了样板的作用。”这些文章中“样板”的提法，使《红灯记》成为“样板戏”肇端，但“样板戏”《红灯记》的最大功臣——阿甲却没有被列入南下演出的名单里——他被边缘化了。更有意味的是,《红灯记》在上海演出时，正是张春桥物色姚文元炮制《评新编历史剧〈海瑞罢官〉》的开始，8个月后，姚文元的文章炸开了通向“文革”道路的一个巨大豁口。

1966年5月16日，“文革”开始了。

走红的《红灯记》继续在全国各地巡回演出，阿甲继续被边缘化。此时,“革命现代京剧”的其他剧目也开始陆续出笼。1966年11月28日，在“首都文艺界无产阶级文化大革命大会”上，康生宣布京剧《红灯记》《智取威虎山》《海港》《奇袭白虎团》，芭蕾舞剧《白毛女》《红色娘子军》和交响乐《沙家浜》为“革命样板戏”。1967年5月31日《人民日报》发表社论《革命文艺的优秀样板》，对此进行了正式确认。“样板戏”这个词从此被正式固定了下来，此时的《红灯记》位列第一。不过，这批被确定的八个剧目在拍成电影后，在剧目和顺序上都有所变化。

阿甲“破坏”《红灯记》?

“文革”不可能不波及中国京剧院。1967年4月，中国京剧院“《红灯记》战斗兵团”的大旗竖了起来，首先被批的是李少春这样从历史上走过来的老艺人。可是，批李少春容易，批阿甲却不太容易——李少春是旧艺术家，而阿甲却是革命艺术家，他有着和李少春人不一样的革命经历。“革命群众”的觉悟需要通过点拨才能提高，他们不解风情地问计于江青，江青表示，老革命也会反样板戏啊:“这个阿甲，可是一个典型的反动学术权威，他一贯地反对我们搞‘样板戏’。”于是,《红灯记》的主要创作者转身变成了“破坏样板戏”的罪人。

1967年8月2日晚，周恩来、陈伯达、康生、江青以及关锋、戚本禹、姚文元等再次观看了《红灯记》，并接见了演职人员，钱浩梁、杜近芳等为他们赠送了“《红灯记》战斗兵团”的红袖标。在谈话中，阿甲被多次点名。据会议记录记载：

……

江青：不要打内战，要一致对敌。

总理：敌人是谁？

群众：刘少奇！

戚本禹：阿甲你们斗了吗？

一群众：我们斗了二三十次了。

江青：阿甲有好些事情不告诉你们。过去每次看戏都是他坐在我旁边。这个人可厉害了，不好斗。

……

江青：袁世海比阿甲还好一点么，搞现代戏他还是跟着走的。应该给他记一功。旧社会过来的人么，你说呢，总理？

总理：在改革的时候，还是积极参加的，三年前是个考验。

江青：他不像阿甲那样厉害。阿甲这个人可厉害了！

阿甲被打倒了。被打倒的远不止阿甲一人：哈尔滨京剧团的梁一鸣被投入监狱；云燕铭更是早在1965年10月就被停职审查，直到13年后才正式恢复工作；沈君默彻底湮没，几乎没有一点声息；李少春原本身体不好，被打倒后于1975年9月21日病逝。除了中国京剧院《红灯记》演员剧组变化不大以外，关于《红灯记》最初的人马都渐渐变得和这个剧目毫无关联。

到了1970年，为了把《红灯记》从舞台搬上银幕，江青“解放”了被打成“封建文人”的翁偶虹，对《红灯记》再度进行修改，把故事的发生地点从东北搬到了华北，这就等于抹去了刘少奇领导东北地下工作的痕迹，并增加了两个唱段以及一些细节上的处理。

有意思的是，为了使这个“新版”的《红灯记》彻底与阿甲脱离干系，江青派人到干校找回正在劳改中的阿甲，专门让他看了一遍新版《红灯记》，并要他承认，这个戏完全是在江青指导下搞出来的，和阿甲没有关系。谁知阿甲根本不吃这一套，说这个戏“六根未净”。确实，这个戏除了一些细节变化外，主体部分几乎没有改动，主要情节、主要唱段和阿甲编剧的那个并无太大区别。当然，“重大变化”还是有的——李玉和的扮演者不再叫钱浩梁，而改名为“浩亮”了。

不论什么变化，这个戏和阿甲、和翁偶虹不再有任何关系——新剧本的署名是：中国京剧院集体改编。

（作者系文史学者）

原载于《同舟共进》2013年第2期

样板戏的意识形态

施京吾

1927年3月，毛泽东在《湖南农民运动考察报告》中写道："革命不是请客吃饭，不是做文章，不是绘画绣花，不能那样雅致，那样从容不迫，文质彬彬，那样温良恭俭让。革命是暴动，是一个阶级推翻一个阶级的暴烈的行动。"毛写下这番话时，正值国共两党合作走向失败之际，4月12日即爆发了"四一二"反革命政变。8月南昌起义，中共组建了自己的军队，走上武装夺取政权的道路，革命在中国如火如荼全面展开。后来，毛泽东这句话独立成"语录"，在"文革"期间广为流传。

革命色彩在艺术上的反映，集大成者莫过于"样板戏"。"样板戏"不仅反映了其艺术特征，也同样反映了历史特征。

样板戏意识形态的由来

样板戏按历史阶段分类，反映抗战的是《红灯记》、《沙家浜》；反映国共内战的有《杜鹃山》、《红色娘子军》（舞剧）；反映解放战争的是《智取威虎山》；反映"抗美援朝"的是《奇袭白虎团》；反映"社会主义建设时期"的是《龙江颂》、《海港》。八个剧目为数不多，基本与党史同步。

既是"革命"，就需要一个绝对和充分的理由，否则革命就会丧失其合法性——"一个阶级推翻一个阶级的暴烈行动"即意味着社会将面临重大转折，100年前的辛亥革命和30年前的改革开放，都具有"绝对和充分”的理由，就是满清政府无可救药的腐朽和“文化大革命”使中国经济濒临崩溃边缘。但上世纪60年代，虽然中国依然落后，毕竟已有了百年左右的工业化进程，社会组织较农业社会要复杂得多，在这种情形下倡导“革命”，不是一件轻而易举的事。如果社会矛盾不激化到极致，革命就不会有澎湃动力，因此，就必须在复杂广泛的社会谱系中简化社会阶层，强化阶层冲突，正如当代法国学者吉尔·德拉诺瓦在《民族与民族主义》一书中所说：“现代意识形态常常设定一个敌人，并以此解释所有的罪恶”。但个体间的相互侵害无法构成“革命”的要素，老板欺压员工，员工报复老板，都不是革命的理由。这种对立必须扩大到社会全体——当矛盾具有了普遍性，往往意味着解决问题的日常手段都已用尽，尤其意味着维护社会秩序的方式——法律和民俗的双重失败，唯有此，革命才能顺理成章地进行，才能拥有名副其实的借口。

样板戏意识形态的剧情表达

样板戏中始终给观众呈现出尖锐对立的双方：一面代表“革命”的无产阶级，另一面则是“被革命”的一切反动派。

马克思在《哲学的贫困》中说：“这不是个人和个人的关系，而是工人和资本家，农民和地主的关系。抹杀这些社会关系，那就是消灭整个社会。”但普通民众不懂得这些——他们并不与生俱来地具有阶级意识，比如《杜鹃山》中的雷刚。

雷刚与毒蛇胆之间的仇恨原系私仇，他为反抗毒蛇胆的欺压拉起山头，组织了农民自卫队，本质也是私人性质的武装——当初并没有什么“为人类求解放”的宏大理想，仅是一种简单而极端的复仇。自柯湘来到这支队伍担任起“党代表”，对雷刚进行了循循诱导、反复教育后，雷刚与毒蛇胆之间的冲突就被上升到“阶级”的高度，不再是个体间的冲突。这样，毒蛇胆就不仅是雷刚的个人仇敌，更是整个农民阶级的共同敌人了。雷刚成为无产阶级被压迫的代表，毒蛇胆则成为地主阶级的代表，革命由此具有了普遍意义。

只有提炼出阶级性，革命才可能成为理所当然的前提，类似情形在《红色娘子军》和《智取威虎山》中也有出现。像吴清华、李勇奇、猎户老常这样的普通群众，都不是一开始就具备阶级意识，他们的愤怒、仇恨和反抗具有强烈的针对性，经过宣传、开导，群众才提高了认识，仇恨渐渐升华，形成阶级对立。

《杜鹃山》的故事发生在1928年春，《智取威虎山》的故事发生于1946年冬，相隔近20年。20年时间里，民众的阶级意识并没有得到有效增长，我们也无法想象20年代的"雷刚"与40年代的"座山雕"会联袂演出一场"阶级压迫"的大戏来。在20年代末，雷刚认识到这是一场阶级压迫时，是在经历了"情深如海"和"铁窗训子"（剧中的两场戏）之后。到了1946年底的夹皮沟群众，同样没有把苦难与阶级联系在一起，没有意识到这是两个阶级之间的斗争。通过杨子荣的"深山访贫"，加之参谋长的"发动群众"，群众的阶级意识才升华了。而参谋长是在营救李勇奇母亲之后才赢得李的信任的，所以阶级意识的升华并不一般地产生于阶级对立之中，同时也来自亲情感化。

民众的"阶级意识"即便到了1963年也依然如故。这是一个社会主义建设渐入佳境的年代，国家刚刚从3年大饥馑中复苏，呈现出一派热情建设的景象。1962年八届十中全会上毛泽东严肃提醒大家"千万不要忘记阶级斗争"，"阶级斗争要年年讲，月月讲，天天讲"，但在具体事件中，不仅民众，包括一些基层干部的"阶级意识"也没有想象中强烈，甚至还有所倒退——它无法满足"阶级斗争"的理论要求和领袖号召。没有阶级斗争意识，革命无以为继。

《龙江颂》和《海港》的故事都发生在1963年。《龙江颂》中的"后山"遇到百年不遇的大旱，需要淹没龙江村长势良好、丰收在望的良田，方可引水抗旱。龙江大队大队长李志田就显然缺乏阶级意识，因为他不知道后山不仅有9万亩稻谷，更有自己的阶级弟兄。"阶级敌人"企图利用他薄弱的阶级意识达到破坏后山抗旱的目的。《海港》也是如此，在援外散包中发现了玻璃纤维后，装卸队队长赵震山和青年装卸工人韩小强的"阶级意识"更加不堪，尤其是韩小强，对自己的"工人阶级"身份大发牢骚，毫无认同，以致扔掉了工作证。直到马洪亮几乎声泪俱下地对他现身说法，韩小强才发现了自己的错误。这里，阶级意识的觉醒也并不来自阶级斗争和阶级压迫，而来自人类的自然情感——亲情——马洪亮正是韩小强的亲舅舅。

在这两出戏中，无产阶级已占据统治地位。他们革命本色不改，正如方海珍唱到的“革命者怕什么风狂雨猛”。此时的革命对象早已破落不堪、寥寥无几，却不妨碍阶级意识继续高昂，每出戏均以抓出一个阶级敌人而宣告斗争的胜利——《龙江颂》里挖出了黄国忠（王国禄），《海港》里抓住了钱守维。

从这些情节不难看出，“阶级意识”具有强烈的乌托邦色彩，它是意识形态的产物，是为迎合“革命”这一宏大历史主题营造出来的。尽管李玉和唱道：“人说道，世间只有骨肉的情谊重，依我看，阶级的情谊重于泰山。”但这种情感并不贯穿于人们生活始终，这就形成了阶级斗争的悖论：阶级斗争强调阶级感情是超越亲情的，结果还得需要亲情来巩固，亲情的说服力超过了阶级情感。确实，人类怎么能够做到直接跨越人的自然情感，把自己锻炼得“心如铁、志如钢”呢？

比较而言，阶级情绪的渲染在《红灯记》、《沙家浜》和《奇袭白虎团》中要来得容易许多，因为这三部戏不仅涉及阶级意识，更涉及民族意识。其中，我们较少看到“阶级意识”的开导和启发，异族的侵犯决定了一个被欺压民族的同仇敌忾，正如严伟才唱道：“阶级仇、民族恨，不共戴天”，民族意识原本就是渲染仇恨的有力武器。在《红灯记》中，李奶奶母子遭日寇枪杀之后，李铁梅的一段唱极具典型：“咬住仇，咬住恨，嚼碎仇恨强咽下，仇恨入心要发芽！不低头，不后退，不许泪水腮边挂，流入心田开火花。万丈怒火燃烧起，要把黑地昏天来烧塌！”阶级意识一旦与民族意识结合，其仇恨来得更加强烈，这个唱段相当煽情。

样板戏意识形态的英雄作用

显然，“阶级意识”并非来自群众的自动自发，群众始终处于被宣传、被启发的位置。英雄的作用由此在剧目中显得相当突出和重要：他们是宣传队，是播种机。样板戏的主角无一例外都是优秀党员，他们不仅提供斗争的精神资源，还提供大量的斗争动力和方法。

之所以要突出领袖、突出英雄，一个重要原因是，普通大众在社会生活中不是规则的缔造者而是执行者。他们习惯于各种规章制度、各种约定俗成的风俗，一旦卷入革命洪流，他们很难找准自己的位置，往往无所适从，需要领袖和英雄引导自己向前走。这不仅是中国社会革命的特征，也是所有群众性社会革命的特征。而稳步的社会变革却非如此，因为变革者处于社会上层，原本就是制度的设计者、制定者，如果我们将"文化大革命"与改革开放相比较就不难发现，改革开放这样的和平变革，所付出的社会成本要低得多。比利时历史学家亨利·皮雷纳在描述中世纪民主起源时说："民主政治是在杰出人物的推动下开始的，他们将自己的纲领塞进人民群众纷乱杂沓的愿望之中。"这正是"英雄史观"的一种表现。群众的愿望是表层和散乱的，唯有英雄才能在关键时刻表现出革命的大义和智慧。

八个样板戏的主角都是基层党员干部，官衔最大的是《奇袭白虎团》中的王团长。他们的形象得到最大程度的拔高，近乎完美，如《红灯记》中李铁梅的唱段，她对李玉和带着一种崇敬的口吻："爹爹呀，你的财宝车儿载，船儿装，千车也载不尽，万船也装不完。"如此夸张，已近神化。但个人英雄与组织、领袖间毕竟不能画上等号，一旦他们在革命征途上遇到各种问题时，领袖的作用便得到了充分体现。《沙家浜》里，阿庆嫂就为情报送不出去、担心芦苇荡里同志们的生死安危到了"急得我浑身冒火无主张"的程度。在她连续问了三个"怎么办"之后，想起了伟大领袖，背景音乐转向《东方红》，阿庆嫂深情唱道："毛主席！有您的教导，有群众的智慧，我定能战胜顽敌渡难关。"随后，问题顺利解决。在《海港》中，方海珍"细读了全会的公报"后便"激情无限"，智慧、力量喷薄而出。而在《龙江颂》中，江水英面对种种可疑迹象大惑不解，"望北京"后心胸便豁然开朗，矛盾的解决方案也找到了。

类似情节在每一出戏中都毫无例外地出现过。

样板戏意识形态的舞台表达

京剧具有典型的中国文化特征，意象性表达不适合展现曲折复杂的情节。传统京剧的剧情简单，是以演员为中心的表演体系，只要有概要性的故事，人物的喜怒哀乐完全可以通过演员的唱念做打进行演绎。现代京剧则是以导演为中心的表演体系，剧情一旦升华到“革命境界”，若故事简略就很难表现出斗争的复杂及尖锐。样板戏的情节简单固然可以理解，但简单的故事在表现革命者坚强意志时就显得比较单薄，也不足以表达反面人物的阴险狡诈，因此，不得不对它的戏剧语言进行大规模改造。改造后的样板戏确实比传统京剧更具现代化和革命化色彩，并且恰如其分地满足了江青的要求：革命现实主义和革命浪漫主义。

比如，对演员的挑选。演员必须是根正苗红、苦大仇深类型的，童祥苓因为四姐的问题，属于带“病”上台的艺人，如能找到更适合的替身，我们看到的《智取威虎山》就不再会是他主演。而对裘盛戎，江青则明确表态，《杜鹃山》里“男主角用错了人，听说他过去吸过大烟，这样的人演主角有损英雄形象”，于是男主角不仅由“乌豆”变成了“雷刚”，整部戏都动了大手术。曾出演方海珍的童芷苓、演吴清华的白淑湘都因为自身的“阶级性”不够鲜明，缺乏足够的革命性而遭撤换。

这是舞台背后的工作，具体到舞台上，其革命性更加突出。依据“三突出”理论，舞台的形象设计大有章可循，正面人物无不威风凛凛，仪表堂堂，一脸正义，一身傲骨；反面人物无不猥琐鄙陋，狼狈不堪，不成人形，脸谱化相当明显。相对而言，反面人物形象比较丰满的是《沙家浜》中的刁德一和《红灯记》中的鸠山，虽然脸谱色彩浓厚，但终究有形象，有心理活动，也能够反映他们的阴险和反动嘴脸。比较极端的是《智取威虎山》中的“座山雕”，他那张脸还叫脸吗？正面形象的光辉与反面形象的足够猥琐形成强烈对照，这对激发观众的革命热情与仇恨大有好处。

还有剧情设计。革命是首要任务也是终极目标，阶级意识是前提和铺垫。既然是革命，对抗就是激烈和单向度的，只有敌我两方，对抗形式也相当简单，要么武装斗争，要么政治斗争，结果都必然以人民的胜利为最后、最彻底的胜利。“三突出”理论的应用几近完美，典型事件、典型人物得到了充分表达。

再就是唱腔设计。正面人物都有大段的成套唱腔设计，尤其是《龙江颂》，江水英的唱段几乎占全剧的70%，而且还唱出了几个经典唱段，可见创作人员花费了极大心血。极不平衡的是，反面人物不仅没有成套唱腔，甚至一个周正的唱段也没有，唯一例外的是《沙家浜》中“智斗”一场，阿庆嫂、刁德一、胡传魁的三人对唱，可能是样板戏中反面人物最为经典的唱段，至今仍广为流传。江水英、方海珍和柯湘的唱段虽同样经典，却因为难度太大，已没有多少戏迷能唱了。音乐部分也是如此，正面人物的音乐及伴奏要么激昂饱满，要么严峻深沉，与英雄形象相匹配，而为反面人物设计的音乐，一般都阴沉、阴森。

结　语

样板戏的历史早已走向终结，但由样板戏留下的意识形态对后人的影响却弥足深远。其剧情中所展现的矛盾，不论在战争时期还是在建设时期，都是完全不可调和的。既然社会矛盾到了“不可调和”的地步，“终极解决”——革命就成为了唯一手段。这一明显的时代烙印，对观众影响至深，因为艺术的提炼，其效果通常大于僵硬的说教。为加强革命性，唯一手段就是简化社会阶层，把人物扁平化、社会矛盾尖锐化，直到没有任何缓和余地，才能树立革命的正义。否则，历史就无法再继续下去。

随着历史的发展，社会分工越来越精细化，社会群体也必然被分化为更多阶层，价值取向、个人追求越来越多元化，社会形态也会越来越复杂。在现代社会中，革命的颠覆性除了对社会可能产生巨大破坏外，已完全无法成为有效社会组织的一部分，唯有建立协商对话制度、让步机制，才能使社会循序发展。通过对各种现实问题的不断修正和改革，才能逐步走向现代化。权力的合法性正体现在对历史的继承性上，如果把自己的历史统统砸烂，我们将继承什么？通过革命得到政权必须要由

"革命性"转化为"社会性"，倘若依然认为"强制性"才是维持社会稳定的法宝，迷信强制手段能够解决所有社会问题，它所引发的则可能是另一场动荡。

革命一旦神话化便会走向疯狂，历史教训不可不铭记。而样板戏，终成中国历史舞台上的政治悲歌，中国历史悲剧的一段鲜活见证。

原载于《同舟共进》2011年第1期